A POLÍTICA CARIOCA EM QUATRO TEMPOS

A POLÍTICA CARIOCA EM QUATRO TEMPOS

MARLY MOTTA
AMÉRICO FREIRE
CARLOS EDUARDO SARMENTO

ISBN 85-225-0493-8

Copyright © Marly Motta, Américo Freire, Carlos Eduardo Sarmento

Direitos desta edição reservados à
EDITORA FGV
Praia de Botafogo, 190 — 14º andar
22250-900 — Rio de Janeiro, RJ — Brasil
Tels.: 0800-21-7777 — 21-2559-5543
Fax: 21-2559-5532
e-mail: editora@fgv.br
web site: www.editora.fgv.br

Impresso no Brasil / Printed in Brazil

Todos os direitos reservados. A reprodução não autorizada desta publicação, no todo ou em parte, constitui violação do copyright (Lei nº 5.988).

Os conceitos emitidos neste livro são de inteira responsabilidade dos autores.

1ª edição — 2004

Revisão de originais: Sandro Gomes dos Santos

Revisão: Aleidis de Beltran e Mauro Pinto de Faria

Capa: aspecto:design

Ficha catalográfica elaborada pela Biblioteca
Mario Henrique Simonsen/FGV

Motta, Marly Silva da

    A política carioca em quatro tempos / Marly Motta, Américo Freire, Carlos Eduardo Sarmento. — Rio de Janeiro : Editora FGV, 2004.
    256p.

    Inclui bibliografia.

    1. Rio de Janeiro (RJ) — Política e governo. I. Freire, Américo. II. Sarmento, Carlos Eduardo. III. Fundação Getulio Vargas. IV. Título.

CDD — 320.98153

Sumário

Apresentação   7

Introdução
Um choque de história na memória do Rio de Janeiro   11
Marly Motta

I – Campo político

Três faces da cidade: um estudo sobre a institucionalização   21
e a dinâmica do campo político carioca (1889-1969)
Américo Freire e Carlos Eduardo Sarmento

A autonomia carioca e o município do Rio de Janeiro: 53
os novos termos de uma velha relação
Marly Motta

II – Cultura política

A fabricação do prefeito da capital: estudo sobre a construção   77
da imagem pública de Pereira Passos
Américo Freire

Carisma, memória e cultura política: Carlos Lacerda e   89
Leonel Brizola na política do Rio de Janeiro
Marly Motta

A morte e a morte de Chagas Freitas: a (des)construção   101
de uma imagem pública — trajetória individual e
as reelaborações da memória
Carlos Eduardo Sarmento

III — Eleições

Da redação às urnas: o jornal *O Dia* e as eleições   117
de 1954 no Rio de Janeiro
Carlos Eduardo Sarmento

Eleições em tempos de radicalização   133
Marly Motta

Eleições em tempos de mudança: o campo político   163
carioca entre o carisma e a rotina
Carlos Eduardo Sarmento

IV — Administração e política

Do confronto à negociação: o Conselho Municipal   187
e o prefeito Pereira Passos
Américo Freire

Crônica de uma relação tumultuada: o Legislativo estadual   199
e o governo Lacerda
Marly Motta

Política e administração pública em tempos de exceção: 219
a máquina chaguista no governo da Guanabara
Carlos Eduardo Sarmento

Administrando o Rio: engenheiros x economistas   235
Marly Motta

Referências bibliográficas   245

Apresentação

Os textos aqui reunidos refletem duas dimensões da inserção de seus autores na produção intelectual sobre a cidade do Rio de Janeiro. A primeira delas liga-se às trajetórias de investigação iniciadas por ocasião da elaboração de dissertações de mestrado e teses de doutorado na área de *história política*, tendo como objeto de análise a *dinâmica e a estruturação da política carioca* em diversas conjunturas históricas republicanas. Essas pesquisas, por sua vez, tiveram oportunidade de se afirmar no ambiente institucional do Centro de Pesquisa e Documentação de História Contemporânea do Brasil da Fundação Getulio Vargas (Cpdoc/FGV), onde, desde os anos 1980, sob a coordenação de Marieta de Moraes Ferreira, formou-se um centro de estudos sobre a história política fluminense e carioca.

A consolidação dessa linha de pesquisa ocorreu na década seguinte pela feliz conjugação de dois fatos. Por um lado, a possibilidade de se realizar um conjunto de trabalhos sobre a fusão e a criação do novo estado do Rio de Janeiro dentro do projeto sobre transição política desenvolvido no Cpdoc no âmbito do Pronex, sob a coordenação de Alzira Alves de Abreu. Por outro, a criação, em 1997, do *Núcleo de Estudos e Pesquisas do Rio de Janeiro* (Neperj), cuja produção acadêmica vem contribuindo, a partir de então, para a ampliação do debate historiográfico sobre a política no Rio de Janeiro republicano, bem como para uma melhor discussão de questões teóricas e metodológicas que orientam a atividade da pesquisa histórica.

Os textos aqui publicados foram produzidos em diferentes momentos, a partir da segunda metade dos anos 1990. Alguns são textos extraídos e adaptados das pesquisas de mestrado e doutorado; outros foram publicados originariamente em revistas acadêmicas. A seleção e a publicação desses trabalhos, agora, visam atender a uma crescente demanda por estudos sobre "política carioca", maior ainda em períodos eleitorais. Mas, sobretudo, têm como objetivo principal dialogar com as explicações para a chamada "crise de identidade do Rio", tais como: a perda da capitalidade e o conseqüente abandono a que a cidade teria sido relegada; o fim de sua autonomia, a partir da fusão da Guanabara com o estado do Rio; o caráter oposicionista do eleitorado carioca, só para destacar as mais citadas.

Por isso mesmo, o "primeiro tempo" deste livro é composto por dois textos que visam construir um mapa dos diferentes *modelos político-institucionais* implantados na cidade do Rio de Janeiro ao longo do período republicano, ao mesmo tempo em que examinam as diferentes estratégias implementadas pelos atores políticos em *conjunturas (re)fundadoras* do *campo político* carioca:

- a criação do Distrito Federal no início da República;
- a experiência autonomista do início da Era Vargas;
- a criação do estado da Guanabara;
- a fusão e a experiência de município-capital do novo estado do Rio de Janeiro.

O "segundo tempo", composto por três textos, é dedicado ao estudo da *cultura política* carioca, e tem como proposta básica discutir a relação entre os processos de enquadramento da *memória* e de constituição de *lideranças e de matrizes* políticas na cidade do Rio de Janeiro.

Se a disputa é elemento fundamental no funcionamento do campo político, sua importância cresce nos momentos eleitorais, quando são levadas ao teste das urnas as diferentes capacidades dos atores políticos, as estratégias de campanha, e, sobretudo, a afinidade entre as demandas dos eleitores e as propostas e os projetos para o governo da cidade.

O "terceiro tempo" do livro dedica-se a estudar algumas eleições no Rio de Janeiro: a de *1954, no Distrito Federal*, visa, de maneira mais ampla, discutir o papel da *imprensa* carioca no processo eleitoral; já as que ocorreram na *primeira metade da década de 1960* são uma boa fonte para se compreender a lógica eleitoral em um período de *radicalização política*, especialmente no estado da Guanabara governado por Carlos Lacerda; a de *1982*, por seu lado, permite entender a reformulação do quadro político carioca a partir da redemocratização e do ingresso de Leonel Brizola na disputa eleitoral.

O "quarto e último tempo" volta-se para a política e a administração da cidade do Rio de Janeiro, a partir da análise de duas questões: o tipo de relação que se estabeleceu, em diferentes conjunturas políticas e arcabouços institucionais, entre o Legislativo (Conselho Municipal/Câmara de Vereadores/Assembléia Legislativa) e o Executivo (prefeito/governador); e os diversos padrões político-administrativos que referenciaram e continuam a referenciar a gestão da cidade.

Marly Motta
Américo Freire
Carlos Eduardo Sarmento

Introdução
Um choque de história na memória do Rio de Janeiro

Marly Motta

Entre julho e agosto de 1958, o *Correio da Manhã* publicou um conjunto de 32 reportagens sob o sugestivo título de "Que será do Rio?", com opiniões de figuras expressivas da cidade do Rio de Janeiro, então Distrito Federal, e do estado do Rio — ex-prefeitos, deputados cariocas e fluminenses, empresários, técnicos em planejamento urbano, geógrafos, sociólogos, historiadores — sobre o destino da cidade após a mudança da capital para Brasília. O *Jornal do Brasil* e a *Tribuna da Imprensa*, nesse mesmo período, igualmente dedicaram matérias ao tema, numa clara indicação de que esse era um assunto que então mobilizava o povo e a imprensa cariocas. Além da vaga indicação constitucional de que após a transferência da capital o Rio de Janeiro deveria se transformar no estado da Guanabara, não havia nenhuma outra definição quanto ao futuro ordenamento desse espaço especialmente valorizado em termos políticos. Como se costumava dizer, "a Guanabara boiava no ar".[1]

A análise da argumentação que sustentava as três propostas então apresentadas para o futuro do Rio — território da Guanabara; município do Rio de Janeiro, incorporado ao estado do Rio; estado da Guanabara — mostra que o

---
[1] Motta, 1997.

ponto central do debate era a definição de uma nova identidade para aquela que, por mais de um século, havia sido a *cidade-capital* do Brasil.[2] A perspectiva de transformação em *território*, percebida por alguns como uma séria ameaça à autonomia político-administrativa do novo ente federado, foi considerada por outros a "solução mais simples e vantajosa", uma vez que o custeio dos principais serviços continuaria a cargo da União. No entanto, a questão que não queria se calar era a seguinte: como a ex-capital imperial e republicana poderia se transformar em um "simples território como o Acre"? Os defensores da *incorporação da cidade ao estado do Rio* também enfrentavam a marca da *capitalidade* carregada pelo Rio de Janeiro, que, de um lado, ameaçava a estabilidade da "velha província" com a possibilidade de transformá-la em um subúrbio de terceira categoria, caudatária do antigo Distrito Federal, mas que, de outro, acenava com a oportunidade de o novo estado dispor de um centro verdadeiramente metropolitano. Resumo da ópera: a ambígua relação de amor e ódio que os fluminenses tradicionalmente mantinham com a capital federal pouco ou nada se modificara. No caso da transformação do Rio em *estado da Guanabara* — prevista constitucionalmente —, era corrente a idéia de que a tradição de capital imprimiria ao novo estado um padrão político que o diferenciaria dos demais em pelo menos dois aspectos fundamentais: nas ausências do "provincianismo" e do "caciquismo". Acenava-se, ainda, com a possibilidade de a Guanabara disputar recursos federais através de uma ativa política regional nos moldes de São Paulo, bem como com a perspectiva de ascensão do novo estado ao primeiro escalão da Federação, já que dispunha tanto de cacife econômico, pois era o segundo parque industrial do país, quanto de cacife político, representado por um expressivo time de lideranças nacionais.

Não resta dúvida de que o final dos anos 1950 foi uma das conjunturas mais propícias para o debate sobre a identidade da cidade do Rio de Janeiro, já que estava em jogo seu papel como um novo ente federado. Foi também quando ficaram evidentes os balizamentos fundamentais que sustentariam a reinserção do antigo Distrito Federal na Federação como uma unidade "especialíssima", a cidade-estado da Guanabara: o quadro político e socioeconômico, por um lado, e o peso da tradição de *cidade-capital*, por outro. Como se costumava dizer, "o Rio é a cidade de todo o Brasil".

---

[2] Motta, 2004.

Outros momentos, no entanto, igualmente favoreceram à eclosão de uma acesa discussão sobre o que se convencionou chamar de "destino" ou "vocação" do Rio. Conferir historicidade a esses debates, identificando as estratégias e os recursos que foram acionados em cada conjuntura histórica, significa apostar na possibilidade de tirá-los do lugar atemporal em que vivem até hoje, e que os torna presas fáceis da sempre renovada disputa pelo controle da memória e do poder.

O debate sobre a manutenção da capital no Rio de Janeiro ou a sua transferência para o interior do Brasil mobilizou a primeira Assembléia Constituinte republicana (1890/91). Aqui, também, a discussão foi balizada tanto pelos interesses políticos locais, quanto pelas representações construídas sobre a ex-capital imperial. Enquanto a bancada fluminense viu a oportunidade de reivindicar a reintegração do antigo Município Neutro ao território do estado do Rio de Janeiro, a representação carioca defendeu sua transformação em estado federado, o estado da Guanabara. Para outros constituintes, no entanto, o Rio não se encaixaria no perfil de uma "capital republicana". A implantação da ordem, considerada um elemento-chave do projeto do novo regime, parecia bastante comprometida em virtude do caráter "agitado" e "revolucionário" da população carioca, o que teria marcado a cidade como o espaço da improvisação, da ação direta e inesperada e, por isso mesmo, ameaçadora, principalmente levando-se em conta que esse espaço era o coração do país, e seu principal lugar de identificação. Daí a proposta apresentada pelo prócer republicano e senador fluminense, Quintino Bocaiúva, de fundação de uma nova capital, a Cidade de Tiradentes, a se localizar no Planalto Central. A Constituição de 24 de fevereiro de 1891, no seu art. 3º, chegou a demarcar uma zona de 14.400km^2 no Planalto Central para nela se estabelecer a futura capital federal. Os constituintes tinham em mira o modelo de Washington: a capital federal seria uma cidade pequena, distante da agitação carioca e capaz de integrar as diferentes regiões do país. Numa clara vitória da bancada carioca, foi determinado que, após a transferência da capital, a cidade do Rio de Janeiro se transformaria no estado da Guanabara. No entanto, passada a Constituinte, a tese da transferência da capital caiu no vazio.

As duas constituintes seguintes — a de 1933/34 e a de 1946 — recolocaram o debate sobre a transferência da capital para o interior e, mais uma vez, foi reiterada a transformação do Rio de Janeiro em estado da Guanabara. A perspectiva era, em boa medida, a do jogo de soma zero: se a cidade perdia a condição de capital, ganhava, no entanto, a autonomia política requerida por parte da população e por grupos políticos desejosos de maior liberdade de atuação no campo político carioca.[3]

Criada em abril de 1960, a Guanabara teve uma vida curta — apenas 15 anos —, já que, aprovada a fusão com o estado do Rio, ela acabou extinta em março de 1975, com a posse do governador do novo estado do Rio de Janeiro, almirante Faria Lima. Ao longo desse período, foram três os governadores: dois eleitos diretamente pelos cariocas — Carlos Lacerda (1960-65) e Negrão de Lima (1965-71) — e um, indiretamente, pela Assembléia Legislativa do Estado da Guanabara, Chagas Freitas (1971-75). Ocupando na Federação, não por acaso, o lugar único de *cidade-estado*, a construção da Guanabara revela uma combinação, sempre tensa e ambígua, entre elementos que apontavam, ao mesmo tempo, para a mudança, no sentido de se tornar mais um *estado federado*, e para a continuidade, no intuito de se manter como *capital de fato* do país.[4] Apesar do investimento inicial na estadualização da Guanabara, quando buscou montar a máquina estadual e implementar as metas prometidas durante a campanha, o governador Lacerda acabou por reafirmar a antiga capitalidade da cidade-estado, relegando ao segundo plano o processo de transformá-la em um estado de fato. Elemento fundamental em seu projeto de chegar à presidência da República, a Guanabara deveria ser o *estado-capital*, e, tal como o Rio de Janeiro no passado, a "vitrine" na qual poderia expor os feitos de sua administração.[5]

Os anos 1970 marcaram uma profunda inflexão na identidade política da cidade do Rio de Janeiro. Em primeiro lugar, ocorreu o progressivo esvaziamento do projeto *Guanabara, estado-capital*, tanto pelo reforço da capitalidade de Brasília promovida pelo regime militar, quanto pelo estilo político do terceiro, e último, governador da Guanabara, Chagas Freitas, que optou por investir na transformação da Guanabara em um estado federado "como outro qualquer".[6] Processo que acabou sendo interrompido pela fusão, decretada

---

[3] Ferreira e Dantas, 2000.
[4] Motta, 2000a.
[5] Idem, 2000c.
[6] Idem, 2000b.

em julho de 1974, e que fez do Rio o município-capital do novo estado do Rio de Janeiro.

A aposta na integração da cidade do Rio ao estado de que passou a ser capital, premissa básica da fusão, não gerou dividendos apreciáveis. Ao contrário. Sem fugir dos costumeiros balanços realizados por ocasião de aniversários de datas cheias, a comemoração dos 10 anos da fusão, em 1985, acabou sendo "pelo avesso", uma vez que pela primeira vez se anunciou com todas as letras a possibilidade da desfusão.[7] Engolfada por questões mais prementes em relação ao processo de institucionalização democrática do país, a Constituinte de 1988 só poderia se constituir como um espaço privilegiado para o debate sobre a desfusão caso houvesse suficiente entendimento político em torno do tema, o que não ocorreu de modo algum.

Os anos 1990 acirraram a percepção de que a "crise" vivida pela cidade tinha origens mais "profundas", ligadas às "perdas" a ela infringidas, ao longo das últimas décadas, pelas sucessivas transformações em seu estatuto político-jurídico: depois de mais de um século como capital imperial e Distrito Federal republicano, a partir de 1960 havia se transformado em estado da Guanabara, e, 15 anos depois, em município-capital do estado do Rio de Janeiro. Ora, se os "problemas" do Rio residiam no passado, quem sabe as "soluções" não poderiam ser aí encontradas?

Em 1992, uma conjugação de fatos acabou por favorecer a eclosão do movimento *Rio-capital*, que defendia a volta da capital federal para o Rio de Janeiro: de um lado, a realização da Conferência do Meio Ambiente, a chamada ECO-92, que recolocou a cidade no papel de "vitrine" do país; de outro, as críticas dirigidas a Brasília, vista como "uma ilha da fantasia oculta e isolada", que teria favorecido os desmandos do governo Collor.[8] A memória do passado de *cidade-capital* foi então acionada no sentido de provar que esta era a "vocação" do Rio: os destinos do país passavam pela cidade, que estava longe, portanto, de ser um "município qualquer".

A rejeição à idéia do Rio como um "município qualquer" foi reafirmada na campanha para prefeitura municipal em 1996. Mais uma vez se voltou à me-

---

[7] Motta, 2001a.

[8] Ver Órfãos do Rio capital, Revista Domingo, *Jornal do Brasil*, 15 set. 1992.

mória do passado, só que, então, o movimento foi em outra direção: não da retomada da capitalidade, mas sim da volta da Guanabara. Acelerou-se a idéia da desfusão, alimentada pelo balanço sobre os 20 anos do estado do Rio de Janeiro (1995), e a "saudade da Guanabara" emergiu com força, trazendo de novo para o primeiro plano da campanha, de maneira mais explícita que na eleição de 1992, a figura de Carlos Lacerda, "o administrador que todos querem imitar".[9]

O certo é que a desfusão, ao possibilitar a constituição de outro arcabouço institucional para o Rio, despontou como uma alternativa capaz de desatar certos nós e de solucionar, como num passe de mágica, dificuldades econômicas e impasses políticos, como a sempre polêmica questão da distribuição das receitas tributárias, que coloca ainda mais água no moinho daqueles que entendem que, "com a desfusão, a Guanabara voltaria a arrecadar tributos estaduais e municipais, e o estado do Rio teria amplas perspectivas econômicas, como as decorrentes da exploração do petróleo".[10] Essa, aliás, foi a principal detonadora de uma demanda pela desfusão que tomou de assalto as páginas dos jornais cariocas na virada de 1996 para 1997. A votação de uma nova lei regulamentando a distribuição do ICMS pelos municípios, que teria prejudicado a arrecadação do Rio de Janeiro em cerca de R$70 milhões, trouxe a fusão para o banco dos réus. Pesquisas de opinião, editoriais, declarações de políticos e economistas, e até um inusitado pedido do então prefeito Luiz Paulo Conde para que o Rio se tornasse um "ente federativo" especial, ocuparam a imprensa naquele momento.[11]

A sensação de que o Rio "perdeu" pelos sucessivos arranjos institucionais que lhe foram "impostos" tem sido ampliada pelos meios de comunicação da

---

[9] Lacerda, o administrador que todos querem imitar, *O Globo*, 1 jan. 1996. Ver também a longa matéria de capa do suplemento Veja Rio, sugestivamente intitulada "30 anos sem Lacerda", da revista *Veja*, de 4 dez. 1995.

[10] Movimento pela desfusão ganha mais força, *Jornal do Brasil*, 5 mar. 1995.

[11] Ver, entre outros, Mágoa eleitoral, *Jornal do Brasil*, 21 dez. 1996; O outro caminho, *Jornal do Brasil*, 28 dez. 1996; Um novo tema: a desfusão, *O Globo*, 9 jan. 1997; Projeto ficou no meio do caminho e Carioca e fluminense criticam a fusão, *Jornal do Brasil*, 12 jan. 1997; Rio pede tratamento VIP a Brasília, *Jornal do Brasil*, 23 jan. 1997; Norte fluminense quer volta ao passado, *Jornal do Brasil*, 16 fev. 1997.

cidade, especialmente por setores influentes da imprensa carioca. Esse movimento tomou impulso ainda maior depois da eleição consecutiva de dois governadores do Rio de Janeiro oriundos do interior, mais precisamente da cidade de Campos, situada no Norte do estado: Anthony Garotinho (1999-2003) e Rosângela Matheus (2003-). Ao tecer comentários sobre a chamada "República do chuvisco", a coluna de Dora Kramer, publicada no *Jornal do Brasil* de 11 de novembro de 2000, alertou: Garotinho, tal como o presidente Fernando Collor anteriormente, recairia em grave erro político ao imaginar que os "critérios da província" poderiam ser válidos para o Rio e para o Brasil.

Em outubro de 2002, dias depois da confirmação da vitória da candidata nascida em Campos ao governo do estado, foi anunciado o lançamento do movimento *Guanabara Já*.[12] A governadora eleita havia tido, no Rio, uma vitória apertada sobre Benedita da Silva e o segundo menor índice de votos do estado (38,7%). De todo modo, saiu-se melhor que Garotinho, seu marido, derrotado no município pelo candidato César Maia na eleição de 1998. Apesar de ser evidente a disputa pelo controle do campo político do Rio de Janeiro — César Maia se encontrava à frente da prefeitura carioca desde 2000 —, a argumentação em favor da desfusão e da volta da Guanabara se sustentou, sobretudo, em uma memória que colocava a "antiga capital do Império e da República" como "vítima passiva" de atos arbitrários cometidos no passado: a transferência da capital para Brasília, a extinção do estado da Guanabara e o "rebaixamento" para município.

A aproximação das eleições municipais, associada à avaliação negativa do governo estadual pela população carioca, detonou, a partir de abril de 2004, um movimento em defesa do Rio como "símbolo da civilização brasileira". O desabafo do antropólogo Roberto DaMatta, niteroiense, é insuspeito: "O que tem acontecido nessa cidade-símbolo passa uma mensagem perniciosa para o resto do Brasil".[13] Logo em seguida, o jornal *O Globo* abriu suas páginas para a divulgação e a subseqüente repercussão do movimento *Autonomia Carioca*, que, como o nome deixa claro, propõe a volta da Guanabara. Tanto pelas colunas assinadas, quanto pelas cartas publicadas na seção Cartas dos Leitores,

---

[12] Coluna do Ancelmo, *O Globo*, 10 out. 2002; e Hildegard Angel, *O Globo*, 16 out. 2002.
[13] Tereza Cruvinel, Se não é barbárie..., *O Globo*, 20 abr. 2004.

A política carioca em quatro tempos

desfilaram opiniões e argumentações de variado teor, mas que tiveram como solo comum uma memória povoada de representações construídas ao longo do tempo sobre o passado do Rio e suas relações com o antigo estado do Rio.[14] Nesse sentido, é bastante sugestiva a ilustração usada na coluna do jornalista Luiz Garcia, intitulada "Fusão, confusão e desfusão",[15] em que se apresenta uma moça bem-arrumada e elegante acorrentada a um caipira pobre e maltrajado, cada um apontando em direção oposta. Nem houve necessidade de legenda para se identificar quem é quem nessa relação desigual.

Que tipo de contribuição um livro sobre a história política carioca pode trazer para esse debate que parece ter sete vidas? Antes de tudo, mostrar que os eventos dessa história foram sugados para o terreno fluido e afetivo da memória,[16] e transformados em prisioneiros de um círculo vicioso que torna a cidade refém de um passado percebido como uma "idade do ouro"[17] mítica e, por isso mesmo, submetida ao pipocar do noticiário do dia-a-dia e incapaz de projetar seu futuro. A dificuldade de se libertar do peso desse passado reside, de maneira aparentemente paradoxal, no fato de que a memória deixa de lado justamente a história política do Rio de Janeiro, ou seja, o estudo de seus principais atores, trajetórias, projetos e estratégias de ação, bem como a análise dos padrões da cultura política e das forças balizadoras de seu campo político. E mais: apesar de se enfatizar o lugar especial do Rio de Janeiro no quadro federativo nacional, pouco se avança no sentido de caracterizar historicamente a especificidade de sua história política. A palavra de ordem, pois, é um choque de história na memória do Rio de Janeiro.

---

[14] São as seguintes as colunas do jornalista Merval Pereira publicada em *O Globo*: Autonomia carioca, 29 maio 2004; Cidade global, 30 maio 2004; Contra a desfusão, 9 jun. 2004; Só o Rio vota, 10 jun. 2004.

[15] A coluna citada foi publicada em *O Globo*, de 11 jun. 2004.

[16] Rousso, 1991; e Frank, 1992.

[17] Girardet, 1987.

I
Campo político

Três faces da cidade: um estudo sobre a institucionalização e a dinâmica do campo político carioca (1889-1969)*

Américo Freire
Carlos Eduardo Sarmento

Em julho de 1999, o jornalista Márcio Moreira Alves teve a boa idéia de escrever alguns artigos no jornal *O Globo* sobre as bases políticas dos principais estados brasileiros nas primeiras cinco décadas do século XX. Depois de tratar de São Paulo, Minas Gerais, Bahia e Rio Grande do Sul, examinou, com certa relutância, o caso carioca. Desta forma justificou a sua resistência em lidar com o Rio de Janeiro: "É que a política do antigo Distrito Federal é inseparável da política nacional".[1]

Após ceder aos reclamos dos seus leitores, Alves desenvolve em seu texto o argumento de que o papel político do Rio de Janeiro para o país foi o de "introduzir a opinião pública no cenário político de uma república oligarca". Esse processo, segundo o autor, se deu pela emergência de três forças político-sociais:

---

* Este texto foi publicado originariamente na revista *Estudos Históricos*, Rio de Janeiro, v. 13, nº 24, 1999.
[1] Política carioca, *O Globo*, 13 jul. 1999.

- o nascimento de uma classe média com vocação cívica;
- a precoce incorporação dos trabalhadores à vida política;
- a presença na cidade das escolas militares, que produziram uma mocidade militar insatisfeita com o seu afastamento dos centros de decisão e, por isso mesmo, propensa à intervenção pela força.

Na análise de Alves, essas forças políticas modernas se viram impedidas na Primeira República de se expressar politicamente pela contínua nomeação pelo governo federal de prefeitos à "sua semelhança", que pouco, ou muito pouco, deixaram de relevante para a vida política da cidade. O verdadeiro ato fundador da política no Distrito Federal foi a eleição indireta de Pedro Ernesto, que, em seu curto governo, imprimiu uma política revolucionária no plano educacional, o que lhe valeu poderosas inimizades na Igreja Católica e nas demais forças conservadoras. Acusado de adesão ao comunismo, acabou afastado do governo e preso. A partir daí, iniciou-se um novo ciclo de nomeações de prefeitos que se estendeu até a mudança da capital para Brasília e a eleição do primeiro governador carioca, Carlos Lacerda.

Alves não está sozinho na defesa dessas concepções relativas ao caráter original, modernizador e perturbador assumido pela cidade do Rio de Janeiro no contexto político brasileiro. Conta com a companhia, por exemplo, do historiador José Honório Rodrigues, que, sob o impacto das comemorações do IV Centenário da cidade, em 1965, escreveu dois ensaios nos quais, indo além das proposições de Alves, defende a tese de que o Rio foi o *locus* privilegiado da formação da nacionalidade brasileira, a despeito da "traição dos seus governantes". No desenvolvimento do seu argumento, Rodrigues chega a afirmar que o carioca, por suas virtudes e defeitos, sintetizaria em sua personalidade o "caráter brasileiro" (1966:124-125). Na apologia rodrigueana, o Rio de Janeiro é apresentado como elo nacional, como constituidor de um país, embora teime em não se definir como tal. A nosso ver, a produção de José Honório Rodrigues relativa ao papel político do Rio de Janeiro alimenta-se de e radicaliza a construção de uma memória política de cidade nacionalizada que ganhou voz corrente nos meios políticos, jornalísticos e acadêmicos nas últimas décadas.

Vinte e sete anos depois, essa memória se atualiza na imprensa quando da eleição do prefeito César Maia. Em editorial intitulado "Vocação confirmada", o *Jornal do Brasil* assinala que nem a mudança da capital e nem mesmo a fusão com o antigo estado do Rio de Janeiro, promovidas pelo governo federal em um espaço de tempo de 15 anos, tinham sido capazes de alterar o *ethos* político da cidade, marcadamente cosmopolita e atípico em comparação com a "marca regional das capitais dos grandes estados". A melhor prova disso, segundo o editorialista, se deu quando, ultrapassado o regime militar e superadas as eleições indiretas, a cidade teve condições de expressar pelo voto sua vocação "ao sufragar o nome de políticos de projeção nacional como Marcelo Alencar e César Maia".[2]

Escritos em momentos diferentes, em conjunturas políticas bem diversas, estes três textos são um claro exemplo da existência de um vigoroso discurso sobre o papel político que a cidade do Rio de Janeiro tem exercido ao longo de sua história no quadro da Federação brasileira. Em todos eles, constrói-se uma visão do Rio de Janeiro como cidadela do elemento nacional que a todo momento se vê ameaçada por injunções políticas exógenas. Assumido por políticos de diferentes tendências, esse discurso não poucas vezes se utiliza de imagens como a de um farol que iluminaria o país em seu percurso.[3]

Outra face dessa matriz interpretativa também explicitada nos textos de Rodrigues refere-se ao fato de que o Rio expressava não apenas as virtudes mas também as mazelas brasileiras. Essa peculiar simbiose foi também explorada pelo historiador José Murilo de Carvalho em vários textos, em particular em seu livro *Os bestializados*, no qual sublinha especialmente os efeitos deletérios dessa situação. Em seus trabalhos, Carvalho destaca o caráter autoritário que assumiu o nosso primevo republicanismo e a forma pela qual se processou, ou melhor, se agravou, o distanciamento entre as estruturas políticas do novo regime e a população em geral. No Rio de Janeiro, chegou-se a um caso-limite em que o sistema político implantado pelo poder central — constituído em linhas gerais por um prefeito nomeado e por um conselho municipal tutelado — teve como principais resultados a descaracterização da representação política e a formação de "repúblicas populares" inteiramente apartadas do jogo político-institucional. Sem autonomia política e sem instituições polí-

---

[2] *Jornal do Brasil*, 14 dez. 1992.

[3] Ver, por exemplo, a declaração do presidente Fernando Henrique Cardoso nesse sentido em *Jornal do Brasil*, 7 out. 1994.

ticas de expressão, a cidade terminou à mercê da política miúda local, da corrupção, do *tribofe* (Carvalho, 1987).

Neste brevíssimo levantamento, pode-se claramente perceber que estamos diante de um conjunto coerente de proposições sobre o caráter político carioca. Mais do que isso, estamos diante de um conjunto de questões que está à disposição dos pesquisadores interessados em examinar este caso peculiar e significativo.

Neste texto, nossa proposta será dialogar com essas proposições com o fito de sugerir outras possibilidades de análise sobre os elementos constitutivos da cultura política carioca. Nosso ponto de partida nesta empreitada será uma breve exegese da documentação legal fundadora dos diferentes modelos político-institucionais relativos à cidade do Rio de Janeiro durante o regime republicano. Este acompanhamento levará em conta fundamentalmente o espaço que a legislação definiu para a atuação das diferentes forças presentes no *campo político* carioca, aqui entendido, seguindo a linguagem bourdieuniana, como o campo de lutas concorrenciais que se processaram entre os agentes que disputavam o poder na cidade do Rio de Janeiro (Bourdieu, 1989:163-164).

Paralelamente à definição do quadro político-legal, examinaremos as diferentes *estratégias* implementadas pelos atores políticos em três *eventos criativos* ou conjunturas significativas, a saber: a criação do Distrito Federal no início da República; a experiência autonomista do início da Era Vargas, e, finalmente, a criação do estado da Guanabara. Após o referido mapeamento de questões diretamente relacionadas à constituição do campo político do Rio de Janeiro, poderemos, a título de ensaio, sugerir algumas proposições de caráter geral sobre os elementos formadores da *cultura política* da cidade do Rio de Janeiro republicana.[4]

A capital neutralizada: a criação do Distrito Federal

A capital modelar imperial

O regime imperial, ao contrário do seu sucedâneo, poucas dúvidas teve quanto ao papel que o seu centro político deveria exercer no conjunto do siste-

---

[4] Sobre a noção de estratégia aplicada neste texto, ver Bourdieu, 1990:81-84. Sobre a importância dos "eventos criativos", ver Ladurie, 1973:169-186. Sobre a noção de cultura política, ver Berstein, 1992:66-77.

ma político monárquico. Instituído como cidade-capital, o Rio de Janeiro deveria possuir instituições municipais e judiciais exemplares. No que se refere à segurança pública, cabia muitas vezes ao próprio ministro da Justiça estar à frente da polícia do Rio, e tanto o chefe de polícia como o comandante da Polícia Militar estavam subordinados diretamente a ele (Holloway, 1997:250). Enfim, o Rio era Corte Imperial, pólo irradiador de civilização e elo político entre o poder central e as províncias.

Exatamente por isso, o regime não tardou em definir o modelo político-administrativo de sua cidade-sede. Já na Constituição de 1824, pelo art. 72, ficou estabelecido o princípio da supremacia do poder central sobre a cidade e a província do Rio de Janeiro. No início das regências, em face da pressão regionalista, o Congresso terminou por adotar uma solução de compromisso, expressa no Ato Adicional de 1834, que promoveu a separação entre a província fluminense e a cidade do Rio de Janeiro, transformada em Município da Corte, ou Município Neutro, inteiramente apartado da influência política regional. O Município Neutro era administrado por uma câmara municipal subordinada diretamente ao Ministério do Império e às decisões da Assembléia Geral.

Além da escolha dos vereadores para a composição da Câmara Municipal, os eleitores da Corte participavam também das eleições gerais para o Parlamento. Como a organização das bancadas baseava-se na divisão provincial, os deputados escolhidos pelo eleitorado carioca integravam-se à bancada fluminense, o que proporcionava uma diluição da representação daqueles dois entes políticos.

Esse modelo político-institucional imperial teve longo curso. Sobreviveu inclusive à bateria de críticas desferida por políticos de diferentes partidos nas décadas de 1860 a 1880, que, em linhas gerais, defendiam uma administração mais larga e autônoma para a cidade.[5] Já nos estertores do Império, essa mesma tese ganhou novos adeptos e até mesmo o apoio do visconde de Ouro Preto, que, no contexto das suas reformas de 1889, defendeu que fosse assegurado ao Município Neutro "governo e representação próprios, como reclamavam sua população e riqueza".[6]

---

[5] Ver, por exemplo, Bastos, 1937:158.

[6] Ver proposições do visconde de Ouro Preto em Santos, 1945:19-21.

Pacto fundador

Com o advento do novo regime, essa situação sofreu grandes mudanças. Caiu por terra o *edifício político imperial*, e em seu lugar deveria ser estabelecido um sistema político fundado no pacto federalista. Tornava-se necessário, portanto, redefinir o peso do poder central na Federação e conseqüentemente o papel até então assumido pela cidade do Rio de Janeiro como capital. Sem um claro projeto à vista, apenas nos debates constituintes o novo regime começou a emitir os primeiros sinais de que promoveria mudanças em seu centro político. Nas discussões relativas a esse tema, a principal referência ainda era a experiência norte-americana de capital, expressa na criação de um distrito-sede dos poderes federais apartado das disputas políticas regionais. Vencidas as resistências iniciais, a cidade de Washington firmou-se como capital no decorrer do século XIX, passando inclusive a servir de modelo para todo o continente americano, seja para os regimes republicanos da América Hispânica, seja para a própria monarquia brasileira (Madison et al., 1993:306-307; Green, 1962).

Para uma república fundada sob a égide de um federalismo marcadamente regionalista como o brasileiro (Abrucio e Costa, 1998:32-33), a criação de um centro político discreto, afastado do burburinho carioca, era algo no mínimo tranqüilizador. Seria a melhor expressão de uma União voltada fundamentalmente para os problemas nacionais, não preocupada em exercer maior controle sobre a vida dos entes federados. A contraface desse modelo era a supressão dos direitos de municipalidade da(s) cidade(s) presente(s) no Distrito Federal, o que transformava os seus cidadãos em *cidadãos nacionais*, com os seus direitos políticos à mercê dos poderes centrais.

Qualquer debate relativo às mudanças que deveriam ser introduzidas na capital brasileira deveria também levar em conta as crescentes demandas de autonomia para o governo político local da cidade do Rio de Janeiro, sede dos poderes federais. Esse fato tornava politicamente inviável a aplicação *in totum* da atraente "solução americana" acima referida, o que terminou por reforçar nos meios políticos a tese da transferência da capital do Rio de Janeiro para outra região do país. Mas qual seria o destino da cidade do Rio de Janeiro após a transferência da capital? Deveria ser reincorporada à antiga província fluminense ou transformar-se em cidade-estado? E caso a solução mudancista demorasse a se efetivar, como seria possível compatibilizar os poderes federal e municipal no Rio de Janeiro?

Foi sobre esse conjunto de questões que o Congresso Constituinte viu-se obrigado a decidir. Terminou por prevalecer uma solução ambígua, nitidamente inspirada em Washington, em que o legislador procurou atender também, pelo menos em parte, à demanda política carioca. O texto constitucional estabeleceu a criação de um Distrito Federal apartado de influências regionais. Não haveria mais vínculos políticos com o estado (ex-província) do Rio de Janeiro. Isso significava que o Distrito passaria a contar com uma bancada federal própria de deputados e senadores. Toda a legislação referente à organização política do Distrito Federal ficava a cargo do Congresso Nacional. Diferentemente do modelo norte-americano, estabeleceu-se que o Distrito deveria ser governado por autoridades municipais, sem qualquer menção ao desenho desse governo. Finalmente, foi aprovada a transferência da capital para o interior do país sem prazo definido. Efetivada a transferência, a cidade do Rio de Janeiro se tornaria uma unidade federativa própria — uma cidade-estado (Roure, 1920:320-322).

Não há dúvida de que o legislador optou pela composição de interesses. Ao mesmo tempo, porém, deixou nas mãos do futuro Congresso o encaminhamento dos principais problemas concernentes ao modelo de centro político que deveria ser implantado pela República. Ao aprovar para um futuro incerto a transferência da capital, terminou por jogar para o curto prazo a criação de um *modelo provisório* de centro político capaz de compatibilizar a tutela federal congressual com a demanda política autonomista relativa ao Rio de Janeiro, parcialmente atendida no texto constitucional.

Nas discussões congressuais relativas à elaboração da Lei Orgânica do Distrito Federal, iniciadas poucos meses após a aprovação da Constituição de 1891, a temperatura política aumentou. A bancada do Distrito Federal, capitaneada pelo deputado federal carioca Tomás Delfino, produziu para a capital um projeto autonomista de governo, fundado no argumento de que a cidade do Rio de Janeiro não era um município qualquer: pela sua importância histórica e política, deveria imediatamente possuir uma estrutura político-institucional semelhante à das demais unidades federativas, a despeito de sua condição de sede dos poderes centrais. Na interpretação de Delfino, o texto constitucional elevara a cidade à condição de "estado em preparação". Em função disso, propôs a criação de uma estrutura política baseada em um órgão legislativo eleito com amplos poderes legislativos e administrativos. Esse mesmo órgão elegeria um prefeito que ficaria encarregado de implementar as decisões do Legislativo.[7]

No Senado, o projeto foi alvo de contundentes críticas dos defensores de uma presença mais ativa da União em sua sede. O mais eloqüente deles foi o senador fluminense e prócer republicano Quintino Bocaiúva, que considerou o projeto "radicalmente defeituoso", verdadeira "calamidade nacional, que interessava, particularmente, ao próprio poder federal". Segundo Bocaiúva, o governo municipal da capital em hipótese alguma poderia ser organizado segundo os princípios reguladores dos municípios em geral, e muito menos como o dos demais estados. Após alertar para a possibilidade de um intermitente conflito entre os poderes central e municipal, Bocaiúva assinalava que a única solução definitiva no caso era o exemplo dos norte-americanos, que criaram um formato próprio para a sua capital. Após elogiar o caráter lógico e coerente do formato político de Washington, o orador sublinhou dois pontos: a existência de um governador do Distrito e de um conselho executivo, nomeados pelo presidente da República com a sanção do Senado Federal, e ainda o fato de que cabia ao mesmo Senado Federal a responsabilidade pelo poder legislativo do município.[8]

O alerta do senador fluminense surtiu efeito imediato. No "frigir dos ovos", ou melhor, no momento em que o Congresso se viu diante da necessidade de definir o novo modelo político da capital, o legislador tomou fundamentalmente como referência o alerta de Bocaiúva e, sem desconsiderar inteiramente o projeto carioca, terminou por aprovar a criação da figura de um *prefeito nomeado pelo presidente da República com a sanção senatorial*. O prefeito deveria ter poder de veto sobre as resoluções do Conselho Municipal, e seu *veto deveria ser apreciado pelo Senado*. Em setembro de 1892, entrou finalmente em vigor a Lei nº 85, relativa à organização municipal da capital federal.

Quando se examina com cuidado o texto dessa lei, porém, percebe-se claramente que, a despeito da referida intervenção senatorial, as elites políticas republicanas, uma vez mais, sacrificaram a coerência doutrinária em benefí-

---

[7] Ver a íntegra do projeto em *Anais da Câmara dos Deputados*, sessão de 1 ago. 1891.
[8] *Anais do Senado Federal*, sessão de 20 out. 1891.

cio da composição política. Como no texto constitucional, optou-se por um *intervencionismo federal temperado*, que procurou não colocar em jogo o princípio básico da representação popular. O resultado de tudo isso foi a criação de um conjunto institucional de difícil manejo, com a presença de órgãos de diferentes níveis (federal e municipal) e, o que é mais importante, *sem um claro centro de gravidade política*.

Do enquadramento político à burocratização

Seja pela conjuntura instável dos primeiros anos republicanos, seja pela forte demanda federalista daqueles tempos, o fato é que o novo regime, em sua atitude cautelosa, ou mesmo defensiva, permitiu a criação e o fortalecimento de grupos políticos locais que, reunidos em grande parte em torno do Partido Republicano Federalista do Distrito Federal (PRF), passaram a controlar a maioria dos cargos representativos municipais e federais. Reconhecendo a força da agremiação, o presidente Prudente de Morais nomeou uma de suas principais lideranças, o médico e deputado federal Furquim Werneck, para o cargo de prefeito. Em pouco tempo, o PRF local tornou-se uma importante peça na engrenagem do projeto nacional de Francisco Glicério, líder-mor do partido, interessado em exercer o controle do poder pela via congressual.[9]

O governo federal retomou a iniciativa política apenas em meados de 1897, quando Prudente de Morais começou a criar mecanismos no sentido de desmontar a "República Glicerista". No que se refere ao Rio de Janeiro, Morais atuou tanto no sentido da repressão e da retaliação política (com a demissão de funcionários), como pela estratégia da cooptação. No Congresso, líderes partidários cariocas denunciaram as manobras e o interesse presidencial em criar um "Partido do Governo" na capital.[10]

Definida a situação política após o fracasso do atentado de novembro de 1897 contra o presidente da República, Prudente de Morais teve condições de acentuar a sua ofensiva contra seus adversários, movimento esse que na capital ficou bem expresso com a exoneração de Furquim Wernek da prefeitura e a

---

[9] Freire, 2000.

[10] Ver as denúncias da bancada carioca em *Anais da Câmara dos Deputados*, sessão de 30 ago. 1897.

conseqüente nomeação do prócer prudentista Ubaldino do Amaral para o cargo. Com o fracasso do glicerismo, aliado tácito do radicalismo republicano, caiu por terra a primeira experiência de cunho autonomista na capital. Em seu lugar, ganhou fôlego uma política de enquadramento político que se prolongaria até a gestão de Rodrigues Alves (1902-06). Iniciava-se um novo ciclo na vida política carioca.

No governo Campos Sales (1898-1902), as discussões sobre o formato político-administrativo da capital voltaram à baila. Com maioria no Congresso, Sales teve condições de usar sua influência no sentido de introduzir mudanças na legislação no intuito de garantir maior controle do Executivo federal em sua sede. A mais importante delas foi a extinção do mandato do prefeito do Distrito que, a partir de então, poderia ser demitido *ad nutum*, enquanto conviesse ao governo federal. Nessa mesma conjuntura, o Senado Federal perdeu o poder de sancionar a escolha do prefeito pelo presidente, o que assegurava a este último ampla liberdade na condução dos negócios da municipalidade da capital. A respeito do *leitmotiv* dessas mudanças, assim se pronunciou à época o senador goiano Leopoldo Bulhões: "Aguardemos o efeito do ensaio que vamos fazer do sistema americano".

Ao longo de sua gestão, Campos Sales adotou uma política bifronte em relação à capital. Por um lado, atuou no interior do campo político-partidário por meio de uma série de iniciativas e medidas como a cooptação de lideranças; a interferência pessoal nos processos de reconhecimento; o reforço no sistema de segurança pública como forma de intimidar os adversários; e até mesmo o virtual estrangulamento financeiro da prefeitura, como forma de denúncia do mau uso do dinheiro público pelos políticos locais. Diferentemente de Prudente de Morais, Sales em nenhum momento se viu interessado em criar no Distrito Federal um "Partido do Governo". Em linhas gerais, seu objetivo consistiu em abrir ao máximo o campo político para melhor dirigi-lo. Com isso, abriu espaço para uma luta encarniçada pelo poder, em que estiveram envolvidos membros do próprio ministério e diferentes forças federais e locais.

O outro lado da política presidencial foi fazer coro com parte da imprensa que insistentemente denunciava as fraudes ocorridas nos pleitos cariocas. Sales chegou inclusive a se utilizar de instrumentos políticos que proporcionaram a anulação das eleições municipais de 1902. Com isso, reforçava a sua imagem de autoridade preocupada com a ordem e a moralidade públicas. Nesse momento, operava, segundo a análise de Renato Lessa, com os valores altruístas do seu modelo (representativo da administração da coisa pública), que se distinguiam dos valores egoístas (próprios da natureza da política). A capital, sede dos poderes centrais, deveria reservar-se ao *espaço virtuoso* da administração (Lessa, 1988:99). Inegavelmente, Sales apostou alto em sua política para a capital. Pela via da desconstrução, a orientação presidencial terminou por produzir uma verdadeira *saturação de atores* sem mecanismos seguros de mediação política. Nem mesmo o prefeito da capital, reforçado em seu poder pela nova legislação, teve condição de ordenar o campo político, envolvido que estava em insolúveis problemas políticos e financeiros. Não por acaso, nenhum prefeito do Distrito assentou lugar por muito tempo: durante a gestão de Sales, foram quatro os prefeitos da capital.

O resultado de tudo isso foi o agravamento do conflito político. Sem um eixo de sustentação como nos tempos do predomínio do PRF, as forças políticas locais se esvaziaram, e o que restou foi nada muito além da disputa entre algumas lideranças pela manutenção de sua sobrevivência política por meio de métodos variados que passaram quase sempre pela fraude (Abranches, 1973:289-290; Freire, 1996:14-20).

Esse processo de enquadramento teve continuidade, pelo menos em parte, na gestão presidencial seguinte. Ao promover o adiamento das eleições municipais por seis meses, o que na prática significou o fechamento do conselho, o presidente Rodrigues Alves deu carta branca para o prefeito Pereira Passos mudar a face física da capital. Tratava-se de um novo experimento político na capital em bases ditatoriais (Rocha, 1986:61). O enorme sucesso de Passos na condução dos negócios da municipalidade abriu espaço para a realização de um acordo político que permitiu a reabertura do conselho em troca da ampliação das atribuições político-administrativas do prefeito. Com isso, enquanto a cidade se transformava novamente em vitrina, em cidade-capital, como nos tempos imperiais, foi sendo gerado um novo ordenamento político que propiciou um reequilíbrio nas forças atuantes no campo, com claro reforço dos poderes federais sobre as forças locais. Esse novo quadro de forças ficou claramente expresso na Lei nº 5.160, de 8 de março de 1904, que consolidou toda a legislação federal relativa ao município da capital. Nesse instrumento legal, a prefeitura transformou-se em órgão central da administração, sendo auxiliada por um conselho municipal responsável pela rotina administrativa, empréstimos e orçamento.

Diferentemente de Sales, Alves, ao delegar poderes ao prefeito, tornou as coisas mais claras para os grupos políticos locais. Foi firmada uma liderança política com um projeto a ser combatido ou negociado. Após inúmeras rusgas com o prefeito, foi possível encontrar um consenso mínimo. Com isso, abriu-se novamente espaço para a reorganização das forças locais em torno de uma nova frente partidária: o Partido Republicano do Distrito Federal (PRDF), agremiação de cunho autonomista voltada fundamentalmente para assegurar os direitos municipais do Distrito contra novas investidas intervencionistas dos poderes federais.

Em 1906, ao término da gestão de Passos, esgotara-se o ciclo intervencionista. Uma vez mais, a opção preferencial foi pela constituição de acordos e pela existência de um governo municipal ao mesmo tempo tutelado e partilhado entre os diferentes órgãos e forças políticas presentes no campo político carioca. Praticamente todos os demais presidentes da República trataram de se afastar tanto da estratégia nitidamente coercitiva de Campos Sales quanto da ação polêmica e espetacular expressa na gestão de Pereira Passos na prefeitura. Firmou-se um padrão burocrático na nomeação de prefeitos que imprimiram um estilo mais discreto em suas administrações (Santos, 1945:33-42; Reis, 1977).

Nesse novo e definitivo modelo de capital na Primeira República — menos propenso à radicalização como aos surtos de intervenção federal —, o padrão dos conflitos políticos ficou praticamente adstrito a problemas político-administrativos entre a prefeitura e o Conselho Municipal, que quase nunca conseguiram se entender na aprovação do orçamento. Como base da ação dos políticos locais, o conselho permaneceu até o fim da Primeira República na linha de tiro dos poderes federais e da imprensa, que reiteradas vezes responsabilizavam os intendentes pelas fraudes eleitorais e outras mazelas da vida política carioca. O esvaziamento do órgão favorecia a abertura do campo da política carioca para o lançamento de candidaturas fiéis ao Executivo federal e fora do controle político local. Tudo isso resultou na ampliação da competição no campo político carioca. Os grupos locais tenderam a se fragmentar e passaram a ter maiores dificuldades na criação de instrumentos de coesão política. Em determinadas conjunturas, no entanto, foi possível a formação de partidos relativamente fortes e disciplinados (Freire, 1993).

Para finalizar, cabe também a observação de que em toda a Primeira República o elemento que reunia as diferentes lideranças e agrupamentos locais em termos políticos era a luta autonomista da cidade do Rio de Janeiro diante da chamada "intervenção externa". Muito mais do que uma bandeira política, as proposições autonomistas representaram o fundamento da existência do próprio campo político carioca.

Autonomia tutelada: o Rio de Janeiro e a Era Pedro Ernesto

O compromisso autonomista

> O Distrito Federal é e será sempre a cabeça do Brasil (...) Tenho confiança no chefe do governo provisório, conheço as suas intenções e as suas palavras para com o Distrito Federal, por isso penso que a autonomia é uma questão de pouco tempo.
>
> (*Jornal do Brasil*, 1 jan. 1933:6)

Em sua mensagem dirigida à população da cidade do Rio de Janeiro no primeiro dia do ano de 1933, o interventor federal no Distrito Federal, o médico Pedro Ernesto Batista, trazia uma vez mais ao debate um dos temas mais caros aos meios políticos cariocas. Promessa presente na plataforma da Aliança Liberal para as eleições presidenciais de 1930,[11] a defesa da autonomia política e administrativa do Distrito Federal não fora então fator suficientemente decisivo para o alinhamento das forças políticas locais em favor da candidatura oposicionista de Getúlio Vargas. Derrotado por Júlio Prestes, o político gaúcho chegou de toda forma ao poder conduzido por um movimento revolucionário que defendia a completa transformação da face da nação. A autonomia da capital era um dos símbolos do compromisso com a reforma dos padrões políticos, um estandarte a ser conduzido estrategicamente, visando incorporar à base de apoio do governo provisório as principais lideranças cariocas (Sarmento, 1996:65-69).

---

[11] A plataforma da Aliança Liberal defendia a autonomia como forma de reconhecimento de "maioridade política", apontando o Rio de Janeiro como "a maior e mais adiantada cidade do país", capaz, portanto, de gerir sua vida política e administrativa. Ver Aliança Liberal, 1930.

Campo político

A indicação do líder suburbano Adolfo Bergamini para a interventoria e sua posterior substituição por Pedro Ernesto[12] deram mostras do cuidado de Vargas em recrutar elementos integrados ao campo político carioca, sem contudo abrir mão de seu estreito controle sobre o Executivo da cidade. Caberia ao médico e revolucionário Pedro Ernesto a tarefa de lançar as bases de um partido político local, que concorresse às eleições para a Assembléia Constituinte e viabilizasse a coesão do campo político em torno da proposta autonomista, cujo principal fiador, aparentemente de forma paradoxal, era o próprio governo federal.

A percepção da capacidade de mobilização do discurso autonomista definiu a estratégia básica do Partido Autonomista do Distrito Federal,[13] que, através da proposta de liberação do campo político local da interferência das esferas políticas federais, procurou agregar as diferentes forças políticas em torno de um eixo comum, um possível fator de coesão no cenário fragmentado da política carioca. A autonomia, que implicaria a escolha direta do prefeito e a efetiva liberação do Executivo e do Legislativo municipais das formas de intervenção federal, tornaria a cidade independente das injunções externas e significaria a possibilidade de autogestão. Tal desenho institucional acarretaria um deslocamento das esferas decisórias superiores (Senado e Executivo federais) para uma nova esfera de poder, que seria a partir de então soberana na direção do Distrito Federal: os poderes Executivo e Legislativo municipais. Esse deslocamento implicaria a independência das forças políticas cariocas em relação a qualquer instância que se situasse para além de seu domínio

---

[12] Jornalista e político carioca com base política nos subúrbios do Méier, Engenho Novo e Engenho de Dentro, Adolfo Bergamini foi um dos fundadores da seção carioca do Partido Democrático. Foi nomeado interventor por Vargas em 25 de novembro de 1930 e substituído no cargo, interinamente, por Julião Esteves em 24 de setembro de 1931. Nove dias depois, o médico pernambucano Pedro Ernesto Batista foi nomeado interventor por decreto do governo provisório. Ver Beloch e Abreu, 1984.

[13] O Partido Autonomista do Distrito Federal foi fundado no dia 4 de março de 1933, contando em suas fileiras com expoentes do chamado movimento "outubrista" como João Alberto, Góis Monteiro, Augusto Amaral Peixoto e Mendonça Lima. Sobre a fundação e composição do partido ver Sarmento, 1996, especialmente capítulo 2.

específico, ou seja, o espaço municipal, e possibilitaria a esses grupos atuar livremente para negociar politicamente a alocação e o exercício de tais cargos.

Em seu programa-manifesto,[14] o partido era inicialmente definido como defensor dos princípios da autonomia perante a futura Assembléia Nacional Constituinte. Tal discurso, que legitimava as aspirações das principais forças políticas da cidade, qualificava também o campo político carioca, identificando o seu eleitorado como o "mais independente e culto do país". Dessa forma se desmistificava uma tendência arraigada pela tradição dos críticos da autonomia da capital, que interpretavam o Rio de Janeiro apenas como o cenário do grande teatro político nacional, desprovido de uma dinâmica política própria. Contra tais argumentações desfraldava-se a bandeira autonomista, segundo a qual a fragmentação e a falta de coesão das forças políticas do Distrito eram o resultado direto dos anos de "sufocamento" imposto pelo mecanismo interventivo de "pacificação" e de "domesticação" da vida política carioca.

A possibilidade de estabelecimento de um eixo de coesão, capaz de suplantar o panorama fragmentado e oscilante da política local, deveria funcionar como via de negociação entre as lideranças locais, respeitando-se, logicamente, as bases dos seus sustentáculos políticos: as redes de patronagem/clientela. Uma vez lançado oficialmente o partido, caberia à sua direção estabelecer seus pilares no espaço da capital da República e realizar os ajustes necessários e as correspondentes negociações políticas, de modo que, em torno de sua estrutura, pudessem alocar-se as diferentes lideranças e grupos da multifacetada política carioca. Tal tarefa caberia então ao próprio Pedro Ernesto, que se tornava a figura central do partido, na medida em que passava a ser identificado como o elo que permitiria o contato entre a esfera da política local e o governo Vargas, tutor do processo de gradativa autonomização. Ainda condicionada pelo sistema de inter-relações de forças da Primeira República, com um interventor na chefia do Executivo municipal, a cidade do Rio de Janeiro conheceria sob o governo Pedro Ernesto a passagem gradativa de uma situação de direta intervenção do Executivo federal para a franca experiência autonomista.

---

[14] O programa-manifesto do Partido Autonomista foi lançado oficialmente na tarde de 4 de março de 1933. A íntegra do programa encontra-se transcrita em *Anais da Câmara Municipal do Distrito Federal*, maio 1935:328-329.

O primeiro teste do novo padrão a ser implementado no Distrito Federal se verificou no processo eleitoral para a composição da Assembléia Nacional Constituinte em 1933. Rompendo com o antigo monopólio dos chefes políticos sobre o cadastramento e a distribuição das cédulas eleitorais, 84% do total dos votantes habilitados para o pleito viriam a se cadastrar no próprio local de trabalho ou em associações classistas. Tal alteração foi potencializada pela campanha de alistamento eleitoral conduzida por Pedro Ernesto, que inaugurou postos eleitorais em repartições públicas municipais (Conniff, 1981:100). Essas inovações representaram uma mudança sensível no perfil do eleitorado, promovendo uma relativa autonomia dos eleitores em relação aos antigos chefes políticos, fator este que foi acentuado pelo resultado final do pleito já que, dos 10 deputados constituintes eleitos pelo Distrito Federal, seis haviam sido inscritos pelo Partido Autonomista (Sarmento, 1996:103-105).

Com as novas regras eleitorais, o alargamento da base de eleitores e os novos processos de alistamento de votantes, as antigas chefias locais — muitas delas defensoras de um padrão político baseado no cerceamento do universo de votantes para um controle mais eficaz do eleitorado carioca — viram-se diante de um profundo impasse: se continuassem desvinculadas do Partido Autonomista, em vias de consolidar sua hegemonia no campo político carioca, dificilmente conseguiriam agregar eleitores suficientes para pleitear qualquer cargo eletivo. Esta era a perspectiva de equilíbrio possível que então se prenunciava: a coesão das diversas redes de clientela, sua unificação em torno de um eixo político comum.

Tais variáveis, no entanto, só ganhariam sentido efetivo se a nova Lei Magna incorporasse ao seu texto a proposta de autonomia política e administrativa da capital. Embora fosse abertamente apresentada como um projeto e um compromisso do governo provisório, os debates constitucionais provaram que a defesa da autonomia do Distrito Federal não era uma questão consensual nos meios políticos brasileiros. Muitos constituintes, destacando-se entre eles o relator designado para analisar a matéria, o deputado Solano da Cunha, posicionaram-se em franca oposição à demanda encaminhada pela bancada autonomista. Mesmo entre os representantes cariocas encontravam-se ferozes críticos da proposta, como era o caso de Henrique Dodsworth, sobrinho do ex-prefeito Paulo de Frontin (Sarmento, 1996:186).

Após a aprovação em plenário do dispositivo que previa o completo cerceamento da autonomia política e administrativa do Distrito Federal, presente no anteprojeto constitucional, e que se transformaria no art. 15 do primeiro capítulo da nova Constituição Federal,[15] seria negociada uma forma de viabilização do compromisso assumido pelo governo Vargas. Na tarde do dia 2 de junho de 1934,[16] as galerias do Palácio Tiradentes, apinhadas de populares, saudaram com "uma chuva de pétalas de rosas" a aprovação de uma disposição transitória do texto constitucional que regulamentava a transferência da capital para o interior do país e garantia à capital interina, a cidade do Rio de Janeiro, o direito à autonomia política e administrativa.[17] A inclusão da alínea que definia a forma de escolha do primeiro prefeito da capital autônoma, eleito indiretamente pela Câmara Municipal, embora se justificasse pelo padrão consignado para a escolha dos novos chefes dos Executivos federal e estaduais, foi interpretada pelos opositores do Partido Autonomista como um estelionato eleitoral visando garantir a condução de Pedro Ernesto ao cargo.

Limites da autonomia

A escolha do prefeito, no entanto, seria respaldada pelo apoio popular, traduzido em votos. Se, nas eleições de 1933, o Partido Autonomista já se mostrava como força majoritária na cidade, o percurso até as eleições municipais de outubro de 1934 não deixou dúvidas de que o projeto de coesão das principais forças políticas locais, garantido pela vitória da moção autonomista, alcançava a hegemonia no campo político carioca. Ao ingresso de tradicionais

---

[15] O texto aprovado, que consignou o art. 15 da nova Constituição, definia que "O Distrito Federal será administrado por um prefeito, de nomeação do presidente da República, com aprovação do Senado Federal, e demissível *ad nutum*, cabendo as funções deliberativas a uma Câmara Municipal eletiva".

[16] *Jornal do Brasil*, 3 jun. 1934, p. 9.

[17] O parágrafo único do art. 4º das disposições provisórias da Constituição promulgada em 16 de julho de 1934 estabelece que "O atual Distrito Federal será administrado por um prefeito, cabendo as funções legislativas a uma Câmara Municipal, ambos eleitos por sufrágio direto, sem prejuízo da representação profissional, na forma que for estabelecida pelo Poder Legislativo federal na Lei Orgânica. Estendem-se-lhe, no que forem aplicáveis, as disposições do artigo 12 desta Carta [que regulamenta as formas de intervenção do Executivo Federal nos estados da União]. A primeira eleição para prefeito será feita pela Câmara Municipal em escrutínio secreto".

chefias políticas nas fileiras do Partido Autonomista correspondeu uma maciça campanha de cadastramento de novos eleitores, com a criação de diretórios do partido em diversas localidades, mesmo em ermos subúrbios e nas ainda pouco penetradas favelas dos morros cariocas. A tradução desse movimento pode ser percebida no significativo aumento do contingente eleitoral carioca no pleito de 1934, no qual cerca de 110 mil eleitores estavam inscritos e habilitados para votar, demarcando um crescimento da ordem de 57% em relação ao eleitorado do ano anterior (Conniff, 1981:114).

Os resultados do pleito municipal não representaram nenhuma surpresa quando 20 das 24 cadeiras da Câmara foram preenchidas por candidatos do Partido Autonomista. A vitória era a confirmação do apoio que Pedro Ernesto recebia da maioria dos chefes políticos da cidade e, principalmente, do respaldo popular à sua administração. Para dirimir quaisquer dúvidas, o interventor resolveu candidatar-se também a uma cadeira na Câmara Municipal: foi o candidato mais votado, com 45 mil votos, 42% do total de votos válidos, silenciando assim os argumentos da oposição e "puxando" a chapa do partido (Sarmento, 1997:7).

Eleito para cumprir o primeiro mandato de prefeito do Rio de Janeiro autônomo, já em seu primeiro discurso na sacada da Câmara Municipal, Pedro Ernesto indicou os novos rumos que desejava imprimir à política carioca. Em uma defesa ardorosa dos princípios democráticos, propôs a construção de um modelo de Estado que pudesse garantir à população o livre e amplo acesso a bens e serviços públicos que viabilizassem a elevação de seu estatuto social, preparando física, cívica e intelectualmente os cariocas para integrarem-se como cidadãos plenos em uma nova sociedade industrial. Sua administração como interventor e os primeiros meses de sua gestão na prefeitura não deixariam dúvidas quanto ao seu profundo compromisso com essas propostas. Em pouco tempo implementou uma radical reforma nos sistemas de educação e saúde públicas no Rio de Janeiro, investindo na construção de escolas e hospitais e na formulação de políticas que ampliassem a oferta e a qualidade desses serviços à população.

A síntese do novo modelo que o prefeito propunha encontrava-se, no entanto, em duas instituições experimentais que fundou: a Universidade do Distrito Federal (UDF), avançado centro de pesquisa e ensino que congregou expoentes das novas elites intelectuais, e a União Trabalhista do Distrito Federal, gênese de um partido de massas, filiado às idéias da social democracia européia.

O governo federal, então em pleno processo de formulação das bases do modelo autoritário e centralizador que viria a assumir definitivamente a partir da decretação do Estado Novo, identificou porém como uma defecção de alto risco a crescente independência e popularidade que o prefeito carioca vinha apresentando. Manipulando o temor suscitado pelos movimentos de massa que ganhavam as ruas das principais cidades do país, o núcleo de poder próximo a Vargas passou a forçar a ampliação de poderes do Executivo, alterando a Lei de Segurança Nacional e promovendo cassações de direitos políticos e mesmo a prisão de parlamentares. Nesse contexto, na noite de 3 de abril de 1936, o prefeito Pedro Ernesto foi preso, acusado de ter colaborado com a malograda tentativa de golpe comunista em novembro do ano anterior. Premidas pela ameaça de cerceamento de poderes por parte do governo federal, as forças políticas do Distrito Federal optaram por aceitar essa intervenção federal velada, pensando em garantir a condição da autonomia, o funcionamento do Legislativo municipal e, principalmente, a sobrevivência política de suas principais lideranças.

Alçado à chefia do Executivo municipal, o padre Olympio de Melo, que exercia a presidência da Câmara Municipal, passou a divergir radicalmente de seus antigos companheiros de casa e de legenda autonomista. Aproveitando-se da iminente absolvição de Pedro Ernesto, que possibilitaria seu retorno à prefeitura, o cônego e algumas lideranças políticas cariocas passaram a tramar com o presidente da República uma estranha composição que lhes assegurasse a manutenção do poder em nível local: o apelo à intervenção federal. Na tarde de 16 de março de 1937, o governo federal decretou a intervenção no Distrito Federal, obedecendo aos dispositivos da Constituição e de sua Lei Orgânica,[18] sob a alegação de descumprimento desses textos por parte do Exe-

---

[18] A Lei Orgânica do Distrito Federal foi promulgada em 18 de outubro de 1936. Embora garantisse as conquistas autonomistas, o texto da lei manifestava a ambivalência do estatuto político e institucional do Distrito Federal, definindo-o como um ente federativo com "autonomia equivalente à dos Estados" (o que possibilitava a intervenção federal), mas ressaltando que "o Distrito Federal não havia sido, pela Lei Básica, constituído como um Estado".

cutivo municipal, que não teria instalado, como fora estipulado, o Tribunal de Contas do Distrito Federal.

Com o fechamento da Câmara Municipal e a confirmação do próprio cônego como interventor, estava encerrada a breve fase da autonomia política e administrativa do Distrito Federal. Uma autonomia que foi, durante todo o seu processo de articulação e posterior execução, um exemplo do padrão de interferência que o governo federal exercia sobre o campo político carioca. Garantida pelo governo Vargas, a experiência autonomista dos anos 1930 representou uma forma de controle, indireto e tutelar, das forças políticas locais. A percepção de Pedro Ernesto, de que o vigor e a força latentes do campo político carioca poderiam dar sustento a uma proposta renovadora que apontava para o conjunto da nação, explicitou um dos paradoxos da política da cidade: o de um campo político ativo e restringido que não conseguia abrir mão de seus anseios cosmopolitas.

Autonomia vigiada: o exercício político no estado da Guanabara

De Belacap a estado da Guanabara

No biênio final do mandato presidencial de Juscelino Kubitschek, enquanto o esforço dos pioneiros de Brasília fazia emergir do cerrado as vigas-mestras da nova utopia nacional, nas arenas de debates do Rio de Janeiro o que galvanizava a atenção era a necessidade de definir o estatuto da antiga capital após a mudança da sede do governo federal. Por ser um campo político fortemente polarizado e de marcante participação eleitoral, a definição do estatuto político-institucional da cidade do Rio de Janeiro logo provocou a formulação de estratégias pelos principais partidos. Era evidente que o controle político sobre a terra carioca, mesmo desprovida da condição de sede do poder federal, representaria um enorme capital político. A fase de redefinição dos destinos do antigo Distrito Federal foi também um período em que os principais operadores políticos ensaiaram seus lances futuros e alinhavaram apostas sobre uma mesa de jogo ainda indefinida.

Para as forças políticas locais, a transferência da capital poderia representar a melhor oportunidade para a conquista da autonomia política e administrativa da cidade. Antevendo a condição ideal propiciada pela mudança da capital para Brasília, o senador carioca Mozart Lago, antigo militante da causa autonomista, já havia conseguido aprovar em julho de 1956 uma emenda constitucional que garantia a eleição direta do prefeito do Rio de Janeiro no pleito de 1960 (Sarmento, 1999:69). O debate em torno da definição do novo estatuto da antiga cidade-capital amparava-se assim nas estratégias das forças políticas locais para controlar a prefeitura. Mas, para garantir essa conquista, era preciso observar como se movimentava o poder federal, tradicional elemento de constrangimento do campo político carioca, que poderia vir a interferir diretamente no encaminhamento do processo de transição para uma ordem autônoma.

A partir da segunda metade do ano de 1958, começaram a se esboçar as principais propostas para a reorganização política e administrativa da cidade do Rio de Janeiro após a futura inauguração de Brasília. Embora a Constituição indicasse a transformação do antigo Distrito Federal em um estado da Federação, interesses políticos distintos levaram à formulação de alternativas. O ministro da Justiça, Cirilo Júnior, esboçou a idéia da criação de um território da Guanabara, instrumento através do qual o governo federal manteria o controle político sobre a cidade por um período de, no mínimo, mais 10 anos. Essa medida, que perpetuava a interferência federal na cidade, visava também criar formas de controle federal sobre o eleitorado carioca. Percebendo a fragilidade de sua posição em uma cidade ainda submetida aos mecanismos de controle do governo federal, setores da UDN passaram a defender a fusão com o estado do Rio, o que poderia resolver os impasses da seção fluminense do partido, ampliar sua base representativa e afastá-la de uma possível marginalização imposta pelo governo federal, ainda em mãos da coalizão PSD-PTB. O próprio governo federal parecia satisfeito com a indefinição reinante e o desacerto manifestado pelas bancadas legislativas. Prolongando-se o impasse, aumentavam as chances de o governo JK empreender a transferência da capital sem uma clara regulamentação sobre os destinos políticos do antigo Distrito Federal, o que abria a possibilidade de nomeação de um interventor, que atuaria decisivamente na condução do processo eleitoral seguinte. De fato, Juscelino tinha todo interesse no fortalecimento da legenda do PSD na eleição de 1960 e na conseqüente viabilização de seu retorno ao poder em 1965 (Motta, 1997:83-84).

Na madrugada do dia 12 de abril de 1960, dois dias antes do encerramento das sessões legislativas na antiga capital, foi aprovado o substitutivo San Tiago Dantas, prevendo a criação do novo estado da Guanabara, a indicação de um governador provisório e a realização de eleições para o governo e a Assembléia Constituinte estaduais no mês de outubro (1997:95-96). Conseguindo a anuência das principais lideranças representativas dos interesses em conflito, o instrumento legal que viabilizou a transformação da Belacap em cidade-estado adiava contudo a definição de algumas questões cruciais para a estabilidade da nova unidade federativa, a serem tratadas no plenário da Assembléia Constituinte estadual.

As oscilações no campo político carioca

Ficava então afixada no calendário eleitoral a realização do pleito que definiria o governante do novo ente federativo autônomo e os representantes no Legislativo local, que teriam pela primeira vez a possibilidade de elaborar o estatuto político e institucional da cidade elevada à condição de estado. Alinhavam-se para a disputa, de contornos políticos e simbólicos singulares, as principais forças políticas que vinham dominando o cenário da capital durante a década de 1950. Limitadas ao longo desse período pelas perspectivas interventivas enunciadas na Carta Constitucional de 1946 e na Lei Orgânica do Distrito Federal de 1948,[19] as forças atuantes no campo político carioca haviam estabelecido uma complexa estrutura de funcionamento e hierarquização que se relacionava diretamente com os condicionantes estruturais e conjunturais da política local e nacional.

Se podemos falar no campo político carioca como um território extremamente polarizado, um dos eixos dessa polarização estava situado na ainda irresolvida tensão nacional-local. Se, por um lado, o Rio de Janeiro fora a capital do país, e seu mais importante centro político, econômico e cultural, por outro, era também uma metrópole com mais de 2,5 milhões de habitantes que se

---

[19] A Lei Orgânica do Distrito Federal promulgada em 15 de janeiro de 1948 reafirmou a chamada estrutura tripartida de poder no Distrito Federal. O prefeito continuava sendo indicado por nomeação direta do presidente da República, e o Senado Federal, conforme previa o § 4º do art. 14, assumia o poder de examinar os vetos apostos pelo prefeito aos projetos da Câmara de Vereadores.

defrontava com toda a sorte de problemas relacionados ao processo de acelerado crescimento urbano. Entre a Belacap e a "cidade de São Sebastião" oscilava o conjunto de referenciais que constituíam o campo político carioca. Concomitantemente à distinção entre os aspectos locais e nacionais da política carioca, o estatuto político-institucional da capital, com sua complexa estrutura interna de poderes sobrepostos, contribuía significativamente para a delimitação das diferentes perspectivas políticas que conviviam em seu espaço.

Dessa forma, podemos perceber que, paralelamente à polarização em torno de temáticas nacionais do debate político, conduzida pelos tribunos que demarcavam suas posições em campos antagônicos, a cena política carioca também era orientada por políticos de perfil local que se voltavam para questões circunscritas a determinados grupos sociais e representavam interesses específicos da população. Compreender essas duas faces da política carioca, ao mesmo tempo conflitantes e complementares, significa perceber as distinções e ambigüidades que caracterizavam a cultura política do Rio de Janeiro e o perfil de seus representantes.

Uma clara explicitação dessa multiplicidade de forças que atuavam na política carioca pode ser rastreada nas diferenças observáveis na composição das bancadas do Legislativo federal e local. Se podemos admitir que a lógica que orientava a campanha política, a eleição e o comportamento da bancada carioca no Legislativo federal (Senado Federal e Câmara dos Deputados) estava muito mais voltada para os temas políticos ligados à conjuntura nacional, também é flagrante que, no Legislativo local (Câmara de Vereadores e, posteriormente, Assembléia Legislativa), predominavam outros vetores orientadores do debate, muito mais associados às questões locais e setoriais. Essa diversidade de matrizes era decorrente também tanto das diferentes atribuições assumidas por essas casas legislativas quanto do número de cadeiras em disputa. Enquanto parlamentares como o udenista Carlos Lacerda e o petebista Lutero Vargas personificaram e sintetizaram na bancada federal, durante os anos 1950, as correntes políticas às quais se filiavam, entre os vereadores cariocas essa cisão ideológica também se fazia sentir, só que em proporções bem mais reduzidas.

Mesmo em conjunturas favoráveis à radicalização do debate político nacional, a grande maioria dos vereadores eleitos no Distrito Federal nesse período tinha em comum modestos percentuais de votação (que oscilavam entre 4 mil e 1.500 votos) e um eleitorado restrito e de perfil definido. Representavam, por exemplo, os interesses específicos de categorias profissionais, de grupos religiosos e, principalmente, de localidades e regiões da cidade. Tais características faziam do vereador um representante mais diretamente conectado com seus eleitores, o que gerava uma prática política muito mais intensiva de encaminhamento de interesses e demandas específicas. Praticamente dissociado do debate de temas de amplitude nacional, esse contingente significativo de atores políticos expressava uma matriz estável e duradoura da esfera política carioca.

Essa distinção entre políticos de eleitorado mais disperso e ideológico e aqueles de eleitorado mais definido e concentrado proporcionava um espaço de manobra dentro das diferentes legendas partidárias. Se, por um lado, legendas como as do PSD e do PSP exploravam favoravelmente esses vetores contrastantes na composição de "dobradinhas" entre candidatos a deputado federal com discurso mais nacionalizante e candidatos a vereador com bases eleitorais delimitadas, partidos radicalmente comprometidos com o teor polarizado das disputas nacionais apresentavam comportamento inconstante em diferentes conjunturas. Um claro exemplo pode ser percebido na trajetória do PTB carioca, que conseguia galvanizar o eleitorado em momentos de radical confrontação com as forças udenistas, mas que sofria uma drástica contração eleitoral em cenários nos quais essa polarização não se apresentava de forma bem delineada (D'Araujo, 1992). Nessas condições específicas tornava-se mais evidente a expressão do eleitorado circunscrito, setorial, de flagrante indefinição ideológica e contornos quase paroquiais, representado por lideranças locais e que se organizavam a partir de relações essencialmente clientelistas. Essas características, que correspondiam ao padrão de funcionamento do campo político do Distrito Federal, ainda sob intervenção federal, serviriam como o léxico e a gramática básicos segundo os quais se articularia a sintaxe política da Guanabara autônoma.

Sob a lâmina da intervenção

Marcaria o tom geral do concerto das forças políticas da Guanabara o clima politizado e polarizado que predominou nas eleições para o governo e a Assembléia Constituinte do estado em outubro de 1960, em que tomaram parte quase 1 milhão de eleitores.[20] Tal nível de engajamento e interesse correspondeu ao investimento dos principais atores políticos na configuração de um quadro de disputa eleitoral impregnado pelo teor nacional do debate. Esses fatores fizeram oscilar o pêndulo que definia a lógica do campo político carioca e, conseqüentemente, enfraqueceu a prática política de perfil menos cosmopolita, mais local, influenciada diretamente pelas redes setoriais de patronagem.

Para o Legislativo elegeram-se figuras exponenciais das principais correntes políticas e ideológicas brasileiras, como Roland Corbisier, Lutero Vargas, Temístocles Cavalcanti e Aliomar Baleeiro. Na corrida para o Palácio Guanabara despontaria o nome do udenista Carlos Lacerda, polemista e orador inflamado, recorrente recordista de votos nos pleitos proporcionais cariocas. Lacerda foi favorecido em sua vitória nas urnas pelas hesitações petebistas. Inicialmente, pela dificuldade do reticente Sérgio Magalhães em assumir uma radical polarização com o tribuno udenista e, principalmente, pela pouca atenção devotada aos setores mais populares do eleitorado carioca, então facilmente galvanizados pelo discurso populista do justiceiro caxiense Tenório Cavalcanti, que obteria 22% dos votos válidos e favoreceria a vitória de Lacerda sobre Magalhães por uma escassa diferença de pouco mais de 23 mil votos.[21]

O governador eleito alimentava o projeto de governar a Guanabara sobre um palanque, fazendo de sua gestão um trampolim para as eleições presidenciais de 1965. Para isso, necessitava alimentar a polarização com as forças petebistas e pessedistas, verdadeiro combustível que impulsionava sua carreira política, e manter na cidade-estado a antiga aura de capital e principal centro político brasileiro, construindo para a Guanabara a ambígua condição de estado-capital.[22] Tradicionalmente pouco afeito à negociação e ao respeito pela ordem constituída, Carlos Lacerda pretendia administrar passando por

---

[20] O contingente eleitoral em 1960 correspondeu a 34% do total de habitantes da cidade. Nesse pleito, apenas 2% dos votantes deixaram em branco suas cédulas e menos de 1% anulou seu voto. Ver Picaluga, 1980:177.

[21] A diferença de votos observável entre Carlos Lacerda e Sérgio Magalhães equivaleria a menos de 3% do eleitorado da Guanabara. Ver Picaluga, 1980.

[22] A caracterização desta categoria foi originariamente formulada por Marly Motta em sua tese de doutoramento, citada anteriormente.

cima da classe política, colocando-se como único referencial político e administrativo do estado e repudiando assim as vias de intermediação tradicionais. Elemento sintomático do perfil que imprimiria ao governo da Guanabara, em 9 de dezembro de 1960 Lacerda encaminhou à Assembléia Constituinte recém-instalada o texto do Ato Constitucional nº 1, que propunha o exercício cumulativo das funções constituintes e legislativas pelo corpo de constituintes. Com essa manobra, planejava retirar da Câmara de Vereadores, eleita dois anos antes, os poderes legislativos sobre o novo estado. Alegando a defesa da autonomia da Guanabara e a sobreposição de atribuições, a medida tinha como objetivo estabelecer um terreno mais favorável para a relação entre o Executivo e o Legislativo estaduais (Motta, 1997:110-119).

Definia-se assim o padrão político que Lacerda planejava imprimir na face da Guanabara. Na relação com as forças políticas locais ficava claro o total distanciamento que o governador desejava manter com a chamada "política miúda" da antiga capital, afastando-se da intermediação e da negociação orientadas pelo respeito à hierarquização e distribuição territorial e setorial das lideranças de perfil local. Sob a batuta de Lacerda essas forças políticas cariocas experimentariam um primeiro paradoxo do estatuto autonomista: a dificuldade em se fazer representar nas esferas decisórias da política estadual. Um segundo paradoxo adviria da enfática atuação de Lacerda em não dissociar a Guanabara da condição de capital política do país. Estado autônomo, a Guanabara viveria constantemente sob vigilância do governo federal, temeroso de que o governador radicalizasse a perspectiva nacional de sua atuação, inflamando o eleitorado participativo e mobilizando a opinião pública carioca. O risco ainda era potencializado pelo temor de que o contumaz defensor de soluções extralegais pudesse vir a se valer das forças policiais e militares ainda alocadas na antiga capital (Motta, 1997).

A relação do governo federal, então presidido pelo petebista João Goulart, com a Guanabara assumiria o caráter de uma próxima e estreita vigilância. Em momentos extremos esse padrão de atuação articularia os mecanismos da "estratégia da ameaça", chegando à hostilização e mesmo à confrontação indireta, sem se chegar, contudo, às prerrogativas da intervenção federal. Sobre a Guanabara autônoma pendia constantemente a lâmina interventiva. Mesmo após o fim do governo Lacerda e a deposição de Jango, tal padrão não se alteraria radicalmente. Ao derrotar o candidato da UDN nas eleições para a sucessão de Lacerda, o moderado Negrão de Lima, apoiado por uma coalizão que reunia o PTB e o PSD, tornou-se um dos pretextos para a decretação do AI-2 pelo regime militar, acarretando a dissolução dos antigos partidos. A centralização de poderes no Executivo federal, característica em um regime de exceção, forçaria Negrão a administrar a Guanabara de forma prudente e discreta, sustentando-se politicamente diante das ampliações dos poderes nas mãos das chamadas "forças revolucionárias" (Sarmento, 1999:97).

Alvo prioritário dos expurgos e cassações promovidos pelos atos institucionais, a política carioca chegou ao final dos anos 1960 no limiar da decomposição de sua face polarizada e cosmopolita. O estatuto autônomo da Guanabara, que fora fator catalisador do acirramento do tom radicalmente nacionalizante dos debates, implicara a articulação de novas formas de constrangimento e controle de suas principais lideranças e de seu eleitorado. Em 3 de outubro de 1970, o emedebista Chagas Freitas seria eleito indiretamente para o governo do estado. Político diametralmente oposto à imagem pública construída por Lacerda, e que ainda se insistia em associar à Guanabara como um todo, Chagas articulou o instrumental institucional da autonomia estadual em torno de um projeto de esvaziamento do modelo de "estado-capital", assumindo a proposta de sua efetiva transformação em um entre os demais estados da Federação. Abrandando o teor radical e polarizado que impregnava o campo político, Chagas Freitas investiu nas matrizes estáveis da política carioca, desprezadas por Lacerda, buscando formas de rotinização do exercício político na cidade. Adequava-se dessa forma a Guanabara ao estatuto que o governo federal longamente desejara impor-lhe.

Considerações finais

Feito este levantamento de caráter mais extensivo, cabe-nos agora desenvolver certas questões de natureza geral relativas ao *político* carioca que ultrapassam os limites das conjunturas aqui examinadas. No que se refere às questões de natureza político-institucional aqui tratadas, foi possível verificar que há, no conjunto político-legal referente ao Distrito Federal, alguns importantes elementos regulares, fruto de uma concepção política que pouco se alterou no tempo, que constituiu o que poderíamos denominar uma *política republicana para a capital*. Vejamos essas recorrências.

Desde a proclamação até a transferência da sede do governo para Brasília, a República em nenhum momento apostou seriamente na proposta de extinção dos direitos municipais da cidade do Rio de Janeiro. Por mais coerente e atraente que fosse o referido modelo norte-americano, seguido por vezes pela nossa vizinha e rival Argentina, a criação de um "território neutro" na maior cidade brasileira não apenas reproduziria em parte a experiência monárquica, como ia de encontro ao caráter descentralizador do regime.

Foi com base nesse pressuposto que foram testados diversos modelos político-institucionais que devem ser analisados no contexto do processo de *statebuiding* brasileiro. Nos dois momentos fundadores da Primeira e da Segunda Repúblicas, foram intentados modelos de cunho autonomista que, na prática, transformaram a cidade do Rio de Janeiro em ente federativo especial. Nas duas ocasiões, os poderes federal e municipal entraram em rota de colisão, o que resultou na introdução de mecanismos de intervenção política no sentido de reduzir o raio de ação dos órgãos e forças políticas locais.

Operados em conjunturas críticas nos planos nacional e local, os ciclos interventores seriam também marcados por importantes *cirurgias urbanas*, como nas gestões de Pereira Passos e Henrique Dodsworth na prefeitura carioca, que terminaram por mobilizar e reforçar os mecanismos simbólicos relacionados à capitalidade da cidade do Rio de Janeiro. Esgotada a onda interventora, as "novas repúblicas" promoveram a elaboração de novos pactos legais que procuraram, mais uma vez, encontrar um *modus operandi* entre a tutela dos poderes centrais e a manutenção do órgão de representação municipal. Nessas ocasiões, o propósito predominante foi no sentido de *rotinizar as ações de governo* por meio do reforço político-administrativo do Executivo municipal em detrimento do Legislativo. Nesses casos, ou seja, nos governos pós-Pereira Passos na Primeira República e durante o regime democrático até a transferência da capital, a tendência foi à instituição de um padrão político-administrativo pouco afeito à ação espetacular, à propaganda, à veiculação da imagem do Rio de Janeiro como instituição modelar. Em linhas gerais, tratava-se de colocar em prática uma *capital municipalizada,* burocratizada e conseqüentemente despolitizada.

Se este modelo se mostrou mais funcional na Primeira República, em que foi possível operar acordos com lideranças e agremiações políticas cariocas em torno da manutenção de espaços políticos nos órgãos de representação local e federal, na era democrática a aplicação desse modelo não foi assim tão simples. Nesse período passaram a conviver na capital duas lógicas políticas que pouco se cruzaram: de um lado, o referido padrão de cunho mais localista centrado na divisão de espaços políticos e nos embates e acordos político-administrativos entre a Câmara Municipal e a prefeitura; de outro, uma dinâmica partidária nacionalizada a influenciar os debates e ações das bancadas do Distrito Federal nos órgãos federais.

Com a transferência da capital e a criação do estado da Guanabara, foram finalmente criadas as condições para as elites políticas cariocas operarem com maior liberdade e desenvoltura, sem os entraves e constrangimentos acima referidos. Coincidentemente, a criação da cidade-estado se processou em um novo *momento crítico* que colocou frente a frente os governos estadual e federal. Na dinâmica do conflito, o *script* se repetiria agora com novos atores: enquanto os poderes federais novamente trataram de acionar instrumentos de intervenção, Lacerda, por seu turno, alimentava-se da polarização por meio de uma nova mobilização de recursos simbólicos em torno da centralidade política da cidade do Rio de Janeiro no contexto político brasileiro.

Essa recorrente e aparentemente irreconciliável tensão entre matrizes locais e nacionais configurou um inegável fator de continuidade na dinâmica do campo político carioca republicano. Se os desenhos político-institucionais formulados para a cidade caracterizaram-se pelos constantes testes de modelos e por apresentar diretrizes ambivalentes, o campo político carioca explicitou, em diferentes conjunturas, as formas de adequação da ação política condicionadas por esses referenciais. Muito mais do que esferas sobrepostas de forma antitética, a relação entre essas características locais e nacionais foi operada no interior desse campo político de modo complementar.

A singular condição de ter sediado os principais órgãos e agências da gestão do poder federal possibilitou um fortalecimento de algumas redes locais de patronagem, que se utilizaram de complexos mecanismos de negociação e mediação para viabilizar o acesso a essa considerável reserva de capital político a ser disponibilizado. Dessa forma, embora a capital republicana apresentasse o mais bem constituído mercado simbólico de discursos públicos (sendo sede dos principais jornais, revistas e rádios de abrangência nacional), que condicionaria uma prática política tendente à polarização e à nacionalização dos debates, as relações políticas estavam fortemente vinculadas a práticas de perfil marcadamente localista e de traços paroquiais, nas quais prevaleciam as redes de relações clientelistas e as formas setoriais de representação de interesses.

Esses distintos fatores constitutivos do campo definiram um certo padrão de curiosa retroalimentação excludente, que promovia freqüentes e marcantes oscilações no desempenho das principais forças políticas em atuação. Embora possamos afirmar que as redes locais de patronagem constituíam um elemento rotinizador da atividade política, engendrando a base comum sobre a qual operavam com maior ou menor desenvoltura as forças políticas, algumas variações conjunturais, na medida em que favoreciam a ampliação da eficácia dos discursos de perfil nacionalizante, alteravam significativamente a orientação do campo político. Espaço altamente permeável pelo discurso de matriz nacionalizadora, a cidade do Rio de Janeiro apresentava-se propensa à polarização dos debates e à eficácia das lideranças carismáticas em conjunturas políticas em que ganhavam maior ressonância tais temáticas. Dessa forma, podemos propor um modelo interpretativo dessas oscilações políticas, no qual assumiam um papel central tais elementos carismáticos, promotores dos chamados "surtos" de nacionalização do debate político local.

O acompanhamento, ao longo de quase sete décadas, das formas de organização e atuação das forças políticas locais nos leva a afirmar que, diferentemente do que atesta uma certa matriz interpretativa sobre a política carioca, o campo político da cidade do Rio de Janeiro caracterizava-se por um alto grau de organização das forças locais, explicitado em um campo político aberto, de alto padrão de competição e concorrência. A decantada fragmentação desse campo correspondia muito mais aos seus fatores constitutivos e a uma saturação de atores políticos do que à incapacidade de organização e articulação das forças locais em face das perspectivas interventivas. As oscilações conjunturais explicitariam também um dos recorrentes fatores de instabilidade das forças políticas em atuação no campo político carioca: a dificuldade de rotinização das lideranças carismáticas.

Nesse quadro assume singular significação a eleição do binômio intervenção/autonomia como instrumento de averiguação da lógica que impregnava o campo político carioca. Em torno das formas de composição com os mecanismos de interferência do poder federal e das lutas por maior liberalização dos espaços de atuação política, as forças políticas locais formularam suas estratégias, concorreram pela sobrevivência política e forjaram os elementos constitutivos do conjunto de sinais que orienta a atividade política na cidade: a assim chamada *cultura política carioca*.

Ao falarmos em uma *cultura política carioca*, nos referimos a uma rede de referenciais — muitas vezes ambíguos, paradoxais ou ambivalentes — que corresponderia à complexa estruturação de seu campo político. Orientadas por esses vetores, as forças políticas locais constituíam seus padrões de atuação e, em relação dialógica, formatavam e eram formatadas pelo campo político no qual atuavam. A partir desses elementos, podemos admitir a viabilidade da proposição intelectiva de uma *identidade política* característica da cidade do Rio de Janeiro, campo concorrencial no qual inúmeros fatores operam uma construção simbólica multiforme, que tende a ocultar os pés fincados no reles chão da política local e se mira no idealizado e elevado espelho de uma cidade com vocação nacional. Este, no entanto, é mais um dos problemas que apontam em direção a novas pesquisas.

A autonomia carioca e o município do Rio de Janeiro: os novos termos de uma velha relação*

Marly Motta

Juntar capital e província

Um tema sempre vem à baila quando se discute a situação atual da cidade e do estado do Rio de Janeiro: a fusão do estado da Guanabara com o estado do Rio, implantada a partir de março de 1975. Passados quase 30 anos, esse é um assunto que ainda hoje desperta acesos debates, principalmente em relação ao caráter autoritário que teria marcado a concepção e a implantação inicial da fusão. Somente um "poder político centralizador e tecnocrático", como o do general Ernesto Geisel, teria conseguido o que até então fora impedido pelo jogo das forças políticas: a junção de duas unidades federativas que, apesar de próximas geograficamente, guardavam — e ainda guardam — profundas diferenças entre si. Esse "casamento na polícia", cuja consumação teria sido garantida pela

---

* Este artigo é uma versão modificada do texto "A fusão da Guanabara com o estado do Rio: desafios e desencantos", produzido no âmbito do Projeto Brasil em Transição: um Balanço do Final do Século XX, que integrou o Programa de Apoio a Núcleos de Excelência (Pronex). Foi publicado originariamente em Freire, Sarmento e Motta, 2001.

indicação do almirante Faria Lima para o governo do estado do Rio de Janeiro, acabaria por comprometer a integração entre a Guanabara e o antigo estado do Rio e, por conseqüência, o futuro desenvolvimento do novo estado. As propostas que vêm e voltam — o retorno da capital do país para o Rio de Janeiro, a desfusão, com a recriação da Guanabara, ou, ainda, a transformação da cidade em um "ente federativo" — seriam, nessa avaliação, sinais evidentes da possibilidade de um divórcio entre as partes.[1]

A complexa relação entre "capital" e *"província"* tem despertado a atenção de estudiosos como um dos elementos fundamentais para a compreensão dos processos de construção dos Estados nacionais modernos. No caso específico do Rio de Janeiro, o entendimento dos termos dessa relação se torna mais importante na medida em que ainda hoje são acentuadas as diferenças entre a *cultura política*[2] e o *campo político*[3] do município do Rio de Janeiro, por um lado, e do resto do estado, por outro, já que, na condição de *cidade-capital* do Império e da República, a cidade do Rio construiu sua identidade como espaço-síntese da nação e da nacionalidade.[4]

É sabido que a idéia de unir a cidade do Rio de Janeiro ao estado do mesmo nome sempre esteve muito ligada aos eventos da conjuntura política. Foi assim em 1889, quando a perspectiva de uma possível mudança da capital para uma região no Planalto Central trouxe para o debate na Constituinte de 1891 a incorporação do Município Neutro do Império à "Velha Província". Apesar de discutido, o projeto de fusão esbarrou nas determinações das Constituições de 1934 e 1946: quando se efetuasse a transferência da capital

---

[1] Ver, entre outros, Órfãos do Rio capital, *Jornal do Brasil*, 15 set. 1992 (Revista *Domingo*); Nosso sonho é ser Distrito Federal, *Jornal do Brasil*, 16 jun. 1992; Movimento pela desfusão ganha mais força, *Jornal do Brasil*, 5 mar. 1995; Rio pede tratamento VIP a Brasília, *Jornal do Brasil*, 23 jan. 1997; Merval Pereira, Autonomia carioca, *O Globo*, 29 maio 2004, Cidade global, 30 maio 2004; Contra a desfusão, 9 jun. 2004; Só o Rio vota, 10 jun. 2004.

[2] Berstein, 1992, 1997 e 1999.

[3] Bourdieu, 1989.

[4] Tomo de empréstimo os conceitos de cidade-capital e de *capitalidade* tais como desenvolvidos por Argan, 1964. Sobre o processo de construção da cidade do Rio de Janeiro como cidade-capital do Império e da República, ver Motta, 2004.

para o interior, a cidade do Rio de Janeiro se transformaria em estado autônomo.[5]

A conjuntura dos anos 1950 foi mais favorável à fusão, uma vez que a mudança da capital acabou por se tornar irreversível a partir de 1958. Considerada uma "matéria tormentosa", a definição do futuro da cidade do Rio de Janeiro acabou sendo o principal ponto do debate parlamentar que se estendeu pelos primeiros meses de 1960. A possibilidade de fusão com o estado do Rio se apresentou através da Emenda Menezes Côrtes, que previa a realização de um plebiscito em que os eleitores cariocas e fluminenses poderiam optar pela formação do estado do Rio de Janeiro. Por falta de entendimento político suficientemente forte para sustentar a aprovação de uma emenda constitucional, prevaleceu a fórmula tradicional, prevista constitucionalmente, que transformava o ex-Distrito Federal em estado da Guanabara.[6]

Transformada em cidade-estado, sem municípios — portanto, um ente federativo muito especial —, a Guanabara conservou a maior parte das funções de principal centro político do país, tornando-se o que se pode chamar de *estado-capital*.[7] Desse modo, se em termos legais a transferência da capital se deu em 1960, o processo de esvaziamento de alguns signos da *capitalidade* da cidade do Rio de Janeiro só iria ocorrer 10 anos depois, acompanhado, como não podia deixar de ser, de um efetivo investimento em dotar Brasília, capital de direito, dos atributos e das atribuições de uma capital de fato.

Longe de ver nessa atitude a intenção do governo militar de "acabar com o tradicional ímpeto oposicionista da cidade", consideramos que a mudança efetiva de capital costuma representar, na história das nações, um momento de transformação histórica.[8] O fechamento do regime a partir de 1968 apontou para um processo de investimento na *capitalidade* de Brasília. Não foi por acaso que durante o governo do general Médici (1969-74) ocorreu a transferência dos principais órgãos decisórios do Estado para o novo Distrito Federal. Foi também a partir desse momento que Brasília passou a exibir alguns

---

[5] Ferreira e Grynszpan, 2000.
[6] Motta, 1997.
[7] Idem, 2000c.
[8] Ver, entre outros, Berman, 1986; cap. IV; Holston, 1993; Lopes, 1992; e Vesentini, 1986.

marcos simbólicos representativos do poder central. O chamado "Forte Apache", edifício que abriga o quartel-general do Exército, e onde se costumava reunir o alto comando dessa força para decidir os rumos do país, talvez possa ser considerado um dos símbolos mais significativos da função de capital a partir de então atribuída a Brasília.

Ao mesmo tempo, o início dos anos 1970 marcou a emergência de um conjunto de fatores favoráveis à transformação da Guanabara de *estado-capital* em "mais um estado" na Federação, dos quais podem ser especialmente destacados a concepção que o governador Chagas Freitas (1971-75) tinha da atividade política. Mais à vontade na estruturação do poder local do que na ocupação de espaços no panorama nacional, o qual, aliás, naquele momento se encontrava em grande medida vedado aos políticos, o estilo político de Chagas Freitas pesou muito nessa nova concepção da Guanabara como um estado federado. Dessa forma, o projeto de transformar a Guanabara em "uma unidade madura" respondia às expectativas de gregos e troianos: do regime militar, interessado em retirar da Belacap os atributos de capital e em transferi-los para a Novacap; e do governador Chagas Freitas, voltado para a tarefa de estadualizar a Guanabara.[9]

Se para a aprovação da lei da fusão — Lei Complementar nº 20, de 1º de julho de 1974 — pesou uma série de argumentos já apresentados em épocas passadas — o alegado esvaziamento da economia carioca; a intenção, calcada na geopolítica, de formar um estado forte no Centro-Sul para contrabalançar com São Paulo e Minas Gerais, entre outros —, é certo que foi a conjuntura favorável o elemento mais decisivo. Por um lado, porque os mecanismos autoritários à disposição do regime militar facilitavam a composição política necessária à aprovação de matéria tão "tormentosa". Por outro, porque o governo do general Geisel se iniciou em março de 1974 com um projeto para o país que incluía, ao mesmo tempo, um plano de desenvolvimento que viria a ficar conhecido como "Brasil Grande" e uma proposta de distensão política do regime. A rapidez do andamento do processo da fusão parece ser um bom indicativo dessas condições favoráveis da conjuntura: Geisel tomou posse em 15 de março e, logo no mês seguinte, divulgou sua decisão de fazer a fusão, cujo projeto, enviado ao Congresso em junho, foi aprovado no primeiro dia do mês seguinte.

---

[9] Motta, 2000b.

São variadas as interpretações sobre a importância estratégica da fusão para o projeto do governo Geisel.[10] Podemos começar por aquelas de caráter geopolítico e econômico, valendo-nos do depoimento do ex-presidente, em que revelou sua preocupação em atuar sobre a "divisão administrativa do país": por um lado, a necessidade de "fracionamentos" no caso de estados grandes, como Mato Grosso, Amazonas, Pará, Bahia e Minas Gerais; por outro, o estado da Guanabara, avaliado por ele como uma "aberração", já que, embora sendo "apenas uma grande cidade", desfrutava da "mesma posição política dos outros estados".[11]

A fusão da Guanabara com o estado do Rio seria, assim, a primeira medida da ação governamental no intuito de interferir no equilíbrio federativo, como ficou evidente na Exposição de motivos que precedeu o encaminhamento da Lei Complementar nº 20. Por um lado, reforçou a proposta das regiões metropolitanas — criadas um ano antes da fusão pela Lei Complementar nº 14, de 8 de junho de 1973 — como principal elemento dinâmico da Federação, na medida em que buscava uma maior integração intermunicipal através da eliminação das barreiras político-institucionais que separavam o núcleo da região — no caso, a cidade do Rio de Janeiro — dos 13 municípios, *grosso modo*, chamados de Grande Rio, que se situavam no estado do Rio. Por outro, consolidou um "pólo de desenvolvimento poderoso no Rio de Janeiro" ao criar um estado que poderia vir a dividir com "São Paulo a liderança do quadro nacional".[12]

Sobre o desempenho da economia carioca e sua influência no processo de decisão da fusão, há duas grandes linhas interpretativas. De um lado, a tese de que o desenvolvimento da Guanabara teria batido no teto em função dos limites impostos pela divisão territorial; de outro, a idéia, muito difundida, de que a economia da Guanabara encontrava-se "esvaziada", e que essa seria uma das razões pelas quais o pequeno estado passara a ser "inviável", tornando, pois, "inevitável" o processo da fusão. A questão do esvaziamento econômico e, portanto, da "inviabilidade" da Guanabara se transformou no principal mote da discussão entre

---

[10] Para uma análise da política econômica do governo Geisel, ver Carneiro, 1989.

[11] D'Araujo e Castro, 1997:384.

[12] Brasileiro, 1979:99.

defensores e detratores da fusão.[13] Uma simples consulta aos dados estatísticos não é suficiente, no entanto, para dirimir a dúvida se a Guanabara estava ou não "esvaziada". É certo que os dados de longo prazo, como se pode facilmente verificar pelas tabelas abaixo, registravam um declínio relativo da economia carioca no quadro nacional, em especial frente a São Paulo.

Tabela 1
Participação percentual na produção industrial do Brasil

Anos	DF/GB	RJ	SP
1940	21,7	4,1	38,2
1950	13,4	5,8	46,4
1960	8,4	7,1	54,3
1970	9,3	7,4	55,9

Fonte: Fiega, 1969:12.

Tabela 2
Participação percentual na renda interna do Brasil

Anos	DF/GB	RJ	SP
1949	14,5	4,6	34,3
1959	12,5	4,9	35,0
1970	11,0	5,0	36,0

Fonte: Fiega, 1969:12.

No entanto, os balanços econômicos referentes ao período entre 1972 e 1974 registravam a recuperação da economia carioca, que se beneficiou dos efeitos do chamado "milagre econômico" que marcou a economia brasileira nos primeiros anos dessa década. Os dados do Instituto de Desenvolvimento do Estado da Guanabara (Ideg) mostram que o setor industrial da Guanabara, por exemplo, cresceu, nesse período, a uma média de mais de 9%, resultado, em boa medida, da grande expansão dos recursos destinados ao financiamento da produção, principalmente através da Finame e da Copeg.[14] No final de

---

[13] Para um bom exercício entre argumentos pró e contra a fusão, ver Motta e Sarmento, 2001.

[14] Em 1972, os financiamentos da Finame e da Copeg cresceram 154% e 112%, respectivamente. Brasileiro, 1979:31-33.

1974, havia em relação à economia carioca expectativas de aumento da produção e da demanda, bem como de uma relativa estabilidade do nível de emprego.

Menos polêmica, porém igualmente interessante, era a questão da integração das duas economias — a carioca e a fluminense —, que apresentavam níveis diferentes de desempenho em relação aos diversos setores econômicos. Ao invés da conclusão simplista de que a Guanabara deveria ser a cabeça, e o estado do Rio, as pernas, a situação do novo estado em termos econômicos era a seguinte: a Guanabara apresentava índices de participação no PIB duas vezes superiores aos do estado do Rio; participava em três vezes mais no valor da produção do setor de serviços; perdia, de longe, na produção agrícola e ganhava, pouco, na produção industrial.

Tabela 3
Valor da produção (1973)

	Guanabara		Rio de Janeiro		Brasil	
	Cr$ milhões	%	Cr$ milhões	%	Cr$ milhões	%
Produção agrícola	506	0,8	2.899	4,2	69.767	100,0
Produção industrial	7.683	7,1	6.297	5,8	108.501	100,0
Produção de serviços	29.018	13,9	9.726	4,7	203.684	100,0
PIB	37.207	9,7	18.922	4,9	386.952	100,0

Fonte: Brasileiro, 1979:34.

Se parece clara a relação entre a crescente autarquização do Brasil, através da aceleração do processo de substituição de importações, e a constituição de um forte pólo de desenvolvimento no Centro-Sul com a criação do estado do Rio de Janeiro, o mesmo não se dava no âmbito da política, onde as relações de causa e efeito costumam ser bem mais sutis e delicadas. Qual a importância estratégica da fusão para o projeto político do governo Geisel, cuja meta era a distensão do regime e a abertura política? Que lugar nele estaria reservado para o município do Rio de Janeiro?

Entre a missão e a política

Apesar de rejeitarmos, mais uma vez, a tese de que a fusão teve como objetivo principal golpear o MDB carioca — único a exercer o governo estadual com Chagas Freitas —, o fato de o futuro município do Rio de Janeiro ser a área mais dinâmica da política do novo estado trazia alguns problemas para os arquitetos da fusão, que consideravam importante para o projeto da abertura construir um certo equilíbrio político naquele que se transformaria no segundo mais poderoso estado da Federação.

Como vimos, o projeto do regime militar de retirar os signos da *capitalidade* do Rio de Janeiro se casou com o investimento na estadualização da Guanabara, o que acabou sendo um dos elos que uniram Chagas Freitas ao presidente Médici, cujo ministro do Exército, Orlando Geisel, era amigo do governador carioca. Com a fusão, essa política de esvaziamento do Rio de Janeiro como a tradicional vitrine do Brasil poderia — e deveria — se acelerar, na medida em que, apenas como "um município qualquer", seria possível à cidade se integrar ao novo estado do Rio de Janeiro.

No entanto, essa integração, fundamental para o projeto da fusão, teria que enfrentar algumas dificuldades, a começar pelo forte componente nacionalizador da identidade política carioca, ainda sustentada pela imagem de ser a "caixa de ressonância" do país. O fato de ter perdido, sucessivamente, o estatuto de capital federal e de estado federado foi sentido por boa parcela da população carioca como uma "punhalada", e a fusão percebida como uma iniciativa que visava a "esvaziar" a densidade política da cidade.[15] Um outro problema seria a divisão de competências e atribuições entre as diversas esferas: a federal, herança dos tempos em que o Rio de Janeiro fora Distrito Federal; a estadual, resultado dos espólios dos "falecidos" estado do Rio e Guanabara; e a municipal, representada pela criação do novo arcabouço político-jurídico do município do Rio de Janeiro.

Um terceiro fator que complicava a integração entre a capital e o estado residia nos ajustes necessários para equilibrar o novo quadro político fluminense. Apesar de o MDB ser o partido majoritário na representação parlamentar eleita em 1974 em ambos os estados, esse predomínio tinha matizes diferentes: era gritante na Guanabara e discreto no estado do Rio, onde a Arena, inclusive, controlava a maioria das câmaras municipais e das prefeituras eleitas em 1972, como podemos ver nas tabelas a seguir:

---

[15] Sobre a percepção de perda da cidade do Rio de Janeiro com a fusão, ver Motta, 2000a.

Tabela 4
Representantes políticos eleitos em 1974

	Guanabara		Estado do Rio	
	MDB	Arena	MDB	Arena
Senador	1	–	1	–
Dep. Federal	18	6	13	9
Dep. Estadual	36	12	27	19

Fonte: Brasileiro, 1979:135.

Tabela 5
Resultados das eleições municipais de 1972 no Estado do Rio

	Arena	MDB
Prefeitos	47	12
Vereadores	558	275

Fonte: Brasileiro, 1979:133.

A par dessa diferença na tendência do eleitorado — o carioca era mais oposicionista que o fluminense —, o ponto crítico da integração político-partidária dos dois estados residia na disputa entre o ex-governador carioca Chagas Freitas e o senador fluminense Amaral Peixoto pelo controle do MDB do novo estado.[16] Se a integração e o equilíbrio político e econômico entre a Guanabara e o estado do Rio eram fundamentais para o processo de constituição do estado do Rio de Janeiro, a questão era: como tornar complementares identidades políticas e econômicas diferentes, e, em alguns casos, conflitantes?

É lícito supor que a idéia dos arquitetos da fusão de colocar no governo do novo estado um nome sem sintonia no presente e, sobretudo, no passado da política carioca se relacionou com a expectativa de construir o novo estado sem o "peso" desse passado. Embora não seja o único fator explicativo para a indicação do almirante Faria Lima — é ele próprio quem aventa a hipótese de que o queriam fora da presidência da Petrobras — a verdade é que seu perfil — militar de corte técnico, avesso à política[17] — se afinava com o projeto de

---

[16] Sobre as carreiras políticas de Chagas Freitas e Amaral Peixoto na cidade e no estado do Rio de Janeiro, ver, respectivamente, Sarmento, 1999; e Camargo, Hippolito, D'Araujo e Flaksman, 1986.

[17] Para a carreira de Floriano Peixoto Faria Lima, ver Motta e Sarmento, 2001:27.

integração da cidade do Rio de Janeiro ao estado — primeiro, e indispensável, passo para a inserção dessa nova unidade no quadro federativo.

A intenção evidente de colocar no comando do novo estado um "governador que não fosse político" transparece nos vários depoimentos sobre o assunto, a começar pelo do próprio Faria Lima, que assim narra a "convocação" feita pelo general Geisel:

> Depois do jantar, fui ao encontro do presidente Geisel; só então soube do que se tratava: ele praticamente me convocou para ser o governador do novo estado. Disse-me ele: "Eu tinha vários candidatos, mas não tem jeito, vai ser você." Falava-se muito no deputado Célio Borja, que trabalhou bastante pela fusão; falava-se ainda no Golbery, no ministro Armando Falcão, em muitos outros (...). Ele disse que precisava de uma pessoa de prestígio e que cumprisse a legislação. *Segundo, precisava de um governador que não fosse político.* Portanto, desde o início, o deputado Célio Borja e o ministro Falcão estavam excluídos das suas cogitações (...). Não sei se ele queria a mim ou se queria afastar outros pretendentes. Ou, ainda, se me queria fora da Petrobras.[18]

Entendida a fusão como uma operação estratégica dentro do projeto mais amplo do presidente Geisel, ao seu primeiro governador caberia a "missão" de promover a integração dos dois estados. Nesse sentido, não é difícil entender o porquê da exclusão de "pretendentes políticos" para ocupar o cargo. Em primeiro lugar, há que se levar em conta as elevadas apostas que estavam sendo feitas pelo controle de um espaço tão valorizado politicamente como era o novo estado. Além dos nomes citados explicitamente por Faria Lima — Golbery do Couto e Silva, Armando Falcão e Célio Borja —, havia ainda outros cogitados, como Ney Braga e Reis Velloso,[19] em uma clara indicação do envolvimento do alto escalão político na disputa.

No entanto, a escolha por qualquer uma dessas figuras apontaria a opção por um determinado perfil para o novo estado que talvez não se coadunasse com o objetivo maior de promover a integração e o equilíbrio político entre duas regiões

---

[18] Faria Lima citado em Motta e Sarmento, 2001:29-30 (grifo nosso).

[19] Depoimento de Célio Borja ao Programa de História Oral do Cpdoc, publicado em Borja, 1999:240.

tão distintas. No caso da indicação de Célio Borja, por exemplo, estaria explicitada a decisão de investir no fortalecimento da Arena a partir da matriz da UDN carioca. Mesmo negando que estivesse interessado em promover o "retorno de qualquer grupo", Célio reconhecia que a idéia da volta do udenismo era "sedutora".[20]

A decisão de não se colocar um político da antiga UDN carioca no comando do Rio de Janeiro se ligou, a meu ver, a duas ordens de fatores. Em primeiro lugar, havia o objetivo tático de "partir do zero" para construir o novo estado, o que demandava afastar figuras e tradições que se relacionassem ao passado da área mais dinâmica politicamente, o município do Rio de Janeiro. E, sobretudo, existia a preocupação de que a indicação de um "político" elevasse ainda mais o já elevado nível de turbulência da política fluminense em função da disputa entre Chagas Freitas e Amaral Peixoto pela hegemonia no MDB. A percepção dos idealizadores e implementadores da fusão era de que a política seria um empecilho para a execução de um "bom governo" e, por conseqüência, poderia colocar em risco o sucesso de uma importante iniciativa do início da administração Geisel. A fusão deveria ser encarada, bem ao gosto dos militares, como uma "missão", cujo sucesso dependeria da ação do "comandante", que não deveria ter amarras no passado, compromissos no presente e, sobretudo, expectativas para o futuro.

Faria Lima procurou seguir, desde o início e ao pé da letra, os mandamentos do "governador da fusão", empenhado, portanto, em eliminar possíveis obstáculos ao processo de integração dos dois estados. No tocante às amarras do passado, procurou se manter distante de importantes e tradicionais lideranças políticas cariocas. Na área dos arenistas, com Célio Borja, eleito presidente da Câmara em 1975, a conversa emperrou;[21] com Sandra Cavalcanti, que reivindicava a liderança do governo na Assembléia Legislativa, o conflito foi explícito.[22] Já os contatos com Chagas Freitas, seu antecessor na Guanabara, eram feitos por intermédio do ex-ministro Orlando Geisel, a quem recorreu, com sucesso, para conseguir o apoio da forte bancada chaguista durante a votação da nova Constituição estadual.[23]

---

[20] Célio Borja, 1999:244.

[21] Ver em Motta e Sarmento, 2001:32 e em Borja, 1999:240-242.

[22] Motta e Sarmento, 2001:43.

[23] Idem, p. 44.

Se a aproximação com "políticos do passado" foi rejeitada em nome de uma pretensão, bastante idealizada, de se construir o estado do Rio de Janeiro a partir de "novas bases", a perda de sustentação política resultante dessa decisão não foi compensada pela montagem de uma rede de apoios ao governo formada por "novos" políticos, especialmente aqueles eleitos a partir de 1970. Desse modo, Faria Lima deixava claro que não só queria romper os vínculos com o passado, como se recusava a estabelecer compromissos políticos no presente, os quais, em sua avaliação, poderiam implicar fracasso de sua "missão". Em resumo: as artes da política e a execução da fusão pareciam não combinar muito bem.

A recusa do governador de assumir uma posição política mais efetiva era avaliada pela imprensa como um elemento que poderia dificultar a consecução do principal objetivo da fusão: a estruturação do novo estado. O editorial "Fusão política", publicado no *Jornal do Brasil* de 20 de abril de 1975 — pouco mais de um mês da posse de Faria Lima — ao mesmo tempo em que alertava que a fusão deveria exceder "os limites de uma operação técnica e burocrática", cobrava de Faria Lima o exercício de uma liderança mais ativa no sentido de ocupar o espaço político "vago". Dois dias depois, foi a vez do influente jornalista Carlos Castello Branco bater na mesma tecla: embora tivesse que "engolir sapos", o governador não poderia "se escusar da obrigação de assumir o comando político de um estado que se está compondo sob suas mãos".[24]

Um conjunto de fatores pode explicar a distância que Faria Lima manteve da disputa que envolvia Chagas Freitas e Amaral Peixoto. A começar pelo seu estilo pessoal, pouco afeito ao jogo das articulações e negociações políticas, por ele visto como algo intrinsecamente ruim. Ainda mais que o conflito Chagas x Amaral guardava armadilhas perigosas para o processo de distensão política projetado pelo governo Geisel, uma vez que, embora Amaral Peixoto fosse mais palatável com vistas a uma aliança em nível local, era apoiado nacionalmente pela ala mais esquerda do MDB, o chamado "grupo autêntico". No novo estado do Rio de Janeiro, a política não era coisa para amador, e um passo em falso poderia comprometer o andamento da abertura lenta e gradual anunciada pelo regime. Para o governador fluminense, o melhor era seguir o manual da

---

[24] Castello Branco. Capacidade de engolir sapos, *Jornal do Brasil*, 22 abr. 1975.

fusão: para integrar dois estados politizados, nada como se manter afastado dos "perigos" da política.

As dificuldades de integração do município do Rio ao estado

Todo esse empenho em se apartar das querelas da política não livrou, no entanto, Faria Lima de ter de lidar com problemas dessa natureza dentro do seu próprio governo. O mais importante deles foi a indicação de Marcos Tamoyo para o cargo de prefeito da capital, o município do Rio de Janeiro, área politicamente mais sensível do novo estado. Sobre esse assunto, os depoimentos de Faria Lima, de Ronaldo Costa Couto (secretário de Planejamento) e de Balthazar da Silveira (secretário de Governo) ressaltam o fato de ser ele um nome "do Rio de Janeiro" e, sobretudo, de ter o aval do general Golbery do Couto e Silva, chefe da Casa Civil do presidente Geisel.[25]

O depoimento de Ronaldo Costa Couto, no entanto, lança luz sobre alguns outros aspectos do processo decisório que acabou desembocando na indicação de Tamoyo:

> Surgiu o nome de Jaime Lerner, que tinha se destacado como prefeito de Curitiba (...). Contra, naquele momento, tinha o fato de não ser carioca. Conversei com o governador Faria Lima, que relutou, pois queria um nome carioca, embora não tivesse compromisso com ninguém (...). O Lerner esteve no Rio e começou a se informar sobre as questões municipais e metropolitanas. Reuniu-se comigo e com os grupos de trabalho, conheceu o governador (...). Aí deu Marcos Tamoyo, cujo pai, militar, tinha sido amigo do general Golbery. O Tamoyo tinha a simpatia e o apoio de muitos empresários, principalmente os da construção civil.[26]

Já a ênfase dada por Balthazar da Silveira à admiração que o governador tinha "pela obra do Lacerda e por vários de seus auxiliares" — Tamoyo teria vindo por "essa linha"[27] — reforça a idéia de que haveria o intuito de se colo-

---

[25] Ver depoimento de Faria Lima em Motta e Sarmento, 2001:49.
[26] Ronaldo Costa Couto citado em Motta e Sarmento, 2001:117-118.
[27] Balthazar da Silveira citado em Motta e Sarmento, 2001:89-90.

car no comando político-administrativo da capital do estado um nome que, diferentemente do governador e da maioria dos seus secretários, aí tinha desenvolvido uma trajetória política anterior. Além de ter ocupado a importante Secretaria de Obras do governo Carlos Lacerda, Marcos Tamoyo fora membro do MDB carioca desde 1969. Nesse partido, inclusive, chegou a empreender articulações no sentido de ser o sucessor de Negrão de Lima no governo da Guanabara em 1970, mas acabou suplantado por Chagas Freitas.[28] A imprensa carioca, inclusive, deu destaque à "peculiaridade" da figura "partidária" de Tamoyo dentro da equipe de Faria Lima: "Partidária, de modo peculiar, seria a figura do prefeito Marcos Tamoyo, um emedebista do tipo solitário, sem vinculações com as correntes tradicionais do partido majoritário."[29]

Sustentado por uma conjugação favorável de fatores — o aval do influente chefe da Casa Civil, a boa passagem por setores políticos e empresariais da cidade, entre outros —, pôde Tamoyo evoluir em "um universo próprio, cada vez menos vinculado ao projeto da fusão", como bem define Ronaldo Costa Couto.[30] Essa desvinculação do projeto da fusão se relacionaria, ainda segundo Ronaldo, ao uso político que Tamoyo costumava fazer — certamente correspondendo aos anseios de boa parte da população carioca — da idéia de que a cidade do Rio de Janeiro fora a grande vítima da fusão. Assim sendo, o prefeito carioca não só não teria movido uma palha no sentido de integrar os dois antigos estados, como teria reagido contra as iniciativas tendentes a buscar essa integração. Aí residiria o principal motivo de seu desentendimento com Jaime Lerner, que acabou sendo indicado para a presidência da Fundrem (Fundação para o Desenvolvimento da Região Metropolitana), com a difícil incumbência de juntar em uma só unidade os 14 municípios da região metropolitana — o Rio de Janeiro e mais 13 —, especialmente no que dizia respeito a problemas urbanos, como transporte e ocupação do solo.

A grande desenvoltura de Lerner à frente da Fundrem — era chamado pela imprensa de "superprefeito"[31] — desagradou, ao mesmo tempo, ao prefeito carioca

---

[28] Depoimento de Erasmo Martins Pedro ao Programa de História Oral do Cpdoc, em Pedro, 1998:129.

[29] Arenização inaceitável, *Jornal do Brasil*, 23 abr. 1975.

[30] Motta e Sarmento, 2001:120.

[31] Ver *O Fluminense*, 14 abr. 1975.

e ao governador, e ele foi demitido em maio, com pouco menos de dois meses de permanência no cargo. No entanto, mesmo após a saída de Lerner, Tamoyo manteve sua recusa de ser tratado como prefeito de "um município qualquer", e não autorizou a presença de seu secretário de Planejamento nas reuniões da Fundrem.[32] Apesar de desaprovar, e até mesmo rejeitar, uma das linhas-mestras do projeto da fusão, que consistia na anulação da singularidade da antiga Guanabara em prol de sua integração ao novo estado do Rio de Janeiro, Tamoyo não apenas se conservou no cargo de prefeito durante os quatro anos da administração Faria Lima, como foi um dos nomes mais cogitados para a sua sucessão. O que nos faz refletir sobre os limites e as possibilidades de um projeto como a fusão, cuja implementação teria que lidar com a identidade política de duas regiões forjada pela memória que cada uma delas construiu de seu próprio passado. De um lado, a cidade do Rio de Janeiro, capital do país por mais de 100 anos, há 15 ocupando um lugar singular na Federação, o de *estado-capital*, e lutando para conservar o seu tradicional papel de "caixa de ressonância" do país; de outro, o antigo estado do Rio, a "Velha Província", dividido entre a atração pela "cidade maravilhosa" e o medo da suburbanização.[33]

Esse foi, justamente, um dos pontos destacados pelo governador, por ocasião do primeiro aniversário da fusão, como um dos principais problemas de seu governo: a dificuldade da antiga Guanabara em se integrar ao interior do estado, tendo em vista o forte componente nacionalizador da identidade política carioca, como fica claro na entrevista que concedeu ao *Jornal do Brasil*, publicada na edição de 14 de março de 1976, em suplemento especialmente dedicado ao primeiro ano da fusão: "A condição do Rio de ex-capital federal, fato que, unido à sua tradicional condição de pólo cultural e financeiro do país e, afinal, a seu papel na história do Brasil, tende a dar a seus habitantes visão antes nacional que regional".[34]

---

[32] Ver depoimento do arquiteto Pedro Teixeira, secretário de Planejamento de Marcos Tamoyo, ao Cpdoc/FGV, 2000.

[33] Sobre os sentimentos contraditórios dos fluminenses em relação à fusão, ver os depoimentos dos deputados Gilberto Rodriguez em Motta e Sarmento, 2001:228; e Francisco Amaral em Ferreira, Rocha e Freire, 2001:266.

[34] Meta da fusão é melhorar a vida do povo, *Jornal do Brasil*, 14 mar. 1976. Suplemento especial.

O ano de 1976 reservava, no entanto, outros desafios ao governador, além desse de tentar esvaziar o componente nacionalizador da identidade da cidade do Rio de Janeiro e de buscar sua integração regional. Um dos mais importantes era a mobilização política para as eleições municipais a serem realizadas no final do ano, e que iriam desempenhar, depois da péssima performance eleitoral do regime em 1974, um papel fundamental no ritmo e no rumo da distensão política.

O desejo de que a Arena derrotasse o MDB era ainda maior no novo estado do Rio de Janeiro, uma vez que aí a aposta política do regime havia sido elevada. Afinal de contas, não se pode esquecer que a fusão entre a Guanabara e o estado do Rio fora realizada com um debate público muito limitado pela censura e sem consulta plebiscitária ao eleitorado dos estados. Um bom resultado eleitoral obtido um ano após a fusão — isso depois da derrota acachapante da Arena na Guanabara em 1974 — significaria, em boa medida, a legitimação de um ato que, embora aprovado pelo Congresso, não passara pelo crivo das populações envolvidas. Em outras palavras, uma boa votação da Arena poderia ser entendida como um aval popular ao principal projeto geopolítico do governo Geisel.

O indício mais claro do empenho governista em vencer as primeiras eleições a serem realizadas no novo estado do Rio de Janeiro foi o ingresso de Faria Lima na Arena em abril de 1976. Mas havia ainda outros fatores favoráveis — a Lei Falcão, que reduziu o espaço de crítica ao regime, muito bem ocupado pelos candidatos do MDB em 1974; ou, ainda, a divisão do partido oposicionista entre chaguistas e amaralistas, e, sobretudo, o enfraquecimento da força do amaralismo no interior, em parte solapada pela Arena vitaminada graças ao apoio dos governos estadual e federal. Havia, no entanto, outros fatores que poderiam causar embaraços ao desempenho eleitoral dos candidatos da Arena. A começar pelos constrangimentos do governador em comandar as articulações políticas necessárias à composição de uma aliança de interesses, capaz de ser vitoriosa eleitoralmente em um estado onde a força do partido de oposição era particularmente expressiva.

Na antiga Guanabara, como era de se esperar, a vitória dos candidatos do MDB na eleição para a Câmara de Vereadores do município do Rio de Janeiro foi arrasadora: contra os seis eleitos pela Arena, o partido de oposição elegeu 15 vereadores, dos quais 11 pertenciam à corrente chaguista. Se é correto atribuir o sucesso eleitoral ao controle exercido por Chagas Freitas sobre a política carioca, não se pode minimizar o sentimento de frustração do eleitorado da Guanabara expresso com todo o vigor nessa primeira eleição depois da fusão. Para muitos cariocas, a indicação de Faria Lima significara a perda da autonomia política do Rio de Janeiro, e até mesmo uma volta à época em que a cidade era Distrito Federal, quando os prefeitos eram nomeados pelo presidente da República, e o eleitorado escolhia apenas a representação federal — senadores e deputados — e os vereadores da Câmara Municipal. Ao contrário da eleição direta de Carlos Lacerda em 1960 e de Negrão de Lima em 1965 e da indireta de Chagas Freitas em 1970, o governador do novo estado do Rio de Janeiro havia sido escolhido justamente porque não possuía vinculação com a política e os políticos de qualquer dos dois lados da baía da Guanabara.

Depois de Faria Lima, a desfusão?

Existe uma corrente interpretativa que enfatiza especialmente o peso da intervenção federal na política do Rio de Janeiro, em função do papel único que a cidade, na qualidade de capital federal, ocupou na Federação. Essa excessiva intervenção do governo central teria abafado a política local e impedido que os políticos cariocas, ao contrário de paulistas e mineiros, tivessem podido se organizar de forma autônoma em favor de seus interesses regionais e locais. Para o bem e para o mal, lógica da política do Rio de Janeiro estaria submetida, em última instância, à política nacional.[35] Dentro dessa lógica, a indicação de Chagas Freitas para a sucessão de Faria Lima fora feita no gabinete da Casa Civil da presidência da República, e ponto final.

Embora não haja dúvida sobre o peso e a importância do governo federal como um dos mais importantes elementos do campo político do Rio de Janeiro, é preciso que se leve em conta igualmente a nova dinâmica interna da política fluminense a partir da fusão, especialmente as formas através das quais as forças políticas locais formularam suas estratégias de competição e, em muitos casos, de sobrevivência. Apesar da avaliação de Ronaldo Costa Couto de que "ninguém ligado ao governo da fusão tinha chance",[36] o fato é que Marcos Tamoyo

---

[35] Um bom exemplo dessa corrente é o trabalho de Carvalho, 1987.
[36] Ronaldo Costa Couto citado em Motta e Sarmento, 2001:126.

se sobressaiu como o nome "ligado à fusão" mais adequado ao novo ambiente político que se formaria a partir da sucessão de Geisel. Ao mesmo tempo em que contava com o indispensável "apoio" de Faria Lima[37] — Balthazar da Silveira o considera "nome de consenso" —,[38] o então prefeito da capital era uma figura "de partido", afinada, portanto, com a anunciada volta de uma vida político-partidária mais intensa, a partir do surgimento de novas siglas e legendas para além do bipartidarismo estreito imposto pelo regime militar. Bem relacionado com importantes setores da vida econômica da cidade, como a construção civil, Tamoyo seria capaz de disputar espaços de poder na política carioca, não apenas por seu passado, mas por ter-se mantido, no presente, como um crítico da situação em que se encontrava o Rio de Janeiro, habilitando-se, desse modo, a angariar o apoio de amplas fatias da população que viam a cidade como "vítima" da junção com o estado do Rio. Em suma, o prefeito tinha à sua disposição alguns instrumentos que poderiam favorecê-lo na tarefa de montar na capital, principal centro político-eleitoral do estado, uma base de articulação política capaz de concorrer com a máquina chaguista.

No entanto, menos do que apostar na eventualidade da ascensão rápida de Tamoyo, os estrategistas do Planalto preferiram não correr risco e botaram suas fichas em um nome confiável, o de Chagas Freitas. Confiável, porque tinha meios e instrumentos para atuar no novo cenário político pós-abertura; confiável, porque havia conseguido se impor como principal chefe político do estado; confiável, enfim, porque dispunha de um bom número de votos no colégio eleitoral que iria eleger o presidente Figueiredo, como enfatiza Ronaldo Costa Couto. Por isso mesmo, de nada valeram as manobras de Faria Lima, que incluíram longas conversas do secretário do governo com Amaral Peixoto, para garantir a sua sucessão. O ponto-chave, sempre reiterado pelo experiente senador nessas conversas, era: "Vocês têm luz verde do Planalto para tratar desse assunto?" Não tinham. O depoimento do comandante Balthazar da Silveira é esclarecedor:

> Isso aconteceu por volta de junho ou julho de 1978, às vésperas da inauguração do conjunto habitacional Fazenda Botafogo, em Acari. O general Figueiredo

---

[37] Faria Lima citado em Motta e Sarmento, 2001:53.
[38] Balthazar da Silveira citado em Motta e Sarmento, 2001:102.

já estava indicado para substituir o general Geisel, e o Faria resolveu convidá-lo para a inauguração (...). Como de costume, eu estava no fundo do palanque e perguntei ao Alair Ferreira e ao deputado Josias D'Ávila o que estava acontecendo. O Josias disse: "O Golbery mandou que fôssemos aguardar o Figueiredo no aeroporto. Ao chegar, o Figueiredo disse que ele próprio estava assumindo o comando da Arena no estado do Rio de Janeiro e que o novo governador ia ser o Chagas Freitas". Fiquei pasmo.[39]

Rompido com a Arena, a quem acusou de deixar de fora da chapa de candidatos à eleição de 1978 os nomes por ele indicados,[40] e sem a "intervenção revolucionária" que poderia garantir um desfecho favorável à sua sucessão, Faria Lima acabou tendo que entregar o comando estadual para Chagas Freitas. Como bem sintetiza o então deputado Célio Borja, "ficamos a ver navios, Amaral Peixoto, o governador Faria Lima e eu".[41]

Apesar da avaliação favorável sobre os resultados econômicos e administrativos do primeiro governo da fusão, um alerta ficava no ar: a fusão estava consolidada, mas não concluída. Os novos governantes recém-empossados a nível federal e estadual — o presidente Figueiredo e o governador Chagas Freitas — tinham outros compromissos e outros projetos que nem sempre se afinavam com aqueles que haviam determinado a implementação da fusão. Daí, inclusive, o sinal verde que Israel Klabin, nome indicado por Chagas Freitas para substituir Marcos Tamoyo na prefeitura do Rio de Janeiro, teria recebido para sua proposta de fazer a "desfusão":

> Quando ele [Chagas Freitas] me convidou para ser prefeito, respondi: "Não posso aceitar, porque estou convencido de que a única forma possível de restabelecer a identidade do Rio de Janeiro consigo próprio, seu passado e sua população é a desfusão (...). No encontro [com Figueiredo] em Brasília, eu lhe disse: "(...) acho que o estado da Guanabara é a solução correta". Ele respondeu: "Aceite e leve adiante seu projeto".[42]

---

[39] Balthazar da Silveira citado em Motta e Sarmento, 2001:101.

[40] Faria Lima rompe com Arena pois candidatos são todos desconhecidos, *Jornal do Brasil*, 15 jun. 1978.

[41] Ver Borja, 1999:244.

[42] Israel Klabin citado em Motta e Sarmento, 2001:192-193.

O futuro da fusão estaria entregue, a partir de então, a Chagas Freitas, um político que não encarava esse projeto como uma "missão" a ser cumprida. Ao contrário. Ela tinha sido uma pedra no caminho da sua sucessão na Guanabara em 1974. E, embora tivesse sido obrigado a conhecer o caminho das pedras da política do antigo estado do Rio para chegar aonde chegou, a verdade é que preferiu manter os mesmos métodos e as mesmas estratégias que haviam funcionado bem na cidade do Rio de Janeiro.[43]

Em 1980, um ano depois do fim do primeiro governo da fusão, começou a tomar forma um corpo explicativo sobre as "dificuldades" então vividas pelo novo estado, as quais pareciam ilustrar o desencanto diante da derrota dos desafios que a "missão" comandada por Faria Lima prometera vencer. Alimentadas por argumentos ligados a uma certa memória construída ao longo do tempo sobre as relações entre o governo federal e o Rio de Janeiro, essas explicações enfatizavam sobretudo o fato de a cidade ter que pagar um alto preço por sua postura freqüentemente "oposicionista". "Abandonado" por se tratar de um "reduto adversário", o Rio, mais uma vez, estaria sofrendo o "preconceito" das autoridades federais, que teriam preferido investir em outros estados mais "governistas".

Saudades da Guanabara

O ano de 1985 prometia uma nova etapa na política do município do Rio de Janeiro. Por um lado, o fim do regime militar, associado à perspectiva da convocação da Constituinte, abria a possibilidade de serem desmontados os atos impostos de maneira autoritária: se houvesse suficiente entendimento político, a nova Constituição, que necessariamente discutiria a organização federativa, poderia desfazer a fusão e permitir a volta da Guanabara e do estado do Rio, o que, sabemos, acabou não ocorrendo.

Nesse novo quadro político-institucional, havia ainda a perspectiva, afinal concretizada em novembro, da volta da eleição direta para prefeito do Rio de Janeiro. A força do brizolismo se revelou na estrondosa vitória de Saturnino Braga, do PDT, que se tornou, assim, o terceiro governante eleito diretamente pelos cariocas — os dois anteriores haviam sido Carlos Lacerda (1960) e Negrão

---

[43] Freire, 1999.

de Lima (1965). Já no antigo estado do Rio, Moreira Franco, candidato derrotado por Leonel Brizola em 1982, consolidava sua força política, beneficiando-se da herança de Amaral Peixoto e da capilaridade que o PMDB possuía nessa região. Desse modo, o objetivo de integrar a capital e a *província* parecia cada vez mais distante, já que, com passar do tempo, se reiteraram as diferenças entre as duas regiões, especialmente no tocante à estruturação do campo político.

Os anos 1990 não favoreceram o desatar dos nós que embaralham as relações entre o município do Rio e o estado. Um deles é a questão não resolvida das identidades políticas conflitantes, uma vez que a Guanabara se mantém na memória política carioca como uma "idade de ouro" — daí, inclusive, a recuperação de Carlos Lacerda, primeiro governador do antigo estado, como patrono das três últimas eleições para a prefeitura do Rio de Janeiro (1992, 1996 e 2000). O diagnóstico de que não se teria forjado uma identidade comum entre o estado e a cidade foi apregoado por César Maia em seu primeiro mandato como prefeito do Rio de Janeiro, por ocasião do balanço dos 20 anos da fusão (1995): "A integração pretendida falhou, quando se olha para o interior. Ele continua desintegrado da capital, pensando diferente e votando diferente".[44] Seria o mesmo César Maia que, cinco anos depois, recém-empossado para um segundo período à frente da prefeitura carioca, afirmava: "na prática, o prefeito do Rio é o governador do estado da Guanabara. Não quero ser governador do estado do Rio, porque já governo a Guanabara, e não se anda para trás."[45]

---

[44] Movimento pela desfusão ganha mais força. *Jornal do Brasil*, 5 mar. 1995.
[45] Entrevista concedida à Rádio CBN, 13 jan. 2000.

II
Cultura política

A fabricação do prefeito da capital: estudo sobre a construção da imagem pública de Pereira Passos*

Américo Freire

Em outubro de 1897, em manifesto de candidato à presidência da República, Campos Sales expôs duas das principais diretrizes do seu futuro governo: a defesa do federalismo, o que pressupunha uma estreita colaboração com os governadores dos estados, e a administração das finanças públicas. "Muito terá feito pela República", afirmou, "o governo que não fizer outra coisa senão cuidar das suas finanças". Assim prometeu, e assim fez. Estabelecido o acordo com os principais governadores que deu origem à "política dos estados" — o que lhe proporcionou maior controle sobre o conjunto do sistema político —, Campos Sales tratou de se voltar para o cotidiano da administração. Adotou medidas de caráter restritivo, como o aumento de impostos, e com isso desencadeou uma saraivada de críticas contra sua gestão, publicadas diuturnamente por grande parte da imprensa carioca.

Quanto à administração da capital, Campos Sales foi igualmente rígido. Adotou uma estratégia bifronte que consistiu em reduzir a influência dos grupos locais e manter à míngua os cofres da municipalidade. Durante os seus

---

* Este texto foi publicado originariamente na *Revista Rio de Janeiro*, nº 10, maio/ago. 2003.

quatro anos de governo, nomeou cinco prefeitos, sendo que a nenhum deles assegurou poderes para liderar a administração pública e o jogo político da capital. Em síntese: promoveu o que em outra ocasião (1995) denominei a "estratégia do desmonte".

Uma das poucas vezes em que o governo atuou explicitamente no sentido de mobilizar a imprensa e a opinião pública a seu favor foi durante a viagem que Campos Sales realizou à Argentina, em outubro de 1900, em retribuição à visita que o presidente Júlio Roca havia feito ao Brasil em agosto do ano anterior, quando antigos problemas de fronteira entre os dois países já haviam sido solucionados. Para divulgar sua estada no exterior, Campos Sales convidou para sua comitiva jornalistas de diversas publicações, os quais, em companhia de ministros, assessores, políticos e militares, tiveram a oportunidade de presenciar a magnitude das mudanças promovidas na face física de Buenos Aires pelo intendente Torquato de Alvear (Franco, 1973).

Dos membros da comitiva, nenhum reagiu de forma mais enfática do que o escritor e jornalista Olavo Bilac. Diante do evidente contraste entre a "nova capital platina" e o seu "acanhado" Rio de Janeiro, por ele chamado de Sebastianópolis, Bilac se utilizou, em seus textos para a *Gazeta de Notícias*, de uma linguagem forte para propor mudanças urgentes na capital brasileira. Segundo ele, os brasileiros deveriam se envergonhar pelo fato de que "ali assim, a quatro dias de viagem, há uma cidade como Buenos Aires — e que nós, filhos da mesma raça e do mesmo momento histórico, com muito mais vida, com muito mais riqueza, com muito mais proteção da Natureza, ainda temos por capital da República, em 1900, a mesma capital de D. João VI em 1808 isso é o que dói como uma afronta, isso é o que revolta como uma injustiça". Ao concluir, rogava aos céus pela sua cidade: "Quando aparecerás tu, Providência desta terra, Alvear da cidade carioca?!"[1]

A despeito das queixas de Bilac e de outros membros das elites intelectuais e políticas, Campos Sales, ao retornar ao Rio de Janeiro, pouco fez no sentido de alterar a linha geral do seu governo em relação à capital. É bem verdade que, em outubro de 1901, indicou um novo prefeito — Xavier da Silveira — a quem foram dadas condições de orçamento um pouco melhores para promo-

---

[1] *Gazeta de Notícias*, 18 nov. 1900.

ver algumas obras. Afinal, as eleições presidenciais se aproximavam e era preciso reduzir o "garrote" e começar a liberar alguns recursos. De qualquer forma, pelos constrangimentos já descritos, Silveira nem de longe foi visto à época como o "Alvear" da capital brasileira.

Tudo isso começou a mudar em 1902, quando da eleição e posse do novo presidente da República, o também paulista Rodrigues Alves, um dos principais defensores da adoção de um regime forte na capital como forma de promover mudanças radicais na "velha cidade" de São Sebastião. Pondo em prática suas idéias, Rodrigues Alves tratou de comandar uma verdadeira operação política, na qual os primeiros passos foram a suspensão temporária das funções do Conselho Municipal (Lei nº 939, de 29 de dezembro de 1902), e a nomeação daquele que deveria cumprir o papel de artífice das mudanças, o engenheiro Pereira Passos.

Imediatamente, cerraram fileiras ao lado do governo importantes nomes da intelectualidade carioca, os quais, ao saudar com entusiasmo o início dos novos tempos, contribuíram para produzir uma simbologia heróica em torno do prefeito, visto como o único capaz de livrar a cidade dos "corrilhos políticos" e do secular atraso.

Neste texto, meu objetivo será examinar sumariamente esse conjunto de representações que deu origem a um modelo ideal de prefeito que até hoje povoa o imaginário político do Rio de Janeiro.[2] Para fins de exposição, dois textos da época irão nos servir de roteiro. O primeiro, uma crônica de Olavo Bilac de dezembro de 1903 sobre a construção da avenida Central e sobre as eleições municipais, será o ponto de partida para se pensar no contexto político-cultural daquele Rio de Janeiro transfigurado em *laboratório* da reforma urbana. O outro texto é a introdução de uma entrevista concedida pelo prefeito Pereira Passos à *Gazeta de Notícias* em junho de 1903, ou seja, ainda no começo da sua administração. O interesse aqui está na maneira pela qual o jornalista descreve e constrói o ator político, o homem público, o *protagonista* Pereira Passos (Levillain, 1988).

---

[2] Sobre a abordagem téorico-metodológica aqui adotada, estou me valendo do título e das idéias de Burke, 1994. Sobre a noção de representação, ver Chartier, 1990. As seções seguintes deste texto se baseiam no capítulo 5 do meu livro *Uma capital para a República*. Ver Freire, 2000.

Cultura política

Vaga civilizatória e construção política

Em seu livro sobre a *belle époque* carioca, Jeffrey Needell apresenta uma brevíssima biografia de Olavo Bilac, na qual registra a trajetória ascendente do escritor e jornalista, desde os tempos do republicanismo até os da campanha em prol da defesa nacional. Antiflorianista, como vários intelectuais cariocas, Bilac alcançou as graças do poder nos tempos de Campos Sales — daí o convite para a comitiva que foi à Argentina. Sua aproximação com os donos do poder o levaria, em 1907, a assumir o cargo de secretário do prefeito do Distrito Federal, o general Souza Aguiar. Nos meios literários, atingiu rapidamente grande prestígio, atuando com desenvoltura entre os vários círculos em que se dividia a intelectualidade carioca e assumindo, em 1901, a coluna no prestigiado jornal *Gazeta de Notícias* que antes era escrita por Machado de Assis. Em 1907, foi aclamado por seus colegas o "príncipe da poesia brasileira" (Needell, 1993:233-235).

Durante a gestão de Passos, na qual também foi brindado com um cargo público, Bilac não poupou esforços na defesa do programa de obras públicas que mudou a face da capital. Segundo Needell (1993:235), mais do que mero interesse pessoal, havia nele uma "forte coincidência de interesses ideológicos — ele se identificava desesperadamente com o 'Rio civilizado', uma metamorfose da cidade e do cidadão que ele só poderia imaginar em termos de cultura francesa".

Em sua campanha, o poeta Bilac valeu-se mais da crônica; nela, pôde discorrer com maior liberdade pelos temas do cotidiano carioca.[3] Entre as muitas que escreveu na época, seja na *Gazeta de Notícias*, seja na revista *Kósmos*, uma delas tem sido citada pela historiografia pelo seu caráter de manifesto em favor dos novos tempos. Vale uma revisita.

Publicado na *Gazeta* no dia 6 de dezembro de 1903, o texto de Bilac não mede palavras para tratar do começo das obras da avenida Central e das eleições para o Conselho Municipal que estavam sendo realizadas naquele dia. Em relação ao primeiro tema, Bilac se vale da grandiloqüência para registrar a importância da avenida como elemento regenerador não só da cidade, mas da própria civilização brasileira. "Daí a pouco", afirma, "o primeiro golpe de pi-

---

[3] Sobre o significado da crônica na vida cultural carioca, ver Rezende, 1995.

careta (...) entoará a primeira nota do hino triunfal". Otimista, completa: "E não teremos de viver muito para ver terminada essa obra de salvação nacional".

Sobre as desapropriações promovidas pelo poder público para a construção da avenida, relata o caso de um acanhado casebre que, sustentado pela "Birra", teimava em atrapalhar o "Progresso". Era a resistência da "imundície" contra a "limpeza", das "trevas" contra a "luz". Finalmente, afirma Bilac, chegou o dia em que

> a desapropriação por força de lei conseguiu obter o que não obtivera a persuasão. O torpe casebre caiu, e o povo foi buscar uma banda de música, e triunfalmente passou e repassou sobre os destroços de monstro aniquilado, celebrando a vitória do Ar e da Luz. (...)
>
> Eu vi, com estes olhos que a terra há de comer, a alegria do povo — a alegria sincera e ruidosa, dessas que ninguém pode encomendar e pagar, e que são espontâneas e irresistíveis como os éstos do mar e como as irradiações da luz do sol ... (...).
>
> Para mim, para o Rio de Janeiro e para todo o Brasil, o início das obras na Avenida, por acordo amigável com os proprietários, tem mais importância do que a eleição.

Depois do júbilo, o desgosto. É dessa forma que trata das eleições na cidade. Agora estamos diante do escritor irritado, impaciente, indignado:

> De eleições andamos fartos (...). Mas os jornais dizem que a cidade não pode viver sem autonomia; e, como para a cidade a autonomia consiste na existência de um Conselho Municipal — ainda que esse Conselho Municipal trabalhe tanto como a Academia dos Sonolentos da China — não é possível evitar essa despesa de papel, de tinta, de editais, de empadas, de cerveja, e de barela. (...)
>
> Valha-nos Nossa Senhora da autonomia! — e vamos às urnas, vamos completar o prestigioso Conselho, vamos dar mais um florão àquela coroa preciosa (...) Mas peçamos desde já aos conselheiros que deixem essa mania de renúncia! A cada renúncia, corresponde a uma nova eleição: e, francamente, nós temos todos mais o que fazer...

Como se vê, o estilo é rebuscado, mas o recado é direto. Em envolvente jogo de palavras, o leitor é apresentado a dois tempos históricos distintos. O primeiro é o tempo do dinamismo, da ação, do progresso, enfim, da *vaga civilizatória* que tomara conta do ambiente político-cultural brasileiro naquele início de século, que se desdobrara em campanhas em prol da modernização do país segundo os modelos europeus das quais Bilac foi um dos principais cruzados. O segundo é o tempo do desconforto, da miséria, da lentidão, da sonolência, do *atraso*. Nesse tempo, o casebre e o ritual político local se confundem. Ambos estão a expressar o mesquinho interesse de um indivíduo ou de um pequeno grupo em contraposição ao interesse geral. No caso do casebre/birra, foi possível a vitória pela força da lei. Mas quanto às eleições locais? O que se há de fazer? Já que a imprensa afirma que elas devem continuar a existir, que continuem sem causar maiores transtornos. Na verdade, trata-se de um evento sem maior significado, realizado para eleger personagens menores, dispensáveis...

Nos meios intelectuais da capital, era comum a publicação de matérias na imprensa com críticas ao mundo dos políticos. Entre os círculos boêmios cariocas, por exemplo, a política republicana foi várias vezes representada como farsa, como no exemplar mapa da "praça da República", ou "campo das Adesões", do chargista Raul Pederneiras, publicado na revista *Tagarela*, no qual, segundo a historiadora Mônica Velloso, "a cidade se transforma numa metáfora grotesca do regime republicano, cuja arquitetura se baseia em adesismo, corrupção, imoralidade e falcatruas" (Velloso, 1996:113).

Em sua crônica, Bilac não foi tão longe. Em vez de fazer coro com os intelectuais e políticos que, de variadas formas, expressavam seu desencanto com a República, tratou de concentrar suas baterias em direção a alvos precisos: o Conselho Municipal e a luta autonomista, ou seja, dois dos fundamentos da ação política dos grupos locais. Dessa forma, dava curso à estratégia política do oficialismo, que consistia em manter na defensiva os grupos locais e ao mesmo tempo afirmar o novo modelo de capital centrado na figura do prefeito Pereira Passos. Vejamos.

Tal estratégia tomara corpo após a crise política que se desencadeou, em meados da década de 1890, entre o presidente civil Prudente de Morais e o prefeito da capital, Furquim Werneck. O desfecho dessa história nada teve de surpreendente: a saída de Werneck, a nomeação de um novo prefeito fiel ao presidente e o conseqüente tensionamento das relações entre o Conselho Municipal — órgão no qual predominavam os grupos políticos locais — e o prefeito. Como vimos, Campos Sales não fez questão de resolver a crise. Pelo contrário, tratou de alimentá-la, seja pela adoção de práticas mais rígidas de controle político e financeiro que tiveram resultados funestos para as contas da municipalidade, seja pela defesa da necessidade de alterar em profundidade o governo da capital, discurso esse que fazia coro aos que defendiam a instalação de uma junta governativa no Rio de Janeiro nos moldes do que estava a ocorrer em Buenos Aires. Diante da implementação dessa política, restava, ao final da administração de Campos Sales, um conselho municipal enfraquecido, um prefeito demissível a qualquer momento e partidos políticos locais em decomposição.

Em um primeiro momento, o presidente Rodrigues Alves esboçou na capital uma "solução argentina", qual seja, a introdução de um regime de exceção na prefeitura comandado por um administrador determinado como Torquato de Alvear. Depois, diante do impacto positivo da administração de Pereira Passos, reuniu condições para restabelecer o pacto político na capital por meio do fortalecimento político-administrativo do prefeito e da manutenção de um conselho municipal, embora com reduzidas atribuições de governo.

Escrita em dezembro de 1903, ou seja, quando estavam sendo estabelecidas as bases da nova institucionalização da capital, com a abertura de espaço para os grupos locais — daí o retorno das eleições e dos rituais políticos —, a crônica de Bilac bem expressa as tensões daquele momento fundador: a força simbólica do início das obras da avenida Central convivendo — para desgosto de Bilac e de outros membros das elites intelectuais e políticas — com acordos, idas e vindas, obstáculos, demandas, concessões, enfim, o mundo da política.

Imprensa e poder: a fabricação do prefeito

Na passagem do século XIX para o XX, a imprensa carioca passava por grandes transformações. As novas técnicas de impressão e edição barateavam e popularizavam os jornais. O conteúdo ganhava feições mais mundanas, com a crônica social e a publicação de folhetins. De sisudo veículo de notícias, o novo jornal tornava-se ao mesmo tempo mais leve e popular, com espaço para os literatos e também para o grotesco, para a violência das notícias policiais (Barbosa, 1996:17-18).

Predominava ainda, no entanto, o que Habermas denominou "jornalismo literário", em que o lucro cedia lugar aos "imperativos de idéias, opiniões e personalidades" (Habermas, 1984). Ou seja, conservavam importância grandes personalidades, como José do Patrocínio e seu jornal *Cidade do Rio*, já em declínio naquele início do século; Rui Barbosa e a *Imprensa*; Edmundo Bittencourt e Leão Velloso e o *Correio da Manhã*; Alcindo Guanabara e Medeiros e Albuquerque, em geral colaboradores d'*O Paiz*; o próprio Olavo Bilac, na *Gazeta de Notícias* e na revista *Kósmos*; além de donos de jornal influentes como João Lage, d'*O Paiz*, e José Carlos Rodrigues, do *Jornal do Commercio* (Barbosa, 1996).

Imprensa e poder se entrecruzavam. Para o jornalista, muitas vezes, como no caso de Alcindo Guanabara, o jornalismo era a possibilidade de ascensão social, de obtenção de ocupar cargos públicos ou mesmo de maior reconhecimento em relação à sua carreira literária (Medeiros, 1997); para o homem público, o jornal era a tribuna ampliada, era a confirmação do prestígio e da influência, era o lugar da defesa e principalmente do ataque nas famosas sessões "a pedidos".

Era uma imprensa de opinião, de expressão da personalidade do dono do jornal ou do redator-chefe, mas também uma imprensa bastante vulnerável aos apetites do poder. Em seu livro *Da propaganda à presidência*, Campos Sales (1983:179) assinalava a existência da "indústria do jornalismo" e afirmava com todas as letras que durante o seu governo corrompera vários jornais da imprensa carioca, seguindo uma linha estabelecida pelos seu antecessores. Dessa maneira justificava seus atos: "Com tais precedentes, e dada a situação excepcionalmente difícil em que se encontrava o meu governo, não duvidei em enveredar por esse caminho francamente aberto e trilhado pelos que me antecederam".

Seja como empresa que se modernizava e que procurava definir e manter o seu público, seja como local de embate de idéias ou mesmo de barganha com o poder público, ou tudo isso ao mesmo tempo, o fato é que a imprensa carioca atuou em geral como importante agente produtor de bens simbólicos identificados com o projeto civilizador do poder central (Bourdieu, 1992). Com isso, inegavelmente, deu fôlego ao processo de modernização implementado na gestão de Passos.

Mais especificamente, nos parece que certas publicações tenderam também a reforçar (voluntariamente ou não) uma imagem mítica do prefeito, em que este aparece como alguém enviado pelas alturas para cumprir uma missão salvadora. Segundo Girardet, no processo de heroificação há períodos sucessivos que diferem uns dos outros pela sua "tonalidade afetiva". Para o autor, "há o tempo da espera e do apelo: aquele em que se forma e se difunde a imagem de um Salvador desejado (...). Há o tempo da presença, do Salvador enfim surgido, aquele, sem dúvida, em que o curso da história está prestes a se realizar (...). E há ainda o tempo da lembrança: aquele em que a figura do Salvador, lançada de novo no passado, vai modificar-se ao capricho dos jogos ambíguos da memória, de seus mecanismos seletivos, de seus rechaços e amplificações" (Girardet, 1987:72).

O primeiro desses tempos, o da espera e da aclamação, expõe-se tanto no expressivo rogo de Bilac citado, quanto na saudação entusiástica que vários órgãos da imprensa fizeram à nomeação e às primeiras medidas de Pereira Passos.

No "fazer da história", os olhos se voltam para cada gesto do prefeito. Tudo faz sentido, ou melhor, tudo ganha sentido.[4] Este é o caso de uma expressiva reportagem da *Gazeta de Notícias*. O cenário é a casa aristocrática de Pereira Passos. O tempo é o que antecede uma entrevista do prefeito às vésperas da reabertura do Conselho Municipal, em junho de 1903. Acompanhemos a detida descrição do entrevistador/observador da *Gazeta*:

> [o encontro se deu na] ... Rua das Laranjeiras, numa linda e confortável vivenda. Após o jantar, no *fumoir*, cujas paredes desaparecem sob as tapeçarias e os quadros, o Dr. Pereira Passos enterra-se em uma dessas profundas e confortáveis poltronas, como só os ingleses as sabem fazer, e acende o charuto. Sentado em frente dele, examinávamos esse homem infatigável, que tem a vontade, rara entre nós, de saber querer e que acaba de governar discricionariamente uma cidade, durante seis meses.[5]

E por aí vai. O repórter assinala o gênio arrebatador de Passos, capaz de rompantes que "estremecem paredes" diante de uma ordem mal executada.

---

[4] A imagem de Passos ganhou as páginas de diversas publicações no primeiro semestre de 1903, seja nas revistas de variedades, como a *Kósmos*, seja nas de humor, como *Malho*, *Tagarela* e *Careta*, onde o prefeito era apresentado como condutor dos acontecimentos. Ver levantamento da imprensa carioca no período em Brenna, 1985.

[5] *Gazeta de Notícias*, 4 jun. 1903.

Porém, quando passa a *tempestade*, é o primeiro a reconhecer seu erro se não tiver razão. Afirma que a entrevista não foi uma tarefa fácil, pois seu interlocutor não é homem de palavras. "É homem de ação." E continua: "Fala pouco, é preciso arrancar-lhe as palavras. E enquanto fala, levanta-se, torna a sentar, para dali a pouco tornar a levantar-se; assim o quer o seu temperamento nervoso".

Durante a entrevista, Passos indigna-se; responde às questões com ênfase; ri-se; silencia; e conclui sua última resposta generoso, defendendo o fechamento do comércio aos domingos para que o nosso "povo triste" tivesse o ensejo de divertir-se.

A descrição do entrevistado pelo jornalista nos parece expressar algo mais do que os assomos de um adulador ou "chaleira", conforme o termo da época. Nitidamente, o repórter quer dar um tom teatral a tudo aquilo. Na construção de seu personagem, cada detalhe ganha expressão dramática. Homem bem posto na vida, de hábitos refinados e aristocráticos, Passos tem a força da determinação em seus atos e destemperos, mas também o equilíbrio necessário para reconhecer seu erro. Suas pausas também são expressivas. Trata-se do cuidado com as palavras, próprio do ritual do poder. É a necessidade, segundo Balandier, da "comunicação calculada, em que se procuram 'efeitos precisos': [ela] não desvenda senão uma parte da realidade, pois o poder também deve sua existência à apropriação da informação, dos 'conhecimentos' exigidos para governar, administrar, e para exercer seu domínio de Estado; e os governantes sabem que 'algumas coisas lhes são ocultadas'. A arte do silêncio é parte da política" (Balandier, 1992:13).

Se seguirmos os modelos de heroificação sugeridos por Girardet, poderemos afirmar que em Passos estão contidas, ou fundidas, duas formas de exercício da autoridade política: *gravitas* e *celeritas* (Girardet, 1987:63-96). A primeira refere-se à experiência e à sabedoria do ilustre e velho combatente encarregado de restaurar com prudência a ordem ameaçada. A legitimidade do seu poder está em seu passado de provações e glórias. Pelos seus hábitos conservadores e experiência, Passos era a encarnação da austeridade e do administrador bem-sucedido que já havia, como dirigente da Central do Brasil, dado provas do seu senso de justiça e competência.

Já *celeritas* refere-se à audácia, à coragem do jovem conquistador que se legitima pela impetuosidade dos seus atos. "O gesto do seu braço", diz Girardet, "não é o símbolo de proteção, mas convite à partida, sinal de aventura. Ele atravessa a história como raio fulgurante". Aqui é a energia, a determinação do herói que não vê, ou reconhece, obstáculos. Passos não está interessado em palavras. Não tem tempo a perder. Sabe o que quer. É agitado, enérgico, e provoca "tempestades".

Segundo o mesmo Girardet, todo esse processo de heroificação está ancorado em determinadas circunstâncias. Há um diálogo, ou uma certa adequação, "entre a personalidade do salvador virtual e as necessidades de uma sociedade em um dado momento de sua história". Por tudo isso que já vimos, nos parece que Passos pode ter atendido, naqueles anos de mudança, a uma dupla expectativa ao ter-se transformado em uma ponte entre a honra e a honorabilidade voltadas para o passado, para a tradição, e a necessária agilidade daqueles novos tempos.

Finalmente, quanto ao chamado "tempo da lembrança" não é necessário dizer muito. O nome e a administração de Passos viraram marco na historiografia. Ele próprio fez questão de deixar sua versão para a posteridade em um livro que, ainda prefeito, encomendou ao jornalista Ferreira da Rosa (1905). A recuperação de sua gestão como uma "idade de ouro" (Girardet, 1987: 97-139) tem-se processado em diferentes momentos da história carioca, desde o centenário do seu nascimento, em 1936 (Brenna, 1985:9), passando pelas comemorações do IV Centenário da fundação da cidade, em 1965 (Motta, 2001b: 244-245), até mais recentemente, nas décadas de 1990 e 2000, quando a prefeitura tem procurado reaver sua importância como agente transformador da realidade física da cidade, batizando o mais importante órgão de planejamento da cidade — a Empresa Municipal de Informática e Planejamento (Iplan-Rio) — como Instituto Pereira Passos.

Considerações finais

Passados 100 anos do primeiro ano da gestão de Pereira Passos, aqui estamos a nos debruçar sobre aqueles tempos. Entre as possíveis razões que podem explicar tal permanência, uma delas chama a atenção do historiador: as condições políticas excepcionais em que Passos tomou posse e governou. Contou, em primeiro lugar, com o irrestrito apoio de Rodrigues Alves, fazendo com que lhe fossem asseguradas amplas atribuições de governo, além de um volume considerável de recursos, obtidos muitas vezes por meio de empréstimos. Além disso, Rodrigues Alves optou por adotar uma estratégia de governo mais discreta, fazendo com que as atenções se voltassem diretamente para o prefeito e para as suas realizações.

Neste texto, tratamos da outra face dessa mesma questão, qual seja, a forma pela qual setores da intelectualidade carioca, por meio da imprensa, trabalharam no sentido de produzir um personagem-símbolo que atendesse às demandas do novo, do moderno. Em crônicas, charges, artigos, Pereira Passos, ao mesmo tempo em que punha abaixo os cortiços da *cidade negra* (Chaloub, 1990:186), erigia e estava a fundar uma nova capital, instituindo um novo tempo.

Carisma, memória e cultura política: Carlos Lacerda e Leonel Brizola na política do Rio de Janeiro*

Marly Motta

Embora já se tenha passado muito tempo, ainda hoje me recordo de minha avó dizendo com orgulho que em nossa família não havia "flamenguistas", e nem "lacerdistas". Símbolo de uma época em que a política tinha quase o mesmo poder de identificação do futebol, Carlos Lacerda teve como contraponto na acirrada política carioca dos anos 1960 a figura de Leonel Brizola. Se o Fla-Flu enchia o Maracanã e inflamava as torcidas, não menos inflamado era o discurso que então alimentava a rivalidade entre lacerdistas e brizolistas na antiga capital federal.

O objetivo desse artigo é analisar a maneira pela qual Carlos Lacerda e Leonel Brizola se constituíram como *lideranças carismáticas* no Rio de Janeiro, procurando relacionar esse processo com a *cultura política* de uma cidade que por mais de um século fora capital do país. O período histórico abrangido vai da década de 1960 — quando monopolizaram o debate político no então estado da Guanabara —, passando tanto pela exclusão política a que ambos foram submetidos nos anos 1970, quanto pela volta de Brizola à cena política

---

* Este texto foi publicado originariamente na revista *Locus*, Juiz de Fora, v. 7, nº 2, 2001.

carioca e fluminense na década seguinte, e fechando com uma análise do lugar que Lacerda e Brizola ocupam hoje na *memória política* da cidade do Rio de Janeiro.

De semelhanças e de diferenças

Carlos Lacerda e Leonel Brizola ocupam, juntamente com Chagas Freitas, um espaço de relevo na história recente da cidade do Rio de Janeiro. Mais do que governadores — Carlos Lacerda foi o primeiro governador do estado da Guanabara (1960-65), e Leonel Brizola governou o estado do Rio de Janeiro por duas vezes (1983-87 e 1991-95) —, ambos comandaram a formação de importantes correntes da política carioca a eles diretamente vinculadas: o lacerdismo e o brizolismo.

Se, por um lado, o anticomunista Carlos Lacerda e o líder da "esquerda nacionalista", Leonel Brizola, consolidaram fronteiras de nítida identificação ideológica, por outro, têm em comum a marca do "político da capital", definido menos em função do local de nascimento, e mais por uma série de qualidades intimamente relacionadas ao fato de o Rio de Janeiro ter exercido por mais de um século o papel de cidade-capital do país. A memória dessa *capitalidade*,[1] ou seja, da função de representar a unidade e a síntese da nação — ainda hoje o elemento fundamental da identidade política da cidade — fez do caráter nacionalizador uma das principais marcas dos políticos da cidade do Rio de Janeiro. Tanto para Lacerda quanto para Brizola temas nacionais deveriam sobrepujar os locais.

A essa atuação privilegiada na esfera nacional, se associaria o dom da oratória contundente e demolidora, capaz de despertar paixões e ódios. Para ocupar espaço no polarizado, nacionalizado e personalizado *campo político*[2] carioca, Carlos Lacerda e Leonel Brizola apostaram no *carisma*[3] pessoal, conquistado, sobretudo, em situação de crise.

Carlos Frederico Werneck de Lacerda nasceu em 1914, na cidade do Rio de Janeiro, filho de Maurício de Lacerda, parlamentar que se distinguia por

---

[1] Sobre a *capitalidade* do Rio de Janeiro no Império e na República, ver Motta, 2004.
[2] Sobre o conceito de *campo político* ver Bourdieu, 1990:164.
[3] Sobre o conceito de *carisma* e *liderança carismática* ver Weber, 1971.

uma oratória brilhante e radical. Dedicado inteiramente à militância na Aliança Nacional Libertadora (ANL), nem sequer chegou a se formar em direito. No entanto, um artigo seu sobre o Partido Comunista Brasileiro, publicado na edição de janeiro de 1939 da revista *O Observador Econômico e Financeiro*, foi considerado prejudicial ao partido, e ele foi obrigado a abandonar o círculo intelectual e político de escritores e jornalistas de esquerda. A partir de então, um forte sentimento anticomunista, associado ao antigetulismo trazido dos anos de militância esquerdista, marcaria sua identidade política.[4]

Ao lado dessa trajetória individual e geracional, um outro elemento contribuiu para a formação do líder carismático em que Lacerda viria a se transformar: o caráter "politizado" da população do Rio de Janeiro e a nacionalização da política carioca. Envolvido por uma das mais fortes tradições da capital federal, para Lacerda, política era o poder em cena, o espetáculo a ser seguido pelo resto do país; político era o tribuno, cujo discurso deveria ser capaz de conduzir um público sempre mobilizado.

Vereador mais votado na eleição de 1947, Lacerda renunciou ao seu primeiro mandato parlamentar quando a Lei Orgânica retirou da Câmara Municipal o poder de examinar os vetos do prefeito. Esse episódio da renúncia, que iria acrescentar o elemento heróico indispensável para a construção do *carisma* na concepção weberiana, acabou por situá-lo favoravelmente no jogo específico de forças e de disputas que marcavam o campo político carioca, onde os valores da personalização e da polarização eram sinalizados positivamente.

Nos anos 1950, Lacerda tornou-se um dos principais pontos de convergência da crise política que marcou esse período da história brasileira. Foi quando acabou conquistando os dois epítetos que iriam marcá-lo daí em diante: o de "corvo" e o de "demolidor de presidentes". Em agosto de 1954, o atentado que sofreu na porta da sua casa, na rua Tonelero, se transformou no golpe fatal no cambaleante governo de Vargas, que, à renúncia, preferiu a morte. Em novembro do ano seguinte, foi a liderança civil do movimento que tentou impedir a posse de Juscelino Kubitschek, o presidente recém-eleito. Em outubro de 1960, eleito para governar o ex-Distrito Federal, que se transformara no estado da Guanabara, teria que demonstrar, como governador, ser capaz

---

[4] Dulles, 1992:63.

de conciliar o carisma do tribuno com a capacidade de enfrentar a atividade rotineira da administração pública.

Leonel de Moura Brizola nasceu em 1922, no município de Carazinho, interior do Rio Grande do Sul. Oriundo de família de pequenos agricultores, cujo pai foi assassinado na Revolução de 1923, Brizola — tal como Lacerda fazia — costumava atribuir à sua origem um peso importante na formação de seu perfil político.[5]

Se Lacerda foi socializado politicamente pela Revolução de 30 e pelo Estado Novo, Brizola o foi pela redemocratização e pela volta da vida político-partidária. Em 1945, ingressou no PTB, integrando, ao lado de sindicalistas de Porto Alegre, o primeiro núcleo gaúcho do partido. Dois anos depois, conquistou seu primeiro mandato parlamentar como deputado estadual, sendo reeleito em 1950. Nesse ano, Brizola estreitou seus laços com Getúlio Vargas, ao tê-lo como padrinho de casamento com Neuza Brizola, irmã de João Goulart, também deputado petebista e muito chegado ao ex-ditador. Em 1955, tomou posse na cadeira de deputado federal, tornando-se um dos mais ferrenhos opositores de Carlos Lacerda, que também fora eleito para seu primeiro mandato como o mais votado deputado da cidade do Rio de Janeiro, então Distrito Federal. Não seria, no entanto, nesse espaço que Lacerda e Brizola travariam sua guerra, uma vez que, no final desse ano, o líder petebista se elegeu para a prefeitura de Porto Alegre, plataforma de onde alavancou sua ida para o governo estadual em 1958.

Foi no governo do Rio Grande do Sul que Brizola pôde construir os pilares através dos quais conseguiu se constituir como uma liderança carismática de caráter nacional. A intervenção nos setores de energia e comunicações durante o seu governo — encampou a filial da Amforp e a subsidiária da ITT — não só lhe conferiu o lugar de principal líder da esquerda nacionalista, como o colocou no lugar de principal contraponto de Carlos Lacerda, governador da Guanabara, e conhecido por suas posições "de direita".

Anos 1960: os embates na Guanabara

Foi, no entanto, durante a crise da renúncia de Jânio Quadros, em agosto de 1961, que a polarização com Lacerda se radicalizaria e tomaria dimensões

---
[5] Sento-Sé, 1999:60-61.

nacionais. Enquanto o governador carioca se mobilizava, principalmente junto a chefes militares, para impedir a posse do vice, João Goulart, Brizola atuou firmemente em defesa da normalidade institucional. Ocupou militarmente as emissoras da rádio Guaíba e da rádio Farroupilha, formou a chamada "Rede da legalidade", e, sobretudo, conseguiu o apoio do comandante do III Exército, general Machado Lopes, o qual, ao dividir as Forças Armadas, tornou-se o elemento decisivo que garantiu o respeito à Constituição e a Presidência da República para Goulart.

A decisão de Brizola de disputar uma cadeira de deputado federal pela Guanabara nas eleições de outubro de 1962 teve o claro intuito de medir forças com Carlos Lacerda, cujo objetivo era fazer do estado o trampolim para conseguir a Presidência da República nas eleições de 1965.[6] Como observa o deputado José Talarico, à época muito chegado a Brizola:

> Lacerda era um candidato potencial à presidência da República, já se anunciava com tal pretensão. Era preciso trazer um reforço de fora para nos contrapormos efetivamente como força antagônica à UDN e anti-Lacerda...[7]

Na Guanabara, renascia com vigor o tradicional embate entre a UDN de Lacerda, e o PTB, não de Vargas, mas daquele que se considerava o seu verdadeiro herdeiro. Menos do que a indicação de representantes no Congresso Nacional, o que mobilizou o eleitorado carioca foi a disputa entre os dois políticos que então polarizavam o cenário nacional. Nesse sentido, pode-se afirmar que o embate eleitoral de 1962 potencializou os tradicionais componentes do campo político carioca: a nacionalização, a polarização e a personalização. Em função da especificidade de seu lugar na Federação — um *estado-capital*[8] —, a Guanabara acabou se tornando o palco privilegiado onde os dois atores, diferenças ideológicas à parte, afinavam suas falas no diapasão de uma mesma concepção da política como o palco dos grandes debates e dos grandes

---

[6] Motta, 2000a.

[7] Talarico, 1998:155.

[8] O conceito de *estado-capital* é um empréstimo dos conceitos de cidade-capital e *capitalidade* desenvolvidos por Argan, 1964. Sobre a Guanabara como um *estado-capital*, ver Motta, 2000c.

temas, onde pontuavam a figura do ator político e da opinião pública em um clima de tensão e crise. Concebendo a política como uma guerra, supervalorizando o domínio da linguagem e da retórica, personalizando e nacionalizando a disputa, tanto Brizola quanto Lacerda conseguiram encarnar uma das faces da política carioca, aquela que identificava o Rio de Janeiro/Guanabara como a "caixa de ressonância do país", sua eterna "Belacap".[9]

Nesse embate, Brizola levou a melhor, uma vez que, montado em quase 270 mil votos, tornou-se o deputado mais votado do país, conseguindo eleger 11 deputados para a coligação Aliança Socialista Trabalhista (AST), formada pelo PTB e pelo PSB, enquanto a UDN ficou com uma bancada de apenas seis deputados.

O golpe militar de 1964 abriria um fosso ainda maior entre os dois líderes carismáticos que polarizavam a Guanabara e o país. Enquanto Lacerda foi um dos seus principais artífices, Brizola teve que fugir para o Uruguai para não ser preso. Mantiveram-se mais distantes ainda quando decidiram, de formas diferentes, reagir ao fechamento do regime, que impôs o fim das eleições diretas para presidente e a extinção dos partidos políticos: enquanto Carlos Lacerda foi um dos articuladores da Frente Ampla que uniu Juscelino Kubitschek e João Goulart em busca da redemocratização, Brizola criticou essa iniciativa e teria optado pelo apoio a movimentos guerrilheiros que irromperam no sul e na serra do Caparaó. Nem mesmo a cassação de Lacerda pelo AI-5, em 1969, chegou a estabelecer qualquer elo de solidariedade entre os dois cassados, e menos ainda entre seus seguidores.

Anos 1970: morte e anistia

A abertura política, anunciada pelo presidente Geisel na segunda metade dos anos 1970, teria que se defrontar, necessariamente, com pressões em favor da anistia e da volta dos cassados à vida política nacional. Aqui também Brizola e Lacerda viviam situações bastante diversas. Enquanto o primeiro enfrentava sucessivas mudanças de país — foi expulso do Uruguai em setembro de 1977, passando a viver nos Estados Unidos até janeiro de 1978, quando se instalou em Lisboa —, Lacerda preparava sua volta ao novo cenário político.

---

[9] Motta, 1999a.

Entre março e abril de 1977 — a apenas um mês de sua morte ocorrida a 27 de maio — Lacerda concedeu várias entrevistas ao *Jornal da Tarde* (edição vespertina de *O Estado de S. Paulo*), fazendo um balanço de vida e deixando claro o seu intuito de brevemente retornar à atividade política. Nessas entrevistas — publicadas em 1978 no livro *Depoimento*[10] —, Lacerda construiu uma memória de seu passado com o objetivo de marcar seu próprio renascimento na conjuntura de reordenamento político da época. Afinal, em 1979, acabaria o prazo de 10 anos da cassação de seus direitos políticos, e, como ele próprio reconhecia, ainda não estava "na idade de sair da política". Sua morte súbita contrariou as previsões e destruiu as aspirações de quem, como ele, tinha se "preparado a vida inteira para uma determinada coisa", para a presidência da República, é claro.[11]

A proposta de abertura lenta e gradual oferecia a perspectiva de volta dos políticos — até mesmo dos cassados e exilados pelo regime militar — aos centros de poder do país. A questão, no entanto, era: que tipo de político, especialmente entre estes, poderia aspirar à volta? Que trunfos seriam valorizados e que qualidades seriam requeridas para esse retorno? Ou seja, que perfil de político seria capaz de atender tanto às delicadas condições do presente, ainda pontuado pelos rigores da ditadura militar, quanto às perspectivas futuras de implantação de uma democracia plena?

Ora, se o passado do político tinha naquele momento um peso relevante, necessário seria que se procedesse a uma "adequada" leitura desse passado. Nesse sentido, ao rememorar sua história de vida, Lacerda procurou iluminar alguns aspectos que lhe pareceram especialmente significativos para a composição de um perfil que lhe permitisse conquistar um lugar no reordenamento político que se avizinhava.[12]

Em primeiro lugar, destacou a sólida formação política advinda do meio familiar. Ao lado disso, o fato de ter atuado politicamente no Rio de Janeiro, "caixa de ressonância do país", e de ter pertencido a uma geração "politizada", ter-lhe-iam conferido igualmente uma estatura de "político nacional", cuja

---

[10] Lacerda, 1978.
[11] Lacerda citado por Motta, 2000c:112.
[12] Sobre os usos políticos do passado, ver Rousso, 1991; e Frank, 1992.

Cultura política

presença teria sido marcante nos eventos mais significativos do país nas últimas décadas. Dessa maneira, ao invés de "tanques", o que o capacitava era, além da sua vocação política "inata", o duro exercício da conquista do voto, através do que tinha sido eleito vereador, deputado federal e governador de estado. A presidência da República, esta lhe fora "confiscada" arbitrariamente.

A adesão aos valores democráticos era outro componente que Lacerda considerava fundamental destacar em sua identidade política. Cassado em 1969, quando buscava articular a Frente Ampla, que ele qualificou como uma "alternativa política ao fechamento do regime", pensava em se apresentar, oito anos depois, como a liderança civil mais "capaz" de negociar a transição democrática.

No entanto, o maior trunfo de Lacerda, cuidadosamente cultivado para a sua desejada *rentrée* na cena política, era a imagem de administrador público competente, distante tanto do modelo "autoritário e centralizador da tecnocracia irresponsável", quanto do padrão clientelista da tradicional política do toma-lá-dá-cá. Desse modo, à fama de "demolidor", que tanto prestígio lhe rendera no passado, Lacerda julgava mais proveitoso, nesse momento, a de "construtor".[13]

A situação de Brizola, sabemos bem, era bastante diferente. Desde 1964, não só esteve banido do país, como seu nome foi suprimido da imprensa censurada. Quando em 1978 começou-se a pensar no retorno dos exilados, seu nome encabeçava a lista negra daqueles cuja volta havia sido vetada pelos militares "linha-dura". Para usar o bom jargão militar, o tiro saiu pela culatra, uma vez que, como bem observa Sento-Sé,

> ser perseguido e odiado por um regime, cuja fragilidade do ponto de vista popular era tão grande quanto seu caráter arbitrário e violento, fazia de Brizola um mártir em vida, um representante legítimo do "lado bom" de uma guerra que ainda não terminara.[14]

A anistia, depois de grande mobilização popular e de intenso debate parlamentar, acabou sendo decretada no final de agosto de 1979. Poucos dias

---

[13] Motta, 2000c.
[14] Sento-Sé, 1999:56.

depois, em 6 de setembro, Brizola desembarcou, por precaução, em Foz de Iguaçu. Só no dia 1º de outubro seguiu para a cidade do Rio de Janeiro, onde resolveu fixar residência.

Anos 1980: o líder carismático volta ao Rio

Tal como Lacerda havia feito no início de 1977, Brizola também precisava buscar no passado, especialmente na memória pré-64, os elementos que poderiam situá-lo favoravelmente nesse novo cenário que se delineava para a década de 1980. Era importante ter em conta — e Brizola certamente tinha — que três dos mais importantes atores da cena política antes de 1964, que com ele poderiam rivalizar na disputa pela memória coletiva, haviam falecido: Juscelino Kubitschek e João Goulart, em 1976, além de Lacerda no ano seguinte.

No entanto, Brizola entendia que o papel de "mártir da ditadura" só poderia lhe render benefícios políticos se acompanhado de um aparato político-institucional que canalizasse os anseios e as expectativas de amplos segmentos da população. Daí a importância de, em um primeiro momento, ter recebido o "bastão" do trabalhismo após a morte de Jango.[15] O passo seguinte seria a retomada da sigla do PTB, que tivera uma grande força eleitoral na cidade do Rio de Janeiro (Distrito Federal/Guanabara) e no Rio Grande do Sul entre 1945 e 1965.

A perda da legenda para o grupo de Ivete Vargas, que liderava o PTB em São Paulo, não significou, no entanto, que Brizola desistisse de trazer para a nova sigla — o Partido Democrático Trabalhista (PDT) — a memória do trabalhismo, como recorda o deputado José Colagrossi: "Foi então que partimos para essa aventura de formação de um novo partido, confiando na liderança de Brizola (...). Foi quando eu percebi que era esse o caminho. Tinha que chegar em um lugar e buscar a memória".[16]

Quem se lembra dos pequenos cartazes colados em postes nas ruas dos subúrbios anunciando a candidatura de Leonel Brizola ao governo do estado do Rio de Janeiro em 1982, se lembra também da surpresa que foi o crescimento fulminante de seu nome nas pesquisas de voto, que acabou resultando

---

[15] Talarico, 1998:312.

[16] José Colagrossi citado por Sento-Sé, 1999:98.

na sua vitória sobre Moreira Franco, do PDS (partido do presidente Figueiredo) e Miro Teixeira, do PMDB (partido do governador Chagas Freitas). Os números arrasadores da vitória de Brizola na cidade do Rio de Janeiro — 42,24% contra os 27,35% de Moreira —, em contraposição à sua derrota no antigo estado do Rio, nos faz refletir sobre a identificação de sua figura com elementos da *cultura política*[17] carioca, que localiza em tempos passados a *idade de ouro*[18] da cidade. Saudades dos tempos de capital federal, saudades da Guanabara, quando o Rio era o centro nervoso do país, seu tambor, sua caixa de ressonância, e quando seus políticos possuíam dimensão nacional.[19]

Nesse sentido, pode-se atribuir, em boa medida, essa vitória retumbante de Brizola a uma reação do eleitorado carioca ao então governador Chagas Freitas e ao chaguismo. Discreto e reservado, mais afeito às conversas ao pé do ouvido do que aos discursos no palanque, à vontade na manipulação dos meandros da política local, porém desinteressado em conquistar espaços na política nacional, Chagas Freitas tornou visível uma outra face da política carioca, aquela ligada à constituição de redes clientelísticas de bases locais, que não se coaduna, no entanto, com a imagem construída do Rio de Janeiro como espaço-síntese da nacionalidade.[20] Como bem observa Sento-Sé, na campanha de 1982 Brizola acabou por privilegiar seus vínculos com a tradição pré-64 — a do líder polarizador, nacionalizador, personalista, polêmico, radical, de oratória inflamada —, que remetia aos tempos áureos da cidade, quando era o principal teatro do poder.[21]

Anos 1990: Lacerda, o administrador-modelo

Embora não tivesse conseguido fazer o seu sucessor na eleição de 1986 — Moreira Franco, à frente de uma ampla coligação político-partidária, derrotou Darcy Ribeiro, do PDT —, Brizola foi o principal nome da política carioca nos

---

[17] Sobre o conceito de *cultura política*, ver Berstein, 1992, 1997 e 1999.
[18] Usamos o conceito de *idade de ouro* tal como Girardet, 1987.
[19] Daí as propostas, que vão e voltam, sobre a volta da capital para o Rio de Janeiro, bem como sobre a desfusão e a recriação do estado da Guanabara.
[20] Motta, 1999b.
[21] Sento-Sé, 2000:151.

anos 1980. O mesmo não iria ocorrer na década subseqüente, apesar de ter voltado ao governo do estado do Rio de Janeiro nas eleições de 1990, com folgada maioria que dispensou a realização do segundo turno. O primeiro sinal da mudança de ventos da política carioca foi a derrota da candidata de Brizola, a deputada Cidinha Campos, que nem sequer chegou ao segundo turno nas eleições para a prefeitura da cidade do Rio de Janeiro em 1992. Esses novos ventos trouxeram de volta ao palco da política carioca um ator que dele andava afastado havia tempo: Carlos Lacerda. Era como se, em resposta ao fracasso da administração brizolista em enfrentar a violência e a desordem urbana no Rio de Janeiro — camelôs que ocupavam as calçadas esburacadas, "arrastões" que assustavam as praias da Zona Sul, aumento dos índices de assaltos, de tráfico de drogas, entre outros —, o eleitorado quisesse buscar no passado um "modelo" de administrador que houvesse orientado sua atuação em três frentes: a preservação da ordem urbana, a realização de um conjunto expressivo de obras e uma boa gerência administrativa. Foi tomando explicitamente o governo de Carlos Lacerda no estado da Guanabara como exemplo de "competência" a ser seguido que César Maia se elegeu prefeito da cidade, derrotando a candidata petista, Benedita da Silva.[22]

Se a imagem de "construtor" foi acionada na campanha municipal de 1992, a face de "demolidor" foi igualmente lembrada nesse mesmo ano por ocasião do *impeachment* do presidente Collor. Simbolizando um tipo de oposição política marcada pela virulência dos ataques, verdadeira metralhadora giratória que mudava de alvo sem parar de atirar, a atuação radical de Lacerda foi recuperada de maneira contraditória: para uns, seria a esperança de afastar o presidente o mais rápido possível;[23] outros, no entanto, ficaram preocupados com os estragos que poderiam ser causados à "frágil" estrutura institucional do país.[24]

---

[22] Herança de Lacerda, *Jornal do Brasil*, 14 nov. 1992.

[23] Em charge publicada na *Folha de S. Paulo* de 4 de julho de 1992, o cartunista Ziraldo lamentava que no *Collorgate* o que estava faltando era "um Carlos Lacerda".

[24] Em entrevista ao *Jornal do Brasil*, os ex-ministros do governo Collor, Célio Borja e Marcílio Marques Moreira, referiram-se aos "riscos" que uma ação "lacerdista" poderia acarretar às instituições brasileiras. Ver *Jornal do Brasil*, 18 e 21 jun. 1992, respectivamente.

Cultura política

A passagem dos 30 anos do fim do governo Lacerda na Guanabara — 4 de dezembro de 1995 — foi comemorada com uma grande reportagem na revista *Veja Rio*, suplemento local da revista *Veja*. Sua montagem de uma estrutura considerada técnica no recém-criado estado da Guanabara, bem como seu programa de construção de escolas, hospitais, adutoras, viadutos e túneis, foram reconhecidos por admiradores e rivais como indicativos de um governo competente. Não por acaso, Lacerda tornou-se o grande patrono da eleição para prefeito da cidade do Rio de Janeiro, no ano seguinte. Se a campanha do candidato vitorioso, Luiz Paulo Conde, se sustentou, em larga medida, na tentativa de se identificar com o primeiro governador da Guanabara, os outros candidatos, de um modo ou de outro, prestaram reverência àquele que vem sendo considerado o melhor governante que o Rio de Janeiro jamais teve.[25]

Esse lugar que Lacerda passou a ocupar na memória política carioca foi confirmado nas eleições municipais de 2000, quando os dois candidatos que tomaram o seu legado como modelo a seguir — César Maia e Luiz Paulo Conde[26] — acabaram vencendo Brizola. E Brizola foi derrotado apesar de ter ostentado o discurso de "político da capital": insistiu no papel do Rio de Janeiro como "farol" do país, e, por conseqüência, defendeu a idéia de que o prefeito da cidade não deveria ser um mero "síndico", e sim uma figura de estatura nacional. É preciso que se diga, no entanto, que a derrota de Brizola pode ser atribuída mais à avaliação negativa de suas qualidades como administrador do que a uma rejeição do eleitorado carioca à idéia da preservação do tradicional papel do Rio de Janeiro no imaginário político nacional. A verdade é que, como em um jogo de soma zero, Lacerda e Brizola continuam sendo, ainda hoje, os marcos paradigmáticos do campo político carioca, como ficou evidente em recente artigo de jornal.[27]

Para terminar, só posso lamentar que hoje em dia nem a política, nem o futebol, consigam mais mobilizar corações e mentes como faziam no tempo da minha avó.

---

[25] Lacerda, administrador que todos querem imitar, *O Globo*, 1 out. 1996.
[26] Conde e Maia disputam legado de Lacerda, *Folha de S. Paulo*, 10 out. 2000; Lacerda ressurge como modelo dos candidatos, *O Globo*, 29 out. 2000.
[27] Ali Kamel, Lacerda e Brizola, *O Globo*, 1 jun. 2004.

A morte e a morte de Chagas Freitas: a (des)construção de uma imagem pública – trajetória individual e as reelaborações da memória

Carlos Eduardo Sarmento

É incrível. Chagas Freitas foi deputado, duas vezes governador, morre e quase todos os jornais dizem as maiores bobagens sobre ele. (...) Ele não foi um campeão de votos, como disseram, e ninguém sabia disso melhor do que o próprio Chagas Freitas. Foi derrotado na primeira eleição para deputado federal por apenas 3 votos na legenda do PSP e a vaga ficou com Benjamin Farah (...) Depois, em 66, Chagas foi apenas o sétimo colocado no MDB, uma colocação pouco brilhante, nada que se parecesse com um campeão de votos.[1]

Em editorial publicado na edição de 2 de outubro de 1991 da *Tribuna da Imprensa*, o jornalista Hélio Fernandes analisava a cobertura que a imprensa carioca dedicara ao tema da morte do ex-governador Chagas Freitas. Com seu peculiar estilo incisivo e polêmico, Fernandes repudiava o tom que imperara nas matérias veiculadas por diferentes órgãos da imprensa, inclusive o que dirigia, por julgá-lo pouco corajoso e por apresentar uma tendência em não

---

[1] *Tribuna da Imprensa*. 2 out. 1991. p. 1.

expor aquela que julgava ser a "verdadeira e estranha face" do político morto dois dias antes.[2] Referenciando-se enfaticamente no conjunto de características negativas que amplos setores da imprensa e da opinião pública contribuíram por colar à imagem do antigo cacique carioca, o texto do editorial ousava na radical desconstrução memorialística daquele que fora um dos principais fatores identitários da liderança chaguista: o constante e consistente bom desempenho nas urnas.

Sem intimidar-se em lançar mão de dados distorcidos e inexatos, Fernandes reduzia a margem da diferença de votos que afastara Chagas da Câmara Federal em 1950 e dissolvia, 15 anos depois, a votação que garantira a Chagas a marca de deputado federal mais votado do MDB em todo o país, para arrolá-lo em um falso, e não documentado, *ranking* que lhe consignava apenas uma discreta sétima posição. Procurando reforçar seu argumento desqualificatório do sentido da trajetória de Chagas Freitas na política do Rio de Janeiro, o editor-chefe da *Tribuna* radicalizara em seu exercício de reavaliação do passado, decompondo o mito através da formulação de um novo discurso mítico. Não bastava relembrar todas as características negativas que a memória vinculara a Chagas; era preciso demolir os poucos fatores positivos que ainda eram associados à sua imagem.

O texto de Hélio Fernandes se inseria em uma inesperada retomada de um debate que parecia então definitivamente sepultado, mas que o falecimento do antigo chefe político carioca ressuscitara. O anúncio da morte de Chagas Freitas servira paradoxalmente como sinal de que, ao contrário do que sua saída da vida pública pudesse levar a supor, o ex-governador continuava vivo fisicamente, habitando uma espécie de limbo, rumo ao qual sua decisão pessoal e a opinião pública o haviam impulsionado. Diferentemente do que consagrara a filosofia política no início da época moderna, a cisão entre o corpo físico e o corpo político do governante operara no caso de Chagas Freitas uma inversão de percurso.[3] Afastado pelo voto da chefia do Executivo estadual e conduzido

---

[2] Chagas Freitas faleceu no dia 30 de setembro de 1991 em decorrência do rompimento de um aneurisma abdominal. Ver *Jornal do Brasil*, 1 out. 1991. p. 4.

[3] Sobre a formulação da teoria da dupla corporificação do soberano nos tratados filosóficos e teológicos medievais e sua posterior formulação jurídica nos séculos XV e XVI, ver o clássico trabalho de Kantorowicz, 1998.

A morte e a morte de Chagas Freitas

ao ostracismo pela avaliação negativa de sua atuação, o corpo político de Chagas Freitas — a tradição política que ajudara a conformar e à qual sua imagem ficara associada de forma indelével — perecera antes de sua morte física, propiciando assim duas diferentes supressões em sua trajetória.

No intervalo que separou a morte política de sua morte física, Chagas fora despido de todos os seus símbolos de poder: seu império jornalístico fora vendido e seu grupo político perdera, e muitas vezes passara a negar, sua identificação com o líder destituído. Além disso, sobre seu legado incidiu todo um conjunto de avaliações negativas que pareciam fazer dele o ponto de convergência de todas as tendências nefastas que haviam grassado no campo político carioca. Alvo prioritário das críticas formuladas pelos candidatos à sua sucessão em 1982, no final de seu governo Chagas personificava tudo aquilo que os discursos políticos desejavam expurgar da política fluminense: as práticas clientelistas, a dócil submissão aos ditames do regime militar, a relação patrimonial com a coisa pública e a chamada "promiscuidade" estabelecida entre o Estado e organizações políticas informais.

O mote presente no incisivo obituário redigido por Hélio Fernandes nada mais era que a reafirmação desta memória. A identificação de Chagas Freitas, agora não mais um cadáver insepulto da política, com os aspectos negativos da prática política também estaria presente em alguns outros textos que comentavam a sua morte, como a matéria retrospectiva publicada na revista *Veja* com o título de *Final desesperado*:

> Como governador criou um estilo que deixou seguidores: o de apoiar-se na marginalidade carioca, no chefe do morro, no dono do jogo do bicho. Esse fenômeno, em que se confundem a coisa pública e a coisa marginal, transformou Chagas Freitas num político essencialmente carioca.[4]

Curiosamente, no texto da revista paulista de circulação nacional, a qualificação do estilo político do líder morto alcançava um outro sentido. Chagas Freitas personificava uma vez mais os atributos negativos sem, contudo, que tais aspectos fossem exclusivamente associados apenas às suas características individuais. Para o articulista anônimo da *Veja*, o estilo político do chamado chaguismo não

---

[4] Final desesperado, *Veja*, 9 out. 1991. p. 100.

Cultura política

era entendido como uma anomalia dentro do campo político carioca, mas sim como uma síntese de suas características intrínsecas. Com um sentido radical, a estratégia de satanização de Chagas Freitas, recorrente desde seu segundo governo, era então utilizada, de forma inversa, para imputar ao conjunto da política do Rio de Janeiro um sentido pejorativo: promíscuo, nocivo e marginal.

Em torno do corpo sepultado no cemitério São João Batista começava a se desenrolar uma curiosa batalha: a da redefinição do sentido da trajetória política de Chagas Freitas. Após sua morte pública e física, Chagas emergia através de uma inesperada ressurreição. Sem saber ao certo em que direção procurá-lo, se no Hades ou nos Campos Elísios, políticos, jornalistas e analistas se dedicaram aos mais diversos exercícios de reconstrução memorialista.

No entanto, independente do teor e da qualificação que tais discursos viriam a construir, era incontestável a profunda e ambígua identificação de Chagas Freitas com o campo político carioca. Esta identificação era geralmente percebida como uma alteridade radical, ao se construir uma identidade política para o Rio de Janeiro calcada na imagem ideal de uma capital irradiante sobre o cenário nacional. Ao se qualificar o campo político carioca como o espaço mais politizado, de eleitorado mais consciente e mais apto a se expressar através de práticas modernas, via-se também Chagas Freitas como um elemento completamente estranho a este ambiente, até mesmo como uma anomalia. Um resquício arcaico e provinciano em uma cidade que se representava como cosmopolita e vanguardista. No entanto, um olhar mais rigoroso, despido principalmente de cristalizadas construções ideais a respeito do caráter da política carioca, permite identificar em Chagas Freitas a expressão de muitas das características constitutivas do próprio campo político carioca. Características estas, no entanto, que os próprios atores políticos envolvidos no processo recusavam-se a identificar como inerentes às suas prática e cultura políticas.

As ambigüidades da trajetória de Chagas Freitas serviriam para explicitar este aparente paradoxo da cultura política do Rio de Janeiro. Identificada ao longo de quase dois séculos como o eixo central do exercício político e administrativo de perspectiva nacional, a antiga sede da Corte Luso-Brasileira balizou os referenciais de sua cultura política na direção de um espaço ideal, representativo da nacionalidade e cujo destino histórico não poderia ser outro que não a ambição ordenadora de todo o conjunto do país, constituindo, portanto, a verdadeira expressão política do Brasil. "Cabeça da nação", "coração do Brasil", o Rio de Janeiro formulou as bases de sua cultura política na negação de todo projeto que se restringisse ao local, ao singular, norteando-se por uma postura que prezava o cosmopolitismo como verdadeira expressão do caráter nacional da cidade.[5]

O próprio exercício político-administrativo de sua condição de capital evidenciaria que, diferentemente de como era representada idealmente, a atividade política no Rio de Janeiro não poderia prescindir de alguns elementos pensados como antagônicos à condição de capitalidade: localismo, clientelismo e patrimonialismo. Potencializada pela presença dos principais órgãos do poder público na cidade, as relações de interdependência pessoais, de intercâmbio político através da manipulação de recursos públicos e de constituição de redes clientelísticas de bases locais, constituiriam os alicerces renegados sobre os quais se sustentava a prática política na capital brasileira. Ancorando sua trajetória prioritariamente sobre estes fatores específicos, Chagas Freitas era identificado como o emblema mais visível e mais bem acabado dessas características constitutivas, porém não assumidas enquanto tal, do campo político local.

O que agravaria ainda mais o teor das análises formuladas a respeito do papel desempenhado por Chagas Freitas na política carioca seriam alguns elementos específicos da conjuntura na qual ocorreu a sua ascensão à chefia do MDB e ao governo do estado. Se inicialmente Chagas poderia ser repudiado por ter tornado visíveis os incômodos mecanismos de sustentação da atividade política na cidade, a percepção de que sua carreira havia-se construído no vácuo deixado pela perda da condição de capital faria dele a grande "besta apocalíptica", o principal antagonista da política carioca das décadas de 1960 e 1970. Destituído daquele que seria seu estatuto ideal, o Rio de Janeiro viu negado em Chagas Freitas o projeto do grande líder, do "herói salvador" que poderia reconduzir o Rio ao espaço do qual ele jamais desejou se afastar.[6]

---

[5] Um exemplo emblemático deste tipo de interpretação que associa o Rio de Janeiro à expressão da nacionalidade brasileira encontra-se no texto do historiador Rodrigues, 1966. A crítica historiográfica recente a este tipo de discurso pode ser acompanhada nos textos de Neves, 1991; Oliveira, 1990; e Motta, 1992.

[6] O historiador francês Raoul Girardet propõe a interpretação de discursos e projetos políticos a partir de referenciais míticos que orientariam a composição da cultura política. Um dos exemplos analisados é a da elaboração da identidade mítica do político enquanto um herói salvador. Ver Girardet, 1987.

Desta forma, Chagas teve de prestar contas não apenas pelo que efetivamente era, mas, principalmente, por aquilo que não foi: não conduziu o MDB para uma posição de aberto enfrentamento do regime militar, não orientou sua administração para a reinstauração da Guanabara enquanto principal arena dos debates nacionais e não ambicionou dirigir sua carreira rumo a projetos de ambições nacionais, limitando-se a ser um chefe de perfil paroquial no governo do estado que se identifica como a principal caixa de ressonância da política brasileira.

Avaliado em suas possíveis ausências e identificado como um corpo estranho e infeccioso para a política carioca, Chagas, destituído de seu corpo político após deixar o Palácio Guanabara em 1983, teve incorporados à sua imagem todos os elementos negativos que teriam deturpado a "verdadeira face" da política carioca, como afirma o antigo líder da ala autêntica do MDB, Lisâneas Maciel:

> Chagas, para mim, é uma figura menor da política. Menor e que influenciou de maneira extremamente maléfica a política desse estado. (...) Sem base popular nenhuma, sem ideologia nenhuma, não tinha compromisso nenhum com a justiça social, com o povo, com nada. Foi um político nefasto para a política do Rio de Janeiro.[7]

Em suma, o afastamento de Chagas Freitas do campo político carioca representaria a redenção do Rio de Janeiro. Morto politicamente, estava portanto o estado purgado de todos os seus males.

No entanto, os rumos tomados pela política carioca e fluminense após a derrota do chaguismo nas urnas levariam ao questionamento da efetiva extinção dos aspectos negativos da política com o fim do governo Chagas Freitas. A necessidade de negociar uma coalizão que estabilizasse as relações entre o Executivo e o Legislativo estadual nos primeiros meses do governo Leonel Brizola fizeram emergir todo um conjunto de práticas que se julgavam banidas do cenário político do Rio de Janeiro. Posteriormente, a composição de alianças que elegeria Moreira Franco em 1986 e o próprio padrão de sua administração fizeram perceber que os demônios que se julgavam exorcizados

---
[7] Lisâneas Maciel. Depoimento ao Cpdoc, gravado em 26-11-1998. Fita 2ª.

A morte e a morte de Chagas Freitas

não se restringiam às legiões chaguistas, mas caracterizavam todo um conjunto de práticas arraigadas na cultura política.

Esta seria uma das matrizes a partir da qual se pôde repensar os limites do chaguismo na ocasião do falecimento de seu chefe. Luiz Eduardo Rezende, analista político do *Jornal do Brasil* e de *O Dia*, escreveria uma pequena, porém provocativa, nota na edição que cobriu as cerimônias fúnebres do ex-governador:

> De Chagas se disse tudo. Que era fisiológico, empreguista, linha auxiliar da ditadura, perseguidor dos que brigavam dentro do MDB pela volta ao estado de direito no país. Mas não se pode negar que ele dava um certo charme à hoje tão xoxa política do Rio. (...) Quem acha que, depois dele, essa atitude mudou muito no Palácio Guanabara, atire o primeiro voto.[8]

Tom semelhante estaria presente no texto *O chaguismo não morreu*, de autoria de Marcos Sá Correia, no qual o jornalista marcaria uma certa continuidade do padrão político reconhecido como "chaguista" no Rio de Janeiro da década de 1990:

> Esses dez anos sem a sua sombra o que deram ao Rio? Imitações cada vez mais caricatas do chaguismo, a praga que em 1982, durante a campanha para a sucessão estadual, todos os candidatos queriam arrasar. O mais duro e convincente deles elegeu-se: Leonel Brizola. Governou uma vez, saiu deixando uma dinastia de afilhados na prefeitura do Rio de Janeiro e está novamente no cargo. É dono do latifúndio fluminense, como Chagas Freitas foi um dia. (...) Da promiscuidade no Rio já não se sabe se ela é obra dos governadores ou se os governadores são obras dela. Entre um governo Brizola e outro, passou pelo Palácio Guanabara o governador Wellington Moreira Franco. Fechou o mandato oferecendo no palácio um coquetel aos maiores bicheiros de sua jurisdição.[9]

Sem intentar um resgate da memória chaguista, estes dois exemplos denotam o tipo de avaliação que o afastamento em relação à era Chagas Freitas

---

[8] *O Dia*. 2 out. 1991. p. 4.
[9] O chaguismo está vivo, *Veja*, 9 out. 1991. p. 101.

propiciou. Sem desfraldar bandeiras ou extremismos apaixonados movidos pelo calor da disputa, Chagas era entendido como um produto do peculiar conjunto de características que definiam o campo político no qual atuara. Descolado do eixo cosmopolita-nacionalizante, Chagas exprimiu, de forma lapidar, o reverso da medalha da política carioca. Talvez nenhuma outra liderança política de sua época tenha se identificado tão estreitamente com uma prática política orientada pelo realismo, calcada em estratégias eleitorais que compreendiam de forma exemplar os condicionantes locais e clientelísticos da atuação política. Morto Chagas, permanecia a lógica. Se Marcos Sá Correia podia ousar afirmar que o chaguismo não havia morrido, isto se devia ao fato de que este representara apenas uma das articulações possíveis da sintaxe política do Rio de Janeiro. O chaguismo, enquanto chefia e expressão política, fora sepultado no momento em que Brizola era declarado governador eleito em novembro de 1982. Sua lógica de funcionamento e as condições de sua existência, no entanto, permaneceram enquanto fatores estruturantes da política do Rio de Janeiro.

Villas-Bôas Corrêa, que integrara a primeira equipe de reportagem de *O Dia*, sintetizaria a possibilidade de reavaliação do papel de Chagas Freitas na política do Rio de Janeiro. Em um artigo, sintomaticamente intitulado O mestre do realismo, antevia condições propícias para um acerto de contas com a memória do chaguismo e propunha a trajetória do ex-governador como um objeto prioritário de futuras investigações:

> O final amargurado de vida reclusa, maltratado pela doença, acalmou paixões, antecipando a calmaria para a revisão crítica, na avaliação de erros e acertos. Não sei como os desafetos julgarão o adversário Chagas Freitas após a trégua da morte. Mas, a serenidade do distanciamento reconhecerá sua singular trajetória na política carioca e fluminense como uma liderança de sólidas raízes populares, que de certo modo antecipou a utilização de técnicas modernas de comunicação e que soube abrir seu espaço com legendária habilidade em compor esquemas que giraram em torno dele.[10]

Como se atendessem a convocação que o velório de Chagas Freitas antecipara e que Villas traduzira, os políticos tratariam logo de reconduzir Chagas

---
[10] O mestre do realismo, *Jornal do Brasil*, 1 out. 1991.

ao centro do debate político. Ao fazê-lo, reformularam muitas das posições anteriormente assumidas e passaram a operar um curioso processo de desconstrução e reconstrução da imagem pública do outrora banido chefe da política carioca. Embora ainda recusassem a pecha do "chaguismo", muitos dos seus antigos aliados encerraram um longo silêncio para reabilitar o sentido de sua trajetória. O deputado estadual Jorge Leite, que segundo comentário corrente havia herdado o fichário de eleitores do ex-governador, em discurso na Assembléia Legislativa explicitaria a herança de sua filiação:

> Eu, Jorge Leite, perguntado pela imprensa: "O Senhor se considera o último dos chaguistas?", dei um sorriso e disse: "Não, porque o chaguismo começou e acabou com o Sr. Chagas Freitas, quando ele deixou de ser governador e se afastou da vida pública". Mas desafio nesta casa quem tenha alguma acusação comprovada quanto à lisura do governo exercido pelo governador que faleceu.[11]

Outro de seus mais próximos colaboradores, o empresário e ex-prefeito da cidade do Rio de Janeiro Israel Klabin, também questionaria o "estigma de Caim" que recaíra sobre Chagas e sua administração:

> O que o dominava era o sentido de honestidade e lealdade funcional. Essa lealdade foi, muitas vezes, mal compreendida e recebida com o apodo pejorativo de chaguismo.[12]

Esboçava-se então uma das vertentes através da qual se operaria a reabilitação de Chagas Freitas nos meios políticos. As práticas clientelistas, traduzidas no padrão de relação que o governador mantivera com os políticos de sua base de apoio, não eram mais identificadas como um elemento negativo, mas sim como fator inerente à prática política na cidade do Rio de Janeiro. Aprofundando ainda mais a discussão, alguns desses atores políticos julgavam ser esta uma postura que reforçava os vínculos de fidelidade e garantiam o prestígio e a sobrevivência das lideranças políticas. Uma vez mais, veremos no

---

[11] Discurso na sessão de 1-10-1991. *Diário Oficial do estado do Rio de Janeiro*. Poder Legislativo, 2 out. 1991. p. 7.

[12] *Jornal do Brasil*, 1 out. 1991. p. 4.

discurso de Jorge Leite a qualificação positiva desta forma de exercício do poder:

> Se o acusam de fazer currais eleitorais, diria que não. Realmente cuidava com muito carinho dos seus parlamentares, em cada região onde tinham o seu eleitorado. Era uma forma de dedicação. Era uma forma de respeito. Era uma forma de fortalecimento. O que o parlamentar mais precisa é que o Executivo o fortaleça em sua região. Isso, como ninguém, Chagas Freitas soube fazer.[13]

Também referendada pela percepção do deputado Átila Nunes Filho, para quem: "Falar em clientelismo é uma grande injustiça com Chagas. O clientelismo com que se tentou marcar o Chagas todos praticam".[14]

Chagas Freitas, portanto, não se desviava radicalmente do padrão político conhecido e considerado eficaz por muitos parlamentares. E este tipo de avaliação não se restringiria apenas aos antigos integrantes de seu grupo político. A radialista Daisy Lucidi, que ingressara na política nas fileiras da Arena, também referendaria o tipo de avaliação sobre o sentido do clientelismo praticado por Chagas:

> Era muito amigo de seus correligionários, prestigiava os seus políticos, deixava que seu político usasse a sua área de influência, não permitindo que outro político a invadisse. (...) Até hoje me pergunto: era clientelismo o que Chagas praticava? Ou era essa necessidade de que o político estivesse cada vez mais perto do povo, que atendesse as suas reivindicações? Afinal, estamos aqui para atender o povo que nos procura.[15]

Explicitando a profunda identidade que o *ethos* parlamentar corrente percebia no estilo político que caracterizara a chefia de Chagas Freitas, tornavase cada vez mais evidente, no discurso oriundo dos meios políticos, que Chagas não fora uma anomalia, uma aberração produzida no interior da política

---

[13] Discurso na sessão de 1-10-1991. *Diário Oficial do estado do Rio de Janeiro*. Poder Legislativo, 2 out. 1991. p. 8.

[14] *Jornal do Brasil*, 1 out. 1991. p. 4.

[15] Discurso na sessão de 1-10-1991. *Diário Oficial do estado do Rio de Janeiro*. Poder Legislativo, 2 out. 1991. p. 5

carioca. Se Chagas Freitas representara uma forma extrema da utilização das redes de clientela no exercício da política formal, tal característica não fazia dele um elemento estranho à lógica que orientava o funcionamento do campo político carioca. Sua satanização ocorrera, principalmente, em virtude de estar ele situado, em um momento de radicalidade extrema da política brasileira, no ponto de convergência de uma série de fatores que a conjuntura específica dos últimos anos do regime militar elegera como um dos entraves a ser suplantado para o restabelecimento da ordem democrática.

A questão ambígua da relação de Chagas Freitas com a política do Rio de Janeiro residia principalmente sobre a definição de quais fatores orientavam a avaliação do campo político em determinados contextos sociopolíticos. Atuando nas esferas do Legislativo estadual no período do segundo governo Brizola, cujo padrão de relação com a Assembléia Legislativa não era dos mais amenos, o consenso dos deputados nutria uma certa nostalgia em relação aos tempos dos governos de Chagas Freitas. Em outras circunstâncias, o sentido da avaliação poderia ser norteado por elementos distintos e o saldo talvez fosse inteiramente diferente. Mais do que instaurar o tribunal da história, essas rearticulações da memória sobre o chaguismo confirmavam as inegáveis conexões do antigo governador com o seu tempo e com espaço em que atuara.

Altamente significativas seriam as considerações esboçadas sobre o chaguismo por duas lideranças cujas trajetórias haviam se cruzado com a do ex-governador em diferentes conjunturas: Leonel Brizola e Miro Teixeira. O último caudilho petebista, que havia galvanizado o eleitorado da Guanabara em 1962 e ressurgido 20 anos depois no comando de uma memorável e vitoriosa campanha que o conduziria ao Palácio Guanabara, fora extremamente eficaz ao se apresentar como o anti-Chagas em 1982. Sobre Brizola incidiriam as esperanças do cumprimento de uma promessa que mobilizava profundamente os eleitores do Rio de Janeiro: a de reconduzir a antiga capital para o centro da política brasileira. Apresentando-se como sendo o único elemento com real legitimidade para cumprir o receituário radical que Chagas não seguira, Brizola assumiu o compromisso com a moralização administrativa e, principalmente, com o engajamento em um projeto de contornos nacionais. Suas duas passagens pelo governo fluminense evidenciariam os limites dessas propostas.

Embora não tenha se pronunciado oficialmente a respeito da morte de seu antigo adversário, limitando-se a decretar luto oficial de três dias, Brizola não se furtaria a comentar com jornalistas a avaliação que então fazia do papel que Chagas Freitas desempenhara na política estadual:

> Ele não deixou de ser, na época da escuridão da ditadura, um aceno para a população oprimida. Imaginavam que, sendo do MDB, Chagas pudesse se confrontar com os ditadores e os oligarcas, e que com isso pudesse abrir espaços e liberdade para a população.[16]

O discurso havia perdido a sua radicalidade. O outrora dócil serviçal do regime militar ganhava ares de resistência possível das forças oposicionistas na Guanabara. O afastamento da conjuntura específica de enfrentamento havia modulado o discurso e atenuado as divergências. Podemos afirmar que o próprio envolvimento de Leonel Brizola com a administração orçamentária e política do estado do Rio de Janeiro havia redefinido seus parâmetros avaliativos através da percepção das características intrínsecas, muitas vezes atribuídas exclusivamente ao estilo particular de Chagas, mas que estavam estreitamente associadas à cultura e à dinâmica da política local.

Esta associação também encontrava reflexos no discurso de Miro Teixeira. Socializado politicamente nas fileiras chaguistas, Miro emergira da redação de *O Dia* para assumir o posto de herdeiro político de Chagas Freitas. Na campanha eleitoral de 1982, percebendo a dificuldade de se contrapor aos críticos de seu mentor político, Miro afastou-se do legado chaguista, formulando um discurso de radical oposição às práticas clientelistas e à docilidade com que o MDB carioca enfrentara os anos mais difíceis do regime militar. Derrotado nas urnas, Miro carregou durante anos o duplo fardo de não ser identificado como uma oposição autêntica, mesmo após sua filiação ao PDT, e de ter traído a sua origem chaguista.

De forma não intencional, Miro era o símbolo vivo das ambigüidades e das transformações quase estáticas que haviam marcado a década posterior à morte política de Chagas Freitas. Se por um lado o brizolismo havia incorporado em suas fileiras o discurso nacionalizante e oposicionista de Miro, também foram agregadas ao partido lideranças marcadamente identificadas com a gestão da máquina clientelista chaguista, como Jorge Leite, Aluísio Gama e Cláudio

---

[16] *Jornal do Brasil*, 2 out. 1991. p. 2.

Moacyr. No velório de seu antigo patrono, Miro Teixeira novamente se veria em uma incômoda posição defensiva ao analisar o teor das críticas ao clientelismo:

> As minorias intelectuais criticaram o chaguismo com os mesmos argumentos que combatem o brizolismo. Imaginam que os investimentos nas áreas pobres significam uma tentativa de manipulação de voto.[17]

O advento da ressurreição de Chagas Freitas no debate político logo seria superado pela sucessão de novos fatos políticos. Momentaneamente revivido, Chagas baixaria à sepultura diante da incômoda percepção de que aquilo que se julgava ser a sua renegada herança transcendia o indivíduo. O chaguismo fora um dos nomes assumidos ao longo do tempo por uma das faces constitutivas da própria política do Rio de Janeiro. Caberia agora novamente ocultá-lo sob o manto do silenciamento, seguramente o dissociando da memória e da avaliação formuladas em torno de sua trajetória. Diferentemente de outras lideranças locais, a memória sobre Chagas Freitas tenderia à dispersão, não encontrando vias posteriores de resgate ou formas de referenciação.

Se o jornalista Hélio Fernandes julgava que Chagas Freitas deveria ser definitivamente lançado ao esquecimento, e que de sua trajetória a História teria pouco o que contar, o olhar crítico e rigoroso dos pesquisadores julgou por bem contrariá-lo. Aqui deixamos Chagas Freitas, julgando ter contribuído, através destas notas acerca das estreitas relações entre as memórias construídas sobre sua trajetória, para uma melhor compreensão da lógica que rege o jogo político no Rio de Janeiro. Para além das imagens correntes de líder irascível, obcecado pelo voto, e de implacável perseguidor de seus adversários, acreditamos ser a trajetória de Chagas Freitas um valioso mapa de orientação de pesquisas que visem compreensão da lógica organizativa e funcional do campo político carioca. Esta estrada segue adiante.

---

[17] *Jornal do Brasil*, 2 out. 1991. p. 2.

III
Eleições

Da redação às urnas: o jornal O Dia e as eleições de 1954 no Rio de Janeiro
Carlos Eduardo Sarmento

A trajetória política de Chagas Freitas geralmente é associada ao estilo que o caracterizou em suas duas passagens pelo Executivo estadual (Guanabara, 1971-75 e Rio de Janeiro, 1979-83): o de um político pouco afeito à oratória e à polêmica, implacável perseguidor de seus adversários e cioso construtor e gestor de uma máquina política sustentada sobre sólidas relações de patronagem e com um indiscutível caráter patrimonialista. O que a memória tratou de embaçar foi a profunda associação e dependência de Chagas em relação ao voto. Uma relação surgida a partir de um trauma e que se consolidou através do uso estratégico da imprensa de caráter popular. Este texto objetiva analisar a construção do ator político Chagas Freitas durante o período compreendido entre as eleições legislativas de 1950 e 1954, privilegiando o discurso formulado pelos diários que dirigia (*A Notícia* e *O Dia*) e a construção de sua identidade em relação dialógica com as populações suburbanas da antiga capital do país.

O resultado da primeira experiência de Chagas Freitas como candidato a um cargo eletivo constitui elemento fundamental para as representações da memória posteriormente construídas acerca de sua trajetória. Tendo recebido 5.474 votos, Chagas foi superado pelo médico e deputado Benjamin Farah por uma diferença de 29 votos e obteve apenas a primeira suplência, uma vez que o PSP atingiu um coeficiente eleitoral suficiente para eleger somente um deputado federal. Essa derrota por uma diferença irrisória — levando-se em conta que o universo de votantes na capital montava a 800 mil eleitores — o teria levado, segundo diversos contemporâneos e analistas de seu estilo de atuação, a adotar uma postura extremamente radical de valorização do voto e de justificação de toda ação política por sua tradução nas urnas. Segundo o jornalista e político Mário Martins, Chagas tinha uma atitude obsessiva em relação ao número de votos que recebia, quase como forma de expiar essa primeira experiência:

> Nunca vi ninguém com tamanha obsessão pelo voto. (...) A obsessão de Chagas por voto, no entanto, tinha sua razão de ser. Em 1950, quando se candidatou a deputado federal pela primeira vez, ficou de primeiro suplente. Teve apenas três votos a menos que Benjamin Farah. Ficou traumatizado.[1]

Da mesma forma, segundo o jornalista Pedro do Coutto, as eleições de 1950 redefiniram por completo Chagas Freitas enquanto ator político:

> Em 1950 ele perdeu por um número mínimo de votos para Benjamin Farah e ficou como primeiro suplente. Mas não desistiu do projeto de unir a imprensa do povão, a imprensa acentuadamente popular, ao seu projeto político-eleitoral.[2]

Seria bastante impreciso, e metodologicamente pouco recomendável, avaliar o impacto emocional que a derrota de 1950 exerceu na vida de Chagas Freitas. No entanto, imediatamente após a divulgação dos resultados oficiais da apuração, Chagas e Ademar de Barros passaram a adotar uma nova estratégia para a viabilização do projeto político do PSP. Considerando que os bons resultados do partido possibilitavam investimentos políticos seguramente rentáveis, os dois perceberam que o controle de um meio de comunicação e de formação de opinião desempenharia um papel fundamental para a consolidação do PSP e para a futura candidatura presidencial de seu principal expoen-

---

[1] Martins, 1996:272.

[2] Depoimento de Pedro do Coutto em Ferreira, 1998:145.

te. Assim, no fim de outubro de 1950, Ademar e Chagas compraram em sociedade o vespertino carioca *A Notícia*.

O jornal *A Notícia* era presidido e dirigido por Cândido de Campos, que apoiara o regime da República Velha até seus estertores e, após a deposição de Washington Luís, partira em exílio voluntário. Em 1938, quando retornou ao país, Campos reabriu o jornal adotando uma linha sensacionalista com uma característica cobertura policial, aliada a uma moderna diagramação que ostentava manchetes impressas em tipos enormes. Com isso *A Notícia* se tornou um jornal de grande circulação entre as camadas populares, que se propunha a defender contra os abusos do poder público e dos grandes comerciantes e proprietários, satanizados em suas páginas. Porém, após a morte do principal editor e redator, Francisco Otaviano Silva Ramos, Cândido de Campos desinteressou-se em manter o jornal. Alertado para o fato, Chagas Freitas, que conhecia os principais editores da capital, encaminhou a Ademar a proposta de arrematar o vespertino em sociedade e de manter a mesma linha editorial. Para o candidato recentemente derrotado nas urnas, a alternativa de formar, através de um jornal de grande apelo popular, uma corrente de opinião favorável às vagas propostas reformistas do ademarismo apresentava-se como uma excelente oportunidade de potencializar o capital político do PSP e, conseqüentemente, de consolidar sua própria posição no interior da legenda e diante do eleitorado carioca.

Assumindo a direção do jornal, Chagas convidou o jornalista José Leão Padilha para chefiar a redação e empreendeu algumas alterações na linha editorial. A mais sensível foi o aumento do espaço dedicado ao noticiário político. Sem perder a conexão com seu público tradicional, o vespertino passou a veicular informes e textos sobre a trajetória, as idéias e os projetos do "grande *leader* populista" Ademar de Barros. É bom lembrar que, nas eleições de outubro de 1950, Ademar tinha feito seu sucessor em São Paulo, Lucas Garcez, e continuava se preparando para concorrer à presidência em 1955.

Além de assumir essa postura flagrantemente pró-Ademar, o jornal abriu um noticiário diretamente voltado para as questões políticas da cidade do Rio de Janeiro, concentrando-se no acompanhamento do Executivo e do Legislativo municipais. Uma das primeiras campanhas desencadeadas pela nova direção teve como alvo a administração do prefeito do Distrito Federal, general Ângelo Mendes de Morais. A nomeação de Mendes de Morais pelo presidente Dutra em junho de 1947 representara uma forma de intervencionismo militar na política da cidade. Assumindo a prefeitura em um período em que os candidatos do Partido Comunista lideravam as votações para o Senado e para a Câmara Municipal, Mendes de Morais imprimiu sua marca autoritária nas esferas políticas e administrativas da capital. Embora filiado ao PSD, o prefeito suscitou muitas indisposições, mesmo entre seus correligionários, o que inviabilizou sua sustentação diante dos meios políticos cariocas. A Notícia resolveu marcar seu ingresso nas discussões políticas elegendo como adversário um líder desgastado e cujo destino parecia selado pela aproximação da data da posse do novo presidente, que certamente o substituiria por alguém do seu círculo de confiança. Esse movimento inicial evidenciava a política editorial que seria adotada pela nova direção do jornal: defesa dos interesses populares e campanhas de denúncia com alvos imprecisos ou dirigidas a atores políticos que se encaminhavam para o ostracismo.

Em poucos meses era perceptível o sucesso das alterações promovidas por Chagas Freitas e seus auxiliares em A Notícia. O jornal aumentou sua tiragem para 100 mil exemplares e passou a atrair novos anunciantes, muitos interessados também em se aproximar do ex-governador paulista.[3] Chagas entusiasmava-se com suas novas funções e antevia a possibilidade de futuros desdobramentos. Nos primeiros meses de 1951, valendo-se da facilidade de poder utilizar os equipamentos das oficinas gráficas do vespertino que dirigia, planejou o lançamento de um jornal matutino, complementar ao A Notícia. Com o auxílio dos jornalistas Othon Paulino, Thassilo Sampaio Mitke e Santa Cruz Lima, montou uma equipe de redatores e repórteres, e iniciou a concepção de O Dia, um diário que deveria manter a linha editorial sensacionalista de A Notícia, mas que privilegiaria ainda mais a cobertura dos pequenos problemas cotidianos dos segmentos populares cariocas. Embora o objetivo de O Dia fosse também eminentemente político, o novo órgão deveria modular seu discurso de forma distinta, evitando referências a sindicatos, partidos e outras instâncias formais e institucionalizadas de representação, mas garantindo a divulgação da imagem pública de Ademar de Barros e dos conceitos e *slogans* de teor reivin-

---

[3] Depoimento de Villas-Bôas Corrêa em Ferreira, 1998:34-35.

dicativo e assistencialista que caracterizavam sua atuação. Dessa maneira, voltando-se basicamente para um mesmo estrato social, os dois diários trariam representações ligeiramente distintas do espaço da política.

No dia 5 de junho de 1951 a primeira edição de *O Dia* circulou pela cidade. De acordo com seu expediente, cabia a Othon Paulino a direção do jornal, a Santa Cruz Lima a direção da redação e a Sampaio Mitke a gerência do novo matutino. Chagas, prudentemente, mantinha-se formalmente oculto, evitando contestações quanto às formas de edição e circulação do jornal. A filiação política ao ademarismo, contudo, estava explícita desde a primeira página da edição inaugural. Em uma grande matéria noticiavam-se as homenagens recebidas pelo ex-governador na Universidade de Boston, ocasião em que teria sido saudado como o "criador da saúde pública no Brasil".[4] Mais referências veladas às plataformas de Ademar de Barros encontravam-se no editorial, no qual era explicitada a filiação do novo jornal *A Notícia*, respeitando, contudo, uma postura declaradamente isenta em face dos interesses político-partidários:

> Este jornal nasce já com um passado e uma tradição. Desde que o anunciamos ao público frisamos que ele seria "um jornal como *A Notícia*". Com isto lhe fixamos não apenas o destino, mas, sobretudo, a responsabilidade. (...) Não inovaremos as nossas diretrizes, porque estamos certos de que devemos prosseguir na mesma trilha lutando com a mesma coragem e o mesmo espírito de renúncia às fáceis recompensas obtidas a custa de engodos e traições ao povo e de cumplicidade ativa ou passiva com os erros, as injustiças e iniquidades, que, desgraçadamente, se assanham contra os pequeninos e humildes. Assim é que poderemos ser úteis e bem servir ao nosso país. Não temos ligações político-partidárias. Nascemos do apoio popular e só a ele devemos contas dos nossos atos. Livres de quaisquer compromissos com entidades ou grupos, estaremos onde estiver o interesse coletivo e não teremos outro chefe, outro orientador, senão aquele em cujo nome falaremos sempre: o povo. (...) Os sindicatos políticos e os agrupamentos partidários não contarão conosco, senão quando estiverem a serviço das causas eminentemente populares, nunca quando delas se afastarem, seja a que pretexto for, para se converterem em aparelhos de mistificação das mas-

---

[4] *O Dia*, 5 jun. 1951.

sas, em instrumentos de gozo pessoal ou de privilégios intoleráveis à luz da razão ou do regime.

Embora fizesse dessa assumida "isenção" uma identidade, o novo jornal dava contornos perceptíveis à estratégia popular assumida pelo PSP. Ademar de Barros tinha sua imagem pública reforçada e tornava-se o mais importante símbolo político da fase inicial de *O Dia*: era o paladino das massas. Uma observação atenta das matérias publicadas nos dois primeiros anos de circulação do jornal idealizado por Chagas Freitas permite compreender o mosaico de referências construído e as filiações e identificações buscadas por sua linha editorial. Em meio ao noticiário policial, marcadamente voltado para a descrição minuciosa de bárbaros crimes de sangue, eram constantes as seções que se dedicavam à cobertura do cotidiano dos subúrbios cariocas e de sua população. A mais característica dessas seções intitulava-se "Comandos" e apresentava reportagens sobre os problemas básicos das regiões suburbanas da cidade. Na grande maioria das vezes essas matérias eram centradas em um indivíduo, que assim transcendia o anonimato e, ao descrever as más condições de habitação, saneamento, abastecimento e transporte de seu bairro, ganhava a estatura de símbolo das condições de vida do segmento social ao qual pertencia. Esses heróis suburbanos evidenciavam o descaso com que o poder público, apresentado como o principal antagonista da população de baixo poder aquisitivo, lidava com questões fundamentais para a manutenção de suas condições de vida. Nesse espetáculo de mazelas e misérias, o tom era redundante e o tema era repetitivo: o sofrimento de trabalhadores honestos e desamparados, completamente abandonados pelas autoridades públicas.

Esse painel de cores soturnas às vezes clareava, graças às luzes trazidas pela atuação de uma liderança política que parecia conhecer o caminho a ser seguido para a redenção das populações carentes. Ademar de Barros, apesar de não estar mais exercendo cargo executivo, era o foco central de pequenas e constantes notas que divulgavam sua agenda política e social. Homenagens, discursos proferidos e visitas a regiões carentes eram trazidas para as páginas do jornal e traduzidas, de forma nada sutil, como exemplos de uma atuação que competiria ao poder público. Toda essa rede de sentidos construídos era sublinhada pela pena de colunistas como Ary Pavão e Benedito Mergulhão, que formulavam em uma linguagem simples e direta o binômio central que orientava toda a estruturação do jornal: caos e redenção.

O panorama das mazelas cotidianas era atenuado por colunas que, mesmo não se afastando do ambiente suburbano e popular, apresentavam um tom mais leve. Diariamente os resultados do jogo do bicho eram divulgados de forma velada e até mesmo satírica na seção "Escreveram no poste", o que representava uma contradição intrínseca com a própria linha do jornal, que constantemente denunciava o chamado "império da batota", ou seja, a proteção das autoridades públicas do Distrito Federal ao jogo ilegal. Podemos identificar aí uma aproximação forçada pela editoria de *O Dia* com uma certa faceta da cultura popular da cidade, que havia informalmente institucionalizado o jogo do bicho como uma contravenção simpática e aparentemente inofensiva, de grande aceitação entre as populações de baixa renda, que podiam, com apostas mínimas, sonhar com o "milhar".

Outro enfoque que pendia para a tragicomédia era a personificação das demandas do pequeno funcionalismo público na figura folclórica do Barnabé. Despido das características negativas associadas aos "barnabés" e "mariascandelárias" pela opinião pública, o Barnabé de *O Dia* era um tipo de perfil abnegado, servidor honrado e cumpridor de seus deveres, que não era bem recompensado em termos salariais. Pode-se imaginar a empatia que se criava entre tal personagem e a massa de funcionários públicos federais e municipais que residia na capital.[5] O Barnabé figurava em charges e assinava cartas fictícias destinadas a órgãos da administração pública reclamando das condições de trabalho e do baixo ordenado. Os editores pareciam querer delimitar, entre os milhares de leitores do jornal, um segmento privilegiado ao qual dirigia esse tipo de mensagem. Mais do que a língua das camadas populares, *O Dia* falava o dialeto do funcionalismo público, que passou a ser seu interlocutar prioritário. Politicamente, a estratégia de identificação com esses

---

[5] Segundo dados estatísticos referentes ao ano de 1950, em um total de 2.413.152 habitantes, 55.600 funcionários públicos residiam no Distrito Federal. No entanto, segundo relatório apresentado em 1958 pela Comissão do Plano de Reclassificação dos Cargos, 68.852 funcionários públicos federais encontravam-se lotados no Distrito Federal. A diferença pode ser atribuída ao fato de muitos deles residirem em outros municípios vizinhos da capital. O próprio Dasp calcularia que, em 1958, 57% do total de funcionários públicos federais estavam lotados no Distrito Federal. Sobre tais dados estatísticos, ver Porto, 1989; e Silveira, 1959.

segmentos visava transformar pequenos funcionários em eleitores de peso significativo na composição do eleitorado do Distrito Federal. Para viabilizar tal plano, no entanto, era preciso competir com dois adversários que estavam se estruturando com bastante eficiência: as organizações sindicais e a máquina petebista.

Apesar de seu distanciamento em relação à política formal, *O Dia* foi responsável pela instituição de um modelo de reportagem política que marcou muito a década de 1950: os "Comandos parlamentares". Sem abandonar o tom sensacionalista e denunciativo, abordavam-se aí problemas relativos à administração pública seguindo o formato da reportagem policial. Convidava-se um parlamentar, este seguia com a reportagem até um órgão público sobre o qual pairava alguma suspeita, e faziam-se visitas de surpresa, procurando apurar as denúncias. Um dos formuladores dessa linha foi o repórter Villas-Bôas Corrêa, do núcleo fundador do jornal, que, ao lado de políticos como Breno Silveira, Tancredo Neves e Tenório Cavalcanti, percorreu depósitos de alimentos, presídios e escolas em busca de um fato jornalístico. Segundo Villas-Bôas Corrêa, a idéia dos "Comandos parlamentares" teria surgido da necessidade de adequar a reportagem política à linha popular do jornal e à pouca importância dada por sua editoria às instâncias representativas formais:

> [Santa Cruz Lima] me disse: "Ô Villas, esse negócio de partido aqui, no tipo de jornal que vou fazer, que vai ser um jornal muito popular, é muito chato. Vê se bola uma coisa mais popular". Eu então aproveitei a fórmula que o Heráclio Salles criou com o Café Filho no Correio da Manhã numa faixa mais nobre, mais elitista, e resolvi ampliar para temas populares. (...) *O Dia* era uma grande vitrine na época. Algumas denúncias repercutiam no Congresso. O grande mote era a denúncia. Em geral, tentava-se apurar denúncias que chegavam. Denúncias de todos os tipos, desde violência policial até roubalheira.
>
> (...) Durou uns três anos essa história de "Comandos". Parou quando Chagas Freitas entrou na política, porque criou-se uma situação de constrangimento.[6]

---

[6] Depoimento de Villas-Bôas Corrêa em Ferreira, 1998:39-40.

Alterando discretamente a orientação inicial de *O Dia*, em abril de 1954 Chagas Freitas passou a assinar uma coluna diária. Nela repercutiam as principais questões tratadas nas páginas do jornal, e com isso Chagas passou a ser um ponto de convergência das campanhas conduzidas até então, ao longo de quatro anos de circulação. Embora Ademar de Barros não fosse desalojado de sua posição, começou a emergir uma nova liderança capaz de auxiliar na condução do estandarte de paladino das classes despossuídas dos subúrbios cariocas. Sem explicitar ambições políticas e eleitorais, Chagas vociferava contra os inimigos do povo: a má administração pública, a carestia e as péssimas condições de vida nas regiões periféricas da cidade. Logo em seu primeiro artigo assinado, voltou-se contra um alvo peculiar, o aumento dos ingressos dos cinemas, para em seguida desfiar uma série de ataques a adversários imprecisos: "filas, falta de água, preço do café, violências da polícia e a bagunça geral que cresce no país".[7]

Todos esses problemas eram arrolados como fenômenos associados, decorrentes do estado de anomia em que se encontrava a nação. A conjuntura era bastante propícia para a adoção desse discurso. O governo federal era constantemente posto sob suspeita em decorrência de inúmeras denúncias de corrupção. A administração do Distrito Federal era associada a práticas nepotistas e à malversação do erário público. A crise política do governo Vargas era assim percebida como uma manifestação sintomática da desestruturação social, política e econômica do país. Esse cenário caótico servia como perfeito combustível para as diatribes de *O Dia*. Sem jamais precisar a direção de seus ataques, Chagas escrevia febrilmente, cobrindo uma diversidade de temas que só enfatizavam o quadro crítico que as páginas do diário pintavam. Perseguindo a matriz que vinha sendo construída ao longo dos anos, dedicava atenção especial aos problemas específicos dos funcionários públicos: em 32 das 145 colunas que publicou naquele ano, escreveu artigos exclusivamente em defesa dos direitos dessa categoria.

Se, perante a opinião pública influenciada pelas páginas de *O Dia*, Chagas Freitas procurava colar ao seu nome a imagem de defensor dos pequenos trabalhadores, no interior do PSP seu projeto pessoal era claramente expli-

---

[7] O cinema escorchante, *O Dia*, 15 abr. 1954.

citado: pretendia concorrer à Câmara dos Deputados nas eleições de outubro e, dessa vez, vencer. Mesmo sendo uma peça fundamental no sistema de apoio à legenda ademarista no Distrito Federal, Chagas não atuava diretamente junto à executiva regional do partido. A presidência do PSP-DF, desde a posse de Mozart Lago no Senado, vinha sendo exercida pelo médico Luís Capriglioni, colega de turma de Ademar de Barros na faculdade e seu amigo pessoal. Capriglioni era um elemento de irrestrita confiança de Ademar para a organização formal do partido e controlava a estrutura interna em perfeita harmonia com suas orientações. Alheio às disputas eleitorais, dispunha de instrumentos e de autoridade para dirimir os conflitos surgidos entre as lideranças pessepistas mais expressivas na cidade. Marcavam então forte presença na composição dos diretórios o deputado Benjamin Farah, os vereadores Telêmaco Gonçalves Maia e Miécimo da Silva e o professor Antônio Mourão Filho, que, embora não exercesse qualquer cargo eletivo, era considerado uma força política ascendente devido à sua popularidade nos subúrbios servidos pela Estrada de Ferro Leopoldina. Confiança pessoal e, sobretudo, expressão eleitoral eram os principais capitais políticos que orientavam a hierarquização de poderes no interior do PSP. Esses fatores pesavam decisivamente nos momentos em que competia à estrutura partidária a definição das chapas oficiais de candidatos às eleições.

A aproximação do pleito de outubro de 1954 impunha ao partido uma perfeita definição da estratégia a adotar. Se, nas eleições anteriores, o acordo firmado com o PTB de Vargas havia possibilitado ao PSP um excelente desempenho em São Paulo e a eleição de um senador pelo Distrito Federal, quatro anos depois o quadro eleitoral se havia alterado radicalmente. Ademar, apesar de continuar investindo maciçamente em seu discurso populista, enfrentava sérios percalços na manutenção de suas tradicionais bases de apoio em São Paulo. O rompimento progressivo do pacto firmado com as forças getulistas também estreitava as possibilidades de atuação do PSP em nível nacional, fragilizando portanto o projeto de condução de Ademar à presidência. Nesse cenário, era prioritário para o partido que sua representação parlamentar não se reduzisse, pois só assim poderia ser sustentada a expressão do PSP na arena política nacional. No Distrito Federal, o partido esperava ao menos reeleger seus deputados e vereadores, valendo-se da expressão eleitoral localizada desses representantes e contando com o retorno dos investimentos realizados através da imprensa popular. Era portanto o momento de testar a eficácia da estratégia conduzida por Chagas Freitas.

No dia 27 de julho, a convenção regional do PSP homologou a chapa do partido, indicando Chagas para novamente concorrer a uma cadeira na Câmara dos Deputados. No dia 28, os leitores de *O Dia* assistiram a um redirecionamento do conteúdo de sua coluna diária. Em lugar de tratar de seus temas habituais, o colunista passou a assumir publicamente a divulgação de sua candidatura:

> Quem acompanha *O Dia* e *A Notícia* sabe perfeitamente em que posição se encontram sempre esses dois jornais em face das aspirações e dos interesses coletivos. Respondendo por ambos, com o meu nome inscrito no cabeçalho de ambos, em ambos tenho, como candidato, o meu programa eleitoral. Não preciso inventar coisa alguma para convencer o eleitorado carioca de que deve votar em mim... Digo-lhe apenas que se está de acordo com a ação do jornalista, se acha que este tem sabido cumprir o seu dever na persistência de suas campanhas, na lisura dos seus métodos, na sinceridade de suas atitudes, na resistência e no destemor de suas campanhas em bem do povo e do país, pode votar em mim sem susto, porque, como deputado, continuarei a ser na Câmara o que tenho sido como jornalista.[8]

Chagas lembrava aos seus leitores que sua plataforma política não fora inventada na madrugada que antecedera a distribuição daquela edição do jornal que ajudara a fundar, e sim moldada ao longo dos meses em que militara, com sua pena, como paladino dos "setores populares da capital". Dessa vez, de fato, ele não seria durante a campanha apenas um obscuro jornalista e promotor apresentado como amigo de Ademar de Barros. Suas colunas em *O Dia* haviam fabricado um outro Chagas Freitas: o arauto dos trabalhadores suburbanos, o destemido defensor das populações carentes do Rio de Janeiro.

Entretanto, se suas mensagens e campanhas, eivadas de uma proposital indefinição política e ideológica, haviam constituído um forte instrumento para sua identificação com a opinião pública, à medida que a crise política do governo Vargas se acentuava, sua coluna parecia soar fora do tom. A radicalização

---

[8] Hoje escreve o candidato, *O Dia*, 28 jul. 1954.

do cenário político não favorecia um discurso que se recusava a adotar posições definidas e que, afastando-se das discussões centradas na imagem do presidente, permanecia à margem do grande debate nacional. Enquanto vozes distintas se erguiam para criticar ou apoiar Vargas, Chagas Freitas continuava a falar nas páginas de seu jornal das péssimas condições de saneamento nas favelas e do aumento de preço dos gêneros alimentícios. Finalmente, os tiros da rua Tonelero fizeram eco na redação de O Dia. Percebendo a impossibilidade de continuar mantendo o seguro distanciamento ante a crise política em curso, Chagas escreveu no dia 6 de agosto uma coluna em que pela primeira vez abandonava seu tom usual e adotava uma posição enfática, atacando frontalmente o presidente:

> Ninguém tem dúvida sobre quais os mandantes do atentado. "Está na cara" — diria o homem da rua. Mas, adivinhando os responsáveis pela trama ignóbil, esse mesmo homem do povo se sente envergonhado, humilhado, amesquinhado, diante do crime que abala toda a consciência da Nação. (...) A oligarquia Vargas já tripudiou demais sobre este pobre povo indefeso. Agora, basta! Qualquer pessoa de mediano bom-senso, chamada a esclarecer o assassinato da madrugada passada, iniciaria suas investigações pelos porões do Catete. Não há de ser difícil apanhar os sicários pela gola.[9]

Temendo ser engolfado pela onda de repúdio a Vargas que perceptivelmente crescia em meio à opinião pública carioca, Chagas radicalizou seu discurso, passando a pedir a renúncia do presidente. Ao longo de duas semanas O Dia abandonaria sua tradicional linha editorial e passaria a substituir as demandas populares por uma cobertura inflamada da conjuntura política. O desfecho dramático da madrugada de 24 de agosto abalou porém a escalada antivarguista de Chagas Freitas. O suicídio do presidente reverteu o clima político, e as massas saíram às ruas para chorar o velho líder popular que, com seu gesto extremado, consolidou a grande cisão que dividia a política brasileira. Surpreendido e sem tempo para avaliar o impacto provocado pela morte de Vargas, Chagas afastou-se de sua coluna. Durante esse hiato, O Dia retomou seu perfil inicial e procurou capitalizar a comoção popular. Se, nas

---

[9] Agravo à Nação, O Dia, 6 ago. 1954.

manchetes da edição do dia 24 o matutino ainda estampava "Pus e lama escorrem sobre a Nação estarrecida — Café Filho emocionou a Nação convidando Getúlio a renunciar pela pacificação nacional", no dia seguinte o tom fúnebre predominava: "Lamenta o país a morte do presidente — Enorme massa popular na visitação do corpo do presidente". Em um editorial, como se promovesse uma manobra de ocultamento das sérias denúncias dirigidas contra o presidente, o jornal apresentava Vargas sacralizado, como uma liderança incontestável que projetaria seu legado às gerações futuras:

> A consideração que lhe devem os brasileiros impõe aspectos impagáveis de iniciativas que traziam em si as sementes das suas altas e nobres preocupações do bem público, principalmente no terreno econômico e no campo social, cujos problemas ele sentiu e compreendeu com sinceridade e com sinceridade procurou resolver. A História não recusará a Getúlio Vargas o reconhecimento devido aos seus méritos indiscutíveis, que ele os teve em proporção acima da média dos nossos condutores. (...) O futuro dirá melhor da sua obra. O presente lastima a sua perda. Reverenciemos o seu túmulo.[10]

Somente no mês de setembro Chagas Freitas voltaria a escrever sua coluna. O tempo trágico dos últimos dias de Vargas no Catete havia sido superado. O tom da coluna retomou a matriz de acusações e amparos dirigidos a seu público tradicional. Confundido pelos rumos da polarização política, o paladino de *O Dia* procurara se adaptar ao contexto no qual toda a sociedade parecia inserida, abandonando com isso seu itinerário habitual. Sem deter o léxico de uma atuação de perfil ideológico definido, fora superado por outras vozes e pelos movimentos imprevisíveis dos principais atores políticos. A tentativa de radicalização do discurso o conduzira a um território desconhecido e mutável, sobre o qual não tinha controle e que não lhe dava a sensação de segurança necessária para se manifestar. Essa experiência delimitou o horizonte de possibilidades de atuação de Chagas Freitas, um ator político que defendia uma agenda social imprecisa e que, carente de carisma pessoal, ganhava espaço em conjunturas em que prevaleciam a desmobilização e a indefinição do cenário político-ideológico.

---

[10] *O Dia*, 25 ago. 1954.

Para escapar do risco de ver ameaçada a posição política que construíra e, conseqüentemente, sua candidatura à Câmara dos Deputados, Chagas Freitas levaria o jornal no período seguinte a adotar definitivamente o tom de órgão de propaganda política. Diariamente era estampada na primeira página uma propaganda de sua candidatura com os dizeres: "Chagas Freitas — a voz livre de *O Dia*. Sempre ao lado do povo. Sempre em defesa dos trabalhadores. Sempre contra os poderosos". Também era divulgado o endereço do escritório político do candidato, onde eram distribuídas as cédulas de votação. Na segunda quinzena do mês de setembro, evidenciava-se a associação do nome de Chagas com seu patrono político, seja em fotos onde aparecia ao lado de Ademar ou em *slogans* impressos no alto das páginas do noticiário. Com a aproximação da data das eleições, *O Dia* não mais convocaria os eleitores de Chagas a se dirigirem ao seu escritório eleitoral: passou a circular com a própria cédula eleitoral do PSP encartada, garantindo assim o acesso dos leitores ao instrumento fundamental do voto. Na coluna de Chagas, o tema não poderia ser outro que não a derradeira profissão de fé do candidato diante de seu eleitorado potencial:

> O que eu desejo ao solicitar o voto dos que me lêem não é uma cômoda sinecura à sombra de um mandato popular, mas, apenas, a oportunidade de alargar a minha trincheira de combate pelo povo — operários, funcionários públicos, comerciários, donas de casa, mártires da carestia, todos os que sofrem e se exaurem na busca de um destino menos amargo — e, no setor legislativo, concretizar, finalmente, a ação do jornalista, através de projetos, pareceres e votos, que são as únicas formas práticas e positivas, numa democracia verdadeira, de se dar forma e substância às idéias pregadas na tribuna livre do jornal.[11]

Na manhã das eleições o apelo se tornou mais dramático. Assumindo o jornalismo como um apostolado, e a candidatura como uma imposição da sociedade, Chagas se dirigiu ao universo de eleitores que pretendia representar no Legislativo assegurando que o resultado final das urnas não o desviaria de sua missão:

---
[11] Aos eleitores do Distrito Federal, *O Dia*, 2 out. 1954.

Eu não penso na sorte das candidaturas que dentro de poucas horas estará selada em definitivo, inclusive a minha, nascida de uma imposição partidária, mas inspirada desde as suas mais remotas origens pela vocação de um destino irremediavelmente consagrado ao serviço das massas espoliadas ou iludidas: penso no Brasil, penso no povo. É para ele, portanto, que elevo os meus olhos neste momento grave e solene. (...) Derrotado, não terei amarguras, porque as cidadelas de "O Dia" e "A Notícia" aí estão para que nelas prossiga a minha obra vocacional em prol dos pequeninos, dos humildes, dos fracos, dos injustiçados, dos perseguidos e de quantos, enfim, bracejam pelo direito sagrado a uma vida melhor numa Pátria mais feliz.[12]

Ao final da apuração dos votos, o PSP-DF havia dobrado sua representação na Câmara dos Deputados, conquistando duas cadeiras na bancada carioca: a primeira continuou com Benjamin Farah, reeleito com mais de 15 mil votos, e a segunda coube ao estreante Chagas Freitas, que obteve 11.250 votos. O fato de os candidatos terem praticamente triplicado a votação que haviam obtido quatro anos antes dava indícios da eficácia da estratégia de divulgação através das páginas de *O Dia* e *A Notícia*. Esse fator ganha maior significado ao se avaliar o desempenho eleitoral de Chagas Freitas, que, diferentemente de Farah, não dispôs ao longo do período de um mandato parlamentar ou de posições de relevo na estrutura do diretório regional do partido, nem tinha um eleitorado cristalizado e localizado. Os índices eleitorais obtidos podem ser inteiramente creditados à construção de sua imagem pública através de seus artigos na imprensa. Eleito deputado, Chagas conseguiu transpor os limites que o impediam de galgar novos patamares na política carioca, credenciando-se como um ator significativo no interior do campo político do Distrito Federal.

---

[12] Pensemos no Brasil e no povo, *O Dia*, 3 out. 1954.

Eleições em tempos de radicalização*
Marly Motta

1960: a eleição do primeiro governante

As eleições de 1960 ocupam ainda hoje um lugar todo especial no quadro eleitoral brasileiro, pois foi a última vez que se indicou, por voto direto, o presidente da República, antes da longa abstinência de 29 anos imposta pelo regime militar. Para a cidade do Rio de Janeiro, esse ano teve um significado ainda maior, já que inaugurou o breve período em que os cariocas puderam eleger, de forma direta, seus governantes: Carlos Lacerda, em 1960, o primeiro governador da Guanabara, e Negrão de Lima, em 1965.

Com pouco mais de 3.300.000 habitantes, a Guanabara apresentava o mais elevado índice de participação eleitoral do país, representado por um contingente de quase 1 milhão de votantes, cerca de 34% do total da população. Situada no oitavo lugar dos estados mais populosos, possuía, no entanto, o quarto eleitorado do país. O alto índice de urbanização, associado a um elevado coeficiente de alfabetização, estimado em torno de 85%, podem, em boa medida, explicar essa expressiva densidade eleitoral.[1]

---

* Este texto se baseou nos estudos sobre as três eleições realizadas no estado da Guanabara (1960, 1962 e 1965), com vistas à elaboração de minha tese de doutorado, defendida em 1997.

[1] Rios, 1964:124.

Reafirmando a tendência manifestada em 1958 nas eleições majoritárias, em 1960 o eleitorado carioca deu preferência aos candidatos da UDN: Jânio Quadros para presidente da República; Milton Campos para vice; e Carlos Lacerda para governador. Voto a voto, urna a urna, a disputa pelo primeiro governo da Guanabara foi das mais acirradas do país. Lacerda venceu por uma estreita diferença de votos — apenas 23.145 votos (2,3%) — em relação a Sérgio Magalhães, candidato da coligação PTB/PSB, e a Tenório Cavalcanti, do pequeno PST, que, de maneira inesperada, conquistou mais de 220 mil votos (quadro 1).

A importância da primeira eleição para o governo carioca, naturalmente grande, cresceu ainda mais com o lançamento da candidatura de Lacerda, cujo sonho de se tornar presidente da República era conhecido de todos. Daí por que a escolha do candidato que deveria enfrentá-lo poderia ser comparada a um jogo de xadrez, em que mover uma peça compromete muitas jogadas à frente. Por isso mesmo, não era fácil encontrar um nome de consenso capaz de comandar a "santa aliança" que iria combater o candidato udenista. Era flagrante a divisão existente no PTB entre uma corrente de corte mais socialista, que apoiava o deputado Sérgio Magalhães, e outra, de "trabalhistas históricos", que buscava candidatos com "mais garra e agressividade". Além do mais, Lutero Vargas e João Goulart não viam com bons olhos a ascensão de uma liderança tão "independente" quanto Sérgio Magalhães, cuja vitória na Guanabara, derrotando o temido Lacerda, certamente o alçaria ao pódio do partido.[2]

Além da divisão interna nas hostes petebistas, não estava sendo possível reproduzir no novo estado a aliança PSD/PTB que levara Kubitschek à presidência em 1955. Político habilidoso, Erasmo Martins Pedro, então secretário do Interior e Justiça do governo provisório de Sette Câmara, foi um dos encarregados da costura política capaz de articular os interesses pessedistas junto à candidatura do PTB. A estratégia adotada visava apresentar um candidato próprio do PSD — alguém com certa expressão política, porém eleitorado reduzido, para não alimentar maiores ambições —, que depois renunciaria em favor do candidato petebista. Dessa forma, o PSD carioca não apenas teria chance de derrotar Lacerda, com quem tinha relações muito difíceis, como dis-

---

[2] Jango e Lutero não querem Sérgio Magalhães, *Tribuna da Imprensa*, 24 maio 1960.

poria de um importante cacife para reivindicar postos no novo governo. Depois de alguma negociação, o nome indicado pelo PSD foi o do ex-prefeito Mendes de Morais, que, ao recusar posteriormente a renúncia, acabou por inviabilizar a aliança PSD/PTB.[3]

Lançado inicialmente pelo PSB, Sérgio Magalhães acabou referendado pelo PTB, derrotando Rubens Berardo por uma pequena margem de votos. Pernambucano, irmão de Agamenon Magalhães (interventor e governador de Pernambuco, duas vezes ministro), fez carreira no serviço público do Distrito Federal, dirigindo o Montepio dos Empregados Municipais entre 1952 e 1954. Neste último ano, conquistou, pelo PTB-DF, seu primeiro mandato na Câmara dos Deputados, sendo reeleito em 1958.[4] Sérgio foi um dos fundadores da Frente Parlamentar Nacionalista, organização interpartidária em defesa de uma plataforma nacionalista e de condenação ao imperialismo em geral, e à ação do capital estrangeiro no Brasil em particular. Integrando o chamado "Grupo Compacto" do PTB, que reunia os parlamentares mais radicais do partido, Sérgio moveu, a partir de 1959, campanha em defesa da reforma agrária e da estatização de diversos setores da economia. A esse currículo de deputado atuante, militante nacionalista, defensor de bandeiras esquerdizantes, juntava-se a fama de político honesto e incorruptível, que fazia sucesso junto à classe média, admiradora do seu discurso moralista e de sua figura séria. Embora com muitas ressalvas e pouco empenho, as lideranças petebistas acabaram se convencendo de que ele era o melhor candidato para enfrentar Lacerda.

Tenório Cavalcanti foi a grande surpresa dessa eleição. Alagoano, em 1936 conquistou seu primeiro mandato de vereador à Câmara Municipal de Nova Iguaçu, representando Duque de Caxias. Durante o Estado Novo, acusado de vários crimes, ficou 40 dias preso em Niterói, tornando-se inimigo político de Ernani do Amaral Peixoto, então interventor do estado do Rio, a quem acusava de mandante de atentados contra a sua vida. Em 1945, filiou-se à UDN, sendo eleito, em 1947, para a Assembléia Constituinte do estado do Rio e, em 1950, para a Câmara dos Deputados, representando a UDN-RJ.[5] Seu presti-

---

[3] Depoimento de Erasmo Martins Pedro, 1998:80-85.
[4] Beloch e Abreu, 1984.
[5] Idem.

gio cresceu a partir da fundação, em fevereiro de 1954, do jornal *Luta Democrática*, o qual, adotando uma linguagem popular e valendo-se de apelos sensacionalistas, teve grande aceitação junto às camadas mais pobres da população carioca e fluminense, difundindo a imagem de Tenório sempre envolto em uma vasta capa preta que escondia a inseparável metralhadora, a chamada "Lurdinha". O jornal publicava diariamente a coluna "Escreve Tenório Cavalcanti", na qual o deputado defendia conhecidas reivindicações populares.

Deputado federal fluminense mais votado em 1954, para Afonso Arinos, Tenório "era a janela da UDN por onde entravam os gemidos e as aflições do povo"; para Lacerda, era a primeira vez na UDN que se ouvia um sujeito falando "feito matuto e com ar de povo".[6] No entanto, a partir das eleições de outubro de 1958 Tenório se afastaria da UDN ao perceber a ameaça que representava a ascensão política de Roberto da Silveira, candidato petebista ao governo fluminense. Farejando a inclinação de amplos setores do eleitorado carioca para o tema das reformas sociais, assumiu, na tribuna diária e popular que era a *Luta Democrática*, a bandeira dos "humildes e dos aflitos". Apostando que a fidelidade e o reconhecimento de seus eleitores se ligavam sobretudo ao seu capital político pessoal, dada a pequena margem de vinculação que tinham com a UDN, Tenório entrou na campanha eleitoral da Guanabara pelo PST, com um discurso nacionalista e anticomunista. Se a defesa de propostas nacionalistas e reformistas o colocava no lado oposto a Lacerda, a denúncia do "perigo comunista" procurava marcar suas diferenças em relação a Sérgio Magalhães. Ao contrário de ambos, oriundos de famílias de prestígio político e social, Tenório fazia questão de frisar que tivera uma origem humilde, como, aliás, a maior parte do povo que ele queria governar.

A campanha para o primeiro governo da Guanabara trazia desafios particulares para os candidatos, começando pelo fato de ser a primeira vez em que o eleitorado carioca iria escolher, por via direta, o seu governante. No entanto, o desafio mais importante seria o de construir uma relação de identidade com o novo estado, que acabara de perder, pelo menos de direito, o lugar de capital que ocupara por mais de um século. Não por acaso, o ponto-chave da estratégia de campanha vitoriosa de Carlos Lacerda foi justamente construir uma relação de identidade com a Guanabara. Daí seu esforço em provar

---

[6] Apud Beloch, 1986:43.

que sua preocupação central como governador residiria no enfrentamento dos problemas da "Guanabara nascente", como ele costumava dizer. Esse seria, aliás, um dos principais argumentos por ele esgrimidos contra Sérgio Magalhães — preocupar-se demais com o "imperialismo norte-americano", e de menos com a água que faltava nas torneiras do carioca. Embora não desconhecesse a força das bandeiras nacionalistas, Lacerda preferiu investir em um outro ponto que era igualmente caro ao eleitorado carioca: a conquista da autonomia política.[7] A perda da efetiva condição de capital, lamentada por muitos, deveria ser recompensada por uma atuação autônoma do novo estado, almejada por quase todos. Estadualização não era, no entanto, sinônimo de provincianização. O Rio deveria continuar a exercer a função de cabeça do país, mesmo porque o lugar da centenária *cidade-capital* não podia ser preenchido pela "inacabada Novacap". Para a Guanabara continuar a ser capital de fato do país, seu futuro governador deveria ter uma estatura nacional, capaz de fazer a indispensável ponte entre a política estadual e a nacional. Com esse argumento, Lacerda procurava desqualificar Tenório Cavalcanti, cuja trajetória política em Duque de Caxias não o credenciaria para governar um estado que havia sido a cidade-capital do país por mais de um século.

Foi no "discurso-programa", apresentado a 17 de junho de 1960 na convenção da UDN-GB que homologou a sua candidatura ao governo do estado, que Lacerda expôs mais claramente a idéia de manter a Guanabara como a capital de fato do país:

> Não somos uma capital decaída, mas uma cidade libertada. Os que daqui saíram com saudade sabem que o Rio é uma cidade insubstituível, uma cidade em que todos os brasileiros, ontem, hoje, sempre, estarão como em sua casa. Sabem esses brasileiros que somos uma região sem regionalismos. Pensamos os nossos problemas em termos mundiais, além de continentais, e continentais, além de nacionais (...). Nossos heróis são nacionais (...). Pensaram que nos abandonando interiorizavam a civilização, mas foi aqui que a deixaram. Porque somos a síntese do Brasil, porque somos a porta do Brasil com o mundo, e somos do mundo a vera imagem que ele faz de nós.[8]

---

[7] Carlos Lacerda, A independência através da dificuldade, *Tribuna da Imprensa*, 28-29 maio 1960.

[8] Apud Motta, 2000:139.

Essa defesa da preservação do lugar especial do Rio de Janeiro na Federação visava alcançar um duplo objetivo. Em primeiro lugar, atraía os votos daqueles inconformados com a perda da tradicional posição da cidade como eixo do país. Para esses eleitores, o capital político de Lacerda deveria parecer garantia segura da manutenção da preeminência da cidade no quadro nacional. Além disso, a permanência da Guanabara como capital de fato do país era elemento indispensável à concretização das futuras aspirações políticas de Lacerda, já que a Belacap deveria ser a plataforma de lançamento de seu nome rumo à Novacap. Batendo fundo na "herança de devastação" que a União teria legado à ex-capital, Lacerda insistiria, durante toda a campanha, na denúncia de uma possível ameaça de intervenção do governo Kubitschek para impedir a sua vitória na Guanabara. Solidamente fincada na memória política do novo estado, a ameaça de perda da autonomia se transformaria em uma das principais peças da campanha lacerdista, na medida em que identificava Lacerda com a Guanabara, ambos vítimas do mesmo algoz, o governo federal.

A vitória nas urnas dependia, no entanto, do sucesso do candidato em projetar uma faceta ainda inédita, e da qual muitos duvidavam: a de administrador. Daí a ênfase inicial de sua campanha no sentido de provar que a falta de experiência administrativa não implicava, de modo algum, incapacidade de governar. Por isso mesmo, apregoava que sua filosofia administrativa se apoiaria no saber técnico, indicado como a garantia mais segura de um governo "competente";[9] aos "técnicos", e não aos políticos e nem aos burocratas, entregaria a tarefa de administrar a Guanabara de maneira "racional" e "neutra".[10]

Se para a ação administrativa o candidato udenista tinha propostas claras e definidas, o mesmo não ocorria para as articulações da política local, embora a proposição de separar as esferas política e administrativa, um dos principais motes de sua campanha, fosse, por si só, uma importante declaração de intenções. Seria nessas águas pouco familiares que a campanha lacerdista enfrentaria seus maiores desafios, oriundos, em grande parte, do conhecido "desprezo" que o candidato nutria pela "monotonia da conversa política". Ao lado dessa concepção radical da política, há que se levar em conta, ainda,

---

[9] Lacerda expõe plano de governo, *Tribuna da Imprensa*, 19 maio 1960.

[10] Carlos Lacerda, Isso eu prometo, *Tribuna da Imprensa*, 2 jun. 1960.

outros fatores que poderiam dificultar a composição da candidatura udenista com as forças políticas locais. Sempre é bom lembrar que negociar é ceder, o que implica a necessidade de já se ter algo para oferecer. Daí o *start* da negociação, em geral, estar nas mãos da situação, e não da oposição. Nesse sentido, Lacerda só poderia oferecer o futuro.

O esforço de articular e aglutinar as forças da política local levou Lacerda a se aproximar dos pequenos partidos, obtendo até meados de junho de 1960, às vésperas da homologação de sua candidatura, o apoio de pelo menos quatro deles: o PR, o PL, o PDC e o PTN. Com uma bancada de 12 vereadores eleitos em 1958, esses partidos, mesmo não possuindo uma identidade partidária marcante, contavam com nomes que tinham um eleitorado fiel, de base nitidamente local.[11]

A escolha do lugar por onde Lacerda iniciaria a campanha é um forte indicativo da sua preocupação com as articulações da política local e com as resistências que o seu nome despertava nos setores populares. Embora o lançamento da candidatura estivesse previsto para uma favela, o evento ocorreu no chamado "sertão carioca", que corresponde hoje à parte da Zona Oeste — Campo Grande, Santa Cruz e Guaratiba. Afinal, era preciso levar em conta que a 15ª zona eleitoral concentrava o maior número de eleitores do estado, com quase 100 mil votantes. Dessa expressiva massa de votos oriundos de setores populares, só uma pequena parte, no entanto, tradicionalmente se dirigia à UDN. Os candidatos do PTB tinham uma forte penetração na Zona Rural em função de um desempenho que contemplava, ao mesmo tempo, as bandeiras modernas do sindicalismo e do nacionalismo, e os tradicionais recursos de patronagem e clientelismo, ligados, principalmente, ao controle da máquina previdenciária.[12] O PSD, graças à presença na máquina administrativa da prefeitura do Distrito Federal, e o PSP, que abriu espaços em sua legenda para lideranças de cunho local, como os vereadores Miécimo da Silva (Campo Grande) e Ubaldo de Oliveira (Santa Cruz), dividiam com os pequenos partidos a preferência dos numerosos eleitores do "sertão carioca".

---

[11] Partido Libertador aprova hoje a candidatura de Carlos Lacerda, *Tribuna da Imprensa*, 3 mar. 1960; PR com Lacerda, *Tribuna da Imprensa*, 4-5 jun. 1960; Carlos Lacerda no PTN: minha candidatura é de todas classes, *Tribuna da Imprensa*, 13 jun. 1960; PDC está com Lacerda, *Tribuna da Imprensa*, 15 jun. 1960.

[12] D'Araujo, 1992:7.

A situação de desvantagem da UDN em região tão estratégica era, ao mesmo tempo, um desafio e uma atração para o candidato udenista. Não por acaso, Lacerda fez uma visita solene à família Caldeira de Alvarenga, uma das lideranças do antigo "triângulo", poderoso grupo da política carioca da Primeira República, cujo prestígio se mantivera ao longo das décadas seguintes. O marco do início da campanha estava lançado: Lacerda, o político nacional, precisava agora ancorar bases na política local, e escolhera para isso um dos seus mais poderosos e tradicionais redutos. Os resultados do investimento na conquista desses redutos "populistas" não foram brilhantes, como admite o ex-deputado Raul Brunini, fiel escudeiro de Lacerda: "Eram votos muito arraigados a pessoas que dominavam aquela região. Ele lutou muito. Durante a campanha, quando o pessoal vinha muito entusiasmado, porque o comício em Ipanema foi bom, em Botafogo foi ótimo, ele falava: 'E da Praça da Bandeira pra lá?'".[13]

Os resultados eleitorais indicam efetivamente uma expressiva redução da votação de Lacerda nos bairros populares: os 54 mil votos obtidos em Copacabana e Leme (95.591 votantes) caíam para pouco mais de 20 mil em Campo Grande, Santa Cruz e Realengo (97.925 votantes) ou para 17 mil em Madureira e Pavuna (92.806 votantes). Sem dúvida, foi essa sofrível performance eleitoral nos distantes e povoados subúrbios cariocas a maior responsável pela apertada vitória de Lacerda, ou, como preferem alguns, pela sua quase derrota (quadro 1).

A produção acadêmica que aborda a eleição de 1960 para o governo da Guanabara converge em um ponto central: o candidato da UDN era o preferido das classes média e alta. Segundo pesquisa realizada pelo sociólogo Glaucio Soares em setembro de 1960, a um mês das eleições, 42% dos profissionais liberais e de altos cargos administrativos e 39% dos membros da classe rica ou da alta classe média declararam voto em Lacerda.[14] De maneira mais incisiva, Izabel Picaluga e Pedro do Coutto não hesitam em afirmar que Lacerda era o candidato por excelência da classe média.[15] Desse modo, a conquista de votos nas zonas Suburbana e Rural teria que ser, e de fato foi, uma constante preocupação de Lacerda, que sabia estar enfrentando nestas áreas mais pobres da cidade-estado uma forte resistência ao seu nome. Daí a ansiosa e repe-

---

[13] Apud Motta, 2000a:47.
[14] Soares, 1965.
[15] Picaluga, 1980:66; e Coutto, 1966:18.

tida indagação: "e da Praça da Bandeira pra lá?". Era "lá", nos subúrbios distantes e cheios de eleitores, que a campanha precisava vencer seu maior desafio, já que, além da forte dominação político-eleitoral do PTB em zonas proletárias como Bangu e Santíssimo, há que se levar em conta o peso simbólico da figura de "Vargas, pai dos pobres" junto a esse eleitorado. A pecha de "assassino de Vargas" era, sem dúvida, um poderoso elemento catalisador de manifestações de repúdio dos setores fiéis ao trabalhismo à candidatura Lacerda.

A análise dos resultados eleitorais anteriores da UDN e do próprio Lacerda indicava que o candidato udenista podia contar com cerca de um terço dos votos, algo em torno da marca dos 35%. O problema eram os 65% de votos restantes, que precisavam vencer a barreira do antilacerdismo. Para dobrar esse alto grau de rejeição, Lacerda deveria ser capaz, em primeiro lugar, de quebrar a radicalização, movimentando-se no sentido de abrir o leque de apoios e adesões ao seu projeto de governo. Teria, enfim, que sair do canto do ringue, de onde estava acostumado a combater seus inimigos, e provar que poderia ser o governador de todos os cariocas. Tarefa difícil, uma vez que, como o próprio Lacerda reconhecia, a rejeição ao seu principal concorrente era muito menor:

> O Sérgio Magalhães vai para a televisão e me chama de candidato do imperialismo americano e não sei o quê... Aí rompeu um "pau" que não tinha tamanho. Também parti para o "pau", mas comecei a ter medo da radicalização e pensei: o que ele quer é polarizar o negócio; então fica ele ou eu; e aí eu perco.[16]

Um segundo movimento deveria impedir que um só candidato pudesse vestir a capa do anti-Lacerda, radicalizando a campanha e a transformando em uma disputa entre ricos e pobres, entreguistas e nacionalistas. Ou seja, era preciso diluir entre vários candidatos o campo da forte oposição antilacerdista, o que efetivamente ocorreu. Análises contemporâneas e posteriores são unânimes em apontar a expressiva penetração da candidatura de Tenório Cavalcanti no eleitorado carioca como o motivo principal da vitória de Lacerda na Guanabara.[17] Resumindo: sem Tenório, Lacerda perderia. Embo-

---

[16] Apud Motta, 2000a:49.

[17] Soares, 1965; Coutto, 1966; Landers, 1971; e Picaluga, 1980.

ra consideremos essa explicação demasiadamente simplista, não há como negar que o candidato da Baixada, ao conseguir uma grande votação nos subúrbios cariocas, tirou mais votos de Sérgio do que de Lacerda. Afinal, Tenório conquistou mais da metade dos seus 222.659 votos na Penha, Irajá, Madureira, Pavuna, Anchieta, Jacarepaguá, Inhaúma, Realengo, Campo Grande e Santa Cruz, áreas em que se costumava votar nos candidatos trabalhistas (quadro 1).

Segundo Glaucio Soares, Tenório Cavalcanti teria recebido um "voto classista", uma vez que 44% dos trabalhadores manuais especializados e 21% dos não-especializados declararam intenção de voto no candidato da Baixada, cabendo a Lacerda, respectivamente, 20% e 7% desses votos.[18] Se a força eleitoral de Tenório residiu, em boa medida, nessa identificação da população suburbana com o seu jeito "simples", esse era também o seu calcanhar-de-aquiles. Seus adversários, especialmente Lacerda, batiam na tecla de que ao candidato da Baixada faltariam as credenciais de uma liderança de porte nacional que o capacitassem a ser o primeiro governador da ex-capital federal. Em uma cidade-estado que se orgulhava de ser a cara do Brasil, não haveria lugar para a figura "matuta" de Tenório Cavalcanti.

A partir de setembro, último mês da campanha, cresceu a radicalização em torno das posições ideológicas dos dois principais candidatos. No dia 2 de setembro, o *Correio da Manhã* publicou o manifesto de apoio de "intelectuais, funcionários públicos e estudantes" ao candidato petebista. A dura resposta de Lacerda veio no dia seguinte, quando passou a acusar explicitamente o seu adversário de ser "representante dos comunistas".[19] A bandeira do anticomunismo, que até então vinha sendo deixada de lado, passou a ser, daí em diante, desfraldada nos sucessivos comícios de Lacerda. No comício de encerramento da campanha eleitoral udenista, diante de Jânio Quadros e de Milton Campos, na Praça da Bandeira, marco divisor entre as duas zonas da cidade, Lacerda reafirmou a necessidade maior de "se derrotar o comunismo".[20] Essa radicalização, evitada por Lacerda na maior parte da campanha, benefi-

---

[18] Soares, 1965:57-59.

[19] *Tribuna da Imprensa*, 3 e 4 set. 1960.

[20] Caluniadores não puderam impedir consagração dos três, *Tribuna da Imprensa*, 30 set. 1960.

ciou a candidatura de Sérgio Magalhães que, pouco a pouco, foi capitalizando o sentimento antilacerdista, na medida em que se distinguiu como o único em condições de derrotá-lo. Publicada no *Correio da Manhã* de 22 de setembro, uma pesquisa eleitoral dava a Lacerda 39%, 15 pontos mais que seu mais próximo concorrente, maioria que encolheu dramaticamente nos últimos dias.

Podemos apontar alguns motivos para a derrota de Sérgio Magalhães, começando pela falta de empenho de Jango e Juscelino em derrotar Lacerda, diante da possibilidade de vê-lo fracassar no governo do "ingovernável ex-Distrito Federal", o que o alijaria, naturalmente, da corrida presidencial em 1965.[21] O próprio Sérgio, como admitiria em depoimento posterior, também não fazia muita fé na vitória:

> Não entrei achando que ia ser governador. Fazia parte da luta política disputar o cargo, mas para mim não era como se eu fosse ser o governador (...). E agora digo com toda franqueza: fui candidato ao governo do estado, porque naquela época não se perdia o mandato de deputado. Se fosse para perder o mandato, eu não enfrentaria o Lacerda. Fui candidato porque somava para mim, ia me ajudar nas eleições futuras de deputado, a continuar na Câmara, e era só essa a minha aspiração naquela época. Eu não estava com aspiração de ser governador, achava que não tinha condição para isso, não estava preparado para tanto.[22]

A comparação com a trajetória passada de Lacerda e os seus projetos futuros é inevitável. Para ele, ser o primeiro governador eleito dos cariocas era bem mais do que "somar experiência". O governo da ex-capital federal era não só a aspiração de quem já tinha uma longa trajetória política na cidade, mas era, sobretudo, o ponto obrigatório de passagem para quem, como ele, pretendia chegar à presidência da República. O governo da Guanabara era a maior aposta política de Lacerda naquele momento, e, ao longo da campanha, ele procurou provar que estava preparado para a tarefa.

Um outro ponto a ser levado em consideração foi a ênfase exagerada que a campanha de Sérgio conferiu à subordinação dos problemas locais aos gran-

---

[21] Coutto, 1966:65-66.

[22] Apud Motta, 2000a:51.

des temas nacionais. Apesar de o componente nacionalizador ser um dos elementos definidores do campo político carioca, é importante reconhecer que se tratava, naquele momento, da primeira eleição do novo estado. Se, por um lado, Sérgio conseguia ouvidos atentos ao priorizar a luta contra o imperialismo e o subdesenvolvimento, por outro, abria a guarda para os ataques de Lacerda, que o acusava de não se preocupar com os problemas da "Guanabara nascente". Ao tomar como lema de campanha "reconstruir a cidade e formar o estado", Lacerda pretendia responder aos anseios daqueles que se indagavam sobre a possibilidade de mudança, ou seja, de o Rio de Janeiro se tornar um estado sem perder a condição de capital.

Um terceiro componente da vitória lacerdista diz respeito aos tipos de capital político acumulados pelos dois principais candidatos, em função de competência política diferenciada. A vitória de Lacerda, em alguma medida, teria confirmado a tradicional tendência do campo político carioca a valorizar o tribuno carismático em detrimento de outros saberes e capacidades. Daí, inclusive, sua obsessiva preocupação em conseguir espaço para falar no rádio e, especialmente, na televisão. Depois de uma batalha na justiça eleitoral, Lacerda driblou a famosa Cláusula R que o tinha afastado das telinhas e, no fim de maio, já falava de seus planos de governo na TV-Rio. Contando com razoável suporte financeiro de entidades empresariais,[23] Lacerda pôde pagar as longas, e caras, horas que ocupou nas várias emissoras de TV para divulgar suas propostas de campanha.

A imagem viril e vibrante de Lacerda, associada a uma oratória apaixonada, tinha um alvo preferencial: o eleitorado feminino, cujo voto não era, então, obrigatório. Nesse sentido, a *Tribuna* e o próprio Lacerda passaram a desenvolver uma intensa campanha de alistamento desse eleitorado, convocando as mulheres a um engajamento político dentro de papéis tradicionalmente a elas dedicados: enfermeira, mãe, professora, esposa.[24] É difícil avaliar o impacto que o crescimento do voto feminino teve na vitória de Lacerda em 1960. É certo, porém, que o sucesso do candidato entre as mulheres, especialmente as de classe média e alta, que mais prontamente aderiram ao apelo do alistamento, significou a conquista de preciosos votos em uma eleição que se revelou tão apertada.

---

[23] Coutto, 1966:132.

[24] Carlos Lacerda, A voz feminina, *Tribuna da Imprensa*, 16 jun. 1960.

Do mesmo modo, pode-se analisar o peso da vitória de Jânio Quadros sobre o resultado da eleição estadual. Embora se possa alegar que a votação para presidente da República tenha sido bem maior que a de Lacerda para o governo da Guanabara — 418 mil contra 357 mil —, não há como negar, no entanto, o impulso positivo que a avalanche janista teve sobre a candidatura de Lacerda. Denunciando a tradicional "perseguição" do governo federal sobre o Rio de Janeiro, Lacerda, insistentemente, procurou vender ao eleitorado carioca a idéia de que a eleição do presidente e do governador do mesmo partido seria garantia segura de mais atenção e recursos para o novo estado.[25]

Lacerda venceu porque foi o candidato que pôde exibir um capital pessoal com o maior grau de força política. Venceu porque encarnou o equilíbrio entre a promessa de mudança — fazer da Guanabara um estado —, e a certeza da continuidade — manter o Rio de Janeiro como "cabeça do país". Venceu, enfim, porque conseguiu construir uma relação positiva entre duas identidades em construção: a sua própria e a do novo estado.

1962: o embate Lacerda x Brizola

A disputa eleitoral de outubro de 1962 na Guanabara assumiu contornos de um enfrentamento nacional, principalmente em função da decisão de Leonel Brizola de se lançar candidato a deputado federal pelo novo estado. Essa nacionalização se acentuou com a indicação dos candidatos ao Senado. Pela UDN, o então governador da Bahia, Juracy Magalhães, resolveu se candidatar a uma das vagas no Senado. Essa cadeira senatorial, representando a antiga capital federal e efetivo centro político do país, significava, indiscutivelmente, a conquista de um importante cacife político, ainda mais quando se anunciava que o PTB indicaria Brizola ou San Tiago Dantas para a disputa.[26] A recusa de ambos os políticos, que preferiram concorrer à Câmara dos Deputados — San Tiago por Minas Gerais, e Brizola pela Guanabara —, acabou levando à indicação de Aurélio Viana, então deputado federal pelo PSB de Alagoas, e ativo integrante da Frente Parlamentar Nacionalista.

---

[25] Carlos Lacerda, O fim da fantasia, *Tribuna da Imprensa*, 15 jun. 1960.

[26] Coutto, 1966:75.

Vencer na Guanabara era um desafio para o governador, que se envolveu na campanha de maneira direta e pessoal. Recursos financeiros não foram poupados para financiar as campanhas: aos gastos do Executivo federal para beneficiar os candidatos do PTB correspondeu o investimento maciço do Instituto Brasileiro de Ação Democrática (Ibad) nos candidatos da chamada Aliança Democrática Parlamentar. Afinal, embora estivesse em jogo o governo de 11 estados, a atenção geral se voltou especialmente para a Guanabara. Menos do que a indicação de representantes do novo estado no Congresso Nacional, o que mobilizou o eleitorado carioca foi a disputa entre os dois políticos que então polarizavam o cenário nacional: Carlos Lacerda e Leonel Brizola.

Membro do núcleo de fundadores do PTB no Rio Grande do Sul, Brizola começou sua carreira política em 1947, quando se elegeu deputado estadual. Reeleito para a Assembléia Legislativa, foi convidado, em 1952, a ocupar a Secretaria de Obras do governo gaúcho. Dois anos depois, conquistou uma cadeira na Câmara dos Deputados, à qual renunciou por ter sido eleito, em 1955, prefeito de Porto Alegre. Com um discurso de cunho social e uma administração avaliada como positiva, Brizola conseguiu se eleger, em 1958, para o governo do estado. Defensor da nacionalização e da intervenção estatal na economia, tornou-se um dos líderes da esquerda nacionalista: em 1959, encampou a Companhia de Energia Elétrica Rio-Grandense, pertencente ao grupo norte-americano Amforp e, três anos depois, a Companhia Telefônica Rio-Grandense, subsidiária da ITT. Foi, no entanto, durante a crise de agosto de 1961, que sua figura alcançou dimensão nacional. Ocupando militarmente as emissoras da rádio Guaíba e da rádio Farroupilha, Brizola formou a chamada "Rede da legalidade", em defesa da posse do vice João Goulart, seu cunhado. O apoio que recebeu do comandante do III Exército, general Machado Lopes, dividindo as Forças Armadas, foi o elemento decisivo que garantiu o respeito à Constituição e a Presidência da República para Goulart.[27]

A decisão de Brizola de disputar uma cadeira de deputado federal pela Guanabara teve, sem dúvida, o claro intuito de medir forças com Carlos Lacerda, considerado o maior opositor das chamadas forças progressistas e nacionalistas. Na antiga capital, renascia com vigor o tradicional embate en-

---

[27] Beloch e Abreu, 1984.

tre a UDN de Lacerda, e o PTB, não de Vargas, mas daquele que se considerava o seu verdadeiro herdeiro.

Nesse embate, Brizola levou a melhor. Montado em mais de 269 mil votos, foi o deputado mais votado do país, conseguindo eleger uma bancada de 11 deputados para a coligação Aliança Socialista Trabalhista (AST), formada pelo PTB e o PSB. A UDN, com os 123 mil votos dados a Amaral Neto, elegeu seis deputados. Embora tivesse mantido o mesmo número de representantes que elegera em 1958 (seis em 17), o partido de Lacerda, em termos comparativos, perdeu espaço na representação federal da Guanabara (seis em 21) (quadro 2).

No pleito majoritário, a derrota foi igual. Para o Senado, Juracy Magalhães amargou um terceiro lugar, perdendo para Aurélio Viana (AST), o mais votado, e para Gilberto Marinho (PSD), que foi reeleito. O cargo de vice-governador ficou com o petebista Eloy Dutra, que derrotou Lopo Coelho, o candidato de Lacerda (quadro 3).

Uma primeira análise dos resultados das eleições na Guanabara indica que a polarização PTB/UDN apertou o ponto e se refletiu de maneira importante na composição da bancada federal eleita em outubro: 80% da representação da Guanabara se concentraram nesses partidos. Igualmente marcante foi o alto grau de nacionalização da disputa, evidenciando a continuidade dessa tradicional tendência do eleitorado da ex-capital federal, já que dois candidatos de fora do estado monopolizaram o embate para o Senado.

No entanto, a reeleição de Gilberto Marinho, que conseguiu a segunda cadeira senatorial, revela, em boa medida, a força da política local. Suplente de senador em 1947, secretário-geral da Prefeitura do Distrito Federal durante a gestão de Mendes de Morais (1947-51), diretor da Caixa Econômica do DF (1951-54), Marinho se elegeu senador em 1954 na legenda da coligação formada pelo PSD e o PRT.[28] Se é fato que, como segunda opção, recebeu muitos votos daqueles que rejeitavam a polarização PTB/UDN, é igualmente verdadeiro que as sólidas relações por ele construídas na política local tiveram um peso relevante para a sua reeleição.

De certa maneira, o mesmo ocorreu na eleição para a Câmara dos Deputados. Se as votações individuais de Brizola (26,4%) e de Amaral Neto (12,1%)

---

[28] Beloch e Abreu, 1984.

concentraram quase 40% do eleitorado, o terceiro colocado, Chagas Freitas, da coligação Frente Popular (PSD/PST), que não possuía um perfil de político nacional, conseguiu 56.657 votos (5,5%).[29] Conferindo um tom pragmático à coluna diária que escrevia nos jornais *O Dia* e *A Notícia*, Chagas procurou se manter afastado da polarização ideológica da época, o que lhe custou, é verdade, uma expressiva redução no eleitorado, a se comparar com os 95 mil votos que recebera em 1958. Trocando o PSP, que acabou não elegendo nenhum deputado federal, pelo PSD, Chagas Freitas pretendia reforçar a posição deste partido como uma opção viável ao voto polarizado.

Um outro elemento que parece comprovar o equilíbrio entre o peso da nacionalização e a influência da política local foi o grau de renovação da primeira bancada federal da Guanabara. Dos 21 deputados eleitos, apenas sete não tinham um mandato anterior na cidade. Em termos gerais, pode-se identificar uma dupla origem da votação desses novatos na vida parlamentar carioca: a expressão que possuíam no quadro político nacional, como Brizola ou Juarez Távora, ou a conquista do eleitorado de esquerda, como o deputado Marco Antônio, da Frente Popular, que recebeu apoio explícito do líder comunista Luiz Carlos Prestes. Já em relação aos outros 14 deputados, pode-se observar que tinham, em comum, uma sólida carreira política anterior, a maior parte deles com atuação no antigo Distrito Federal (quadro 2).

Na análise de Pedro do Coutto, a derrota de Lacerda na eleição de 1962 teria ocorrido porque, dessa vez, ao contrário de 1960, as "áreas proletárias não se dividiram", ou seja, votaram em peso nos candidatos trabalhistas e nacionalistas. A polarização do debate ideológico, que levou ao julgamento do governador "mais relativamente à sua face política do que à sua ação administrativa de governo", associada à taxa de rejeição que limitava o eleitorado lacerdista ao teto dos 35%, teriam sido os elementos decisivos da derrota de Lacerda nas primeiras eleições realizadas durante o seu governo.[30]

De fato, os candidatos Eloy Dutra e Aurélio Viana tiveram sua votação concentrada nas 15ª, 12ª, 11ª, 8ª e 7ª zonas eleitorais, que lhes deram mais de 50% dos votos recebidos em todo o estado. Representando um contingente eleitoral

---

[29] Rios, 1964:129.

[30] Coutto, 1966:73.

expressivo, a 15ª, reunindo os eleitores do chamado "sertão carioca" (Santa Cruz, Campo Grande, Bangu, Realengo), possuía, sozinha, cerca de 10% do eleitorado carioca. No outro pólo, os candidatos Lopo Coelho e Juracy Magalhães receberam votação maciça especialmente na 5ª zona eleitoral (Copacabana e Leme).[31] Confirmando a tendência à fragmentação e a uma maior proximidade com o partido do governo, a UDN conquistou 14 (contra as 13 obtidas pelo PTB) das 55 vagas em disputa na Assembléia Legislativa da Guanabara. É importante registrar, no entanto, uma evolução favorável ao PTB, pois, enquanto na Assembléia Constituinte eleita em 1960 o partido tivera 20% dos deputados (6/30), agora possuía 23,6% (13/55).[32]

1965: a derrota do governador

Em virtude das antigas e persistentes dificuldades de relacionamento de Lacerda com a UDN da Guanabara, é fácil prever que a tarefa de indicar o candidato do partido à sucessão estadual seria bastante espinhosa. A união da UDN, dividida por cisões locais e nacionais, em torno de um só nome exigia uma delicada costura política que o governador foi incapaz de realizar. De imediato, rompeu definitivamente com Amaral Neto, que se considerava o "candidato natural" à sua sucessão. Depois, insistiu no nome do vice-governador, Raphael de Almeida Magalhães, que sabidamente não tinha cacife político para unificar as diversas correntes da UDN, uma vez que não conseguiu apoio nem mesmo dentro do grupo lacerdista. Com o afastamento de Raphael da corrida eleitoral, Lacerda se voltou para o nome de um "técnico", capaz de despolitizar a campanha e conseguir o voto daqueles que queriam a continuidade do programa de obras do governo. No início de maio, lançou o nome do secretário de Obras, ex-presidente da Sursan, engenheiro Enaldo Cravo Peixoto.[33] O nome do secretário acabou, no entanto, esbarrando não só na falta de raízes na máquina partidária, como na resistência que vinha dos udenistas que apoiavam o governo Castello Branco, como o deputado Adauto Lúcio Car-

---

[31] Rios, 1964:128.

[32] Sobre a Aleg eleita em 1962, ver texto sobre o legislativo carioca neste livro.

[33] CL anuncia que apóia Enaldo à sua sucessão na Guanabara, *Tribuna da Imprensa*, 4 maio 1965.

doso e o ministro da Saúde, Raimundo de Brito.[34] Fragilizado politicamente, Lacerda acabou aceitando o nome do secretário de Educação, Flexa Ribeiro, sogro de seu filho Sebastião.

Para vencer, Lacerda contava com o balanço favorável dos seus cinco anos à frente da Guanabara. Logo de imediato, precisava convencer o eleitorado de que transformara uma "cidade destruída, sem perspectivas de se tornar um estado viável", no "estado modelar a ser copiado pelos demais estados da Federação".[35] Segundo os dados divulgados pelo estado, de janeiro de 1961 a julho de 1965, o fornecimento de água havia triplicado e o sistema de esgotos se ampliara em 60%. O número de hospitais aumentara em 30%, e as matrículas nas escolas primárias quase dobrara. A construção de habitações populares atingira o total de 12.483 unidades,[36] enquanto o número de túneis e viadutos construídos chegava a 19. O terreno de mais de 200.000m^2 da zona industrial da avenida das Bandeiras fora adquirido por 19 indústrias, que se aproveitaram do crédito fácil e das isenções fiscais para se instalar na região.[37]

Confiando no reconhecimento popular desse "novo estilo de governar", como costumava dizer, Lacerda esperava superar a descrença na possibilidade de seu candidato vencer a dura eleição de outubro. O problema principal residia na falta de apelo popular ao nome de Flexa, que demonstrava pouca habilidade nos palanques. Já que o seu candidato não parecia capaz de vencer pelos próprios méritos, Lacerda apostava em um adversário à altura, ou seja, alguém que igualmente enfrentasse dificuldades na conquista de votos junto ao eleitorado carioca.

O PTB carioca havia lançado o ex-ministro da Viação e Obras Públicas do governo Goulart, engenheiro Hélio de Almeida, militante da esquerda nacionalista e crítico ferrenho do programa de obras do governo do estado, que acabou sendo alcançado pela Lei das inelegibilidades, que declarou inelegíveis

---

[34] Pacificação da UDN é utópica e luta é certa, *Tribuna da Imprensa*, 1 jun. 1965.

[35] Estado da Guanabara, Aspectos gerais, em *Mensagem à Assembléia Legislativa: 5 anos de governo*. Rio de Janeiro, 1965:3-10.

[36] Idem, p. 64.

[37] CL expõe na TV obras realizadas pelo seu governo na Guanabara, *Tribuna da Imprensa*, 13 set. 1965.

até 31 de dezembro de 1965 todos aqueles que tinham sido ministros entre 23 de janeiro de 1963 e 31 de março de 1964. Diante disso, o partido de oposição se dividiu entre indicar o general Teixeira Lott ou apoiar a candidatura de Negrão de Lima, lançada pela coligação PSD/PSP. A apertada vitória de Lott na convenção de 3 de agosto foi vista "com simpatia" por Lacerda: "Quero-o na televisão, dizendo bobagens, mas quero-o como ele é, honrado, autêntica expressão de força política no país".[38]

A insistência em marcar que Lott seria "honrado" tinha um alvo certo: a candidatura Negrão de Lima. O faro político de Lacerda indicava que vencer o general, claramente identificado com a "desordem" do período Jango, seria muito mais fácil que derrotar um político "matreiro" como Negrão de Lima. Além do mais, apesar de mineiro, Negrão não era um neófito na política carioca, já que fora prefeito do Distrito Federal de 1956 a 1958, podendo pois, mercê dessa experiência anterior, angariar apoios locais, vinculados especialmente ao PSD. No entanto, o que mais preocupava Lacerda era a possibilidade de Negrão se apresentar, à esquerda, como o candidato anti-Revolução, e, à direita, como um elemento da ordem.

A ameaça de inelegibilidade de Lott, cujo domicílio eleitoral era Teresópolis, foi denunciada por Lacerda como uma "intervenção" do governo federal na eleição da Guanabara.[39] Em 2 de setembro, tanto o general quanto Alziro Zarur, criador da Legião da Boa Vontade (LBV), foram declarados inelegíveis pelo Tribunal Superior Eleitoral. Zarur, que encarnava a esperança de repetir a performance eleitoral de Tenório Cavalcanti em 1960, dividindo o eleitorado popular, era concessionário de canal radiofônico e, como tal, não poderia se candidatar de acordo com a Emenda Constitucional nº 14 e sua lei complementar.

A candidatura Negrão, apesar das resistências de setores da esquerda, foi referendada na terceira convenção do PTB, a apenas 23 dias da eleição. Diante da ameaça de derrota, Lacerda dirigiu sua potente oratória numa dupla direção. Por um lado, tentou levantar o meio militar contra as candidaturas de Negrão, na Guanabara, e de Israel Pinheiro, em Minas, denunciando-as

---

[38] Lacerda vê com simpatia a candidatura Lott, *Tribuna da Imprensa*, 4 ago. 1965.
[39] *Tribuna da Imprensa*, 10 ago. 1965.

como "corruptas", e comprometidas com o "antigo regime". A garantia dada por Castello à candidatura da coligação PTB/PSD fez com que Lacerda passasse a acusar Negrão de ser o "candidato da Revolução".[40] O intuito era claro: tirar do adversário de Flexa a bandeira da oposição ao impopular governo federal.

O título do editorial da *Tribuna da Imprensa* de 29 de setembro — "O desesperado e decepcionante dever de votar em Flexa Ribeiro" — deu bem o tom das sombrias perspectivas de derrota do candidato de Lacerda. O resultado das urnas só veio confirmá-las. Ao contrário da estreita margem conseguida por Lacerda sobre Sérgio Magalhães em 1960, cinco anos depois o candidato da coligação PSD/PTB ganhou do candidato da UDN por uma diferença de 12 pontos percentuais: 49,5% contra 37,6% (quadro 4).

Para Lacerda, a derrota se devera à "brutal intervenção" do governo federal, interessado sobretudo em inviabilizar sua candidatura presidencial.[41] Já a análise do jornalista Pedro do Coutto, feita ainda sob o calor das urnas, atribuiu o resultado do pleito ao alto grau de rejeição das "classes pobres" a Lacerda. A reflexão de Coutto tornou-se a principal referência sobre o assunto, e tanto o historiador norte-americano Clifford Landers, quanto a cientista política Izabel Picaluga, que fizeram estudos sobre a UDN na Guanabara, consideram o "enfrentamento de forças sociais divergentes" o principal motivo da derrota de Lacerda em 1965.[42]

A distribuição dos votos por zonas eleitorais confirma a ampla derrota imposta por Negrão de Lima a Flexa Ribeiro nos populosos subúrbios e na Zona Rural. Na 22ª, 23ª e 24ª zonas eleitorais, abrangendo Irajá, Vigário Geral, Pavuna, Anchieta, Padre Miguel, Bangu, Senador Camará, Santíssimo, a votação do candidato oposicionista foi quase o triplo da que recebeu o candidato de Lacerda. Na 12ª, 13ª, 15ª e 25ª zonas, onde votaram os eleitores de Bento Ribeiro, Rocha Miranda, Marechal Hermes, Madureira, Jacarepaguá, Deodoro, Realengo, Santa Cruz, Campo Grande, Sepetiba e Guaratiba, Negrão teve mais do dobro dos votos destinados a Flexa. A diferença que o candidato de Lacerda

---

[40] *Tribuna da Imprensa*, 23 set. 1965.
[41] *Tribuna da Imprensa*, 8 out. 1965.
[42] Coutto, 1966:81; Landers, 1971:312; Picaluga, 1980:103.

obteve na Zona Sul (3ª, 4ª, 5ª, 16ª, 17ª e 18ª zonas), e ainda na Tijuca, Vila Isabel e Grajaú (7ª e 19ª zonas) não conseguiu compensar a montanha de votos que Negrão recebeu da "Praça da Bandeira pra lá" (quadro 4). O argumento de que Lacerda era o "candidato dos ricos" foi exaustivamente empregado nas eleições de 1965. O episódio da morte dos mendigos do rio da Guarda em 1962, bem como o do incêndio suspeito dos barracos da favela do Pasmado em 1964, com objetivo de apressar a remoção dos favelados para os conjuntos habitacionais, eram martelados pela campanha oposicionista para lembrar "aos pobres" de que lado o candidato do governador estava. A manutenção, e mesmo o agravamento, da rejeição a Lacerda da "Praça da Bandeira prá lá" indicam que ficou praticamente intocada a estrutura políticopartidária que aí vigorava desde os anos 1950. Embora dispondo do poderoso cacife de ser governo, Lacerda falhou na tentativa de mudar a predisposição desse eleitorado, já que não conseguira quebrar a hegemonia que o PTB, seguido do PSD, estabelecera nos subúrbios cariocas: não incorporou lideranças locais tradicionais e nem favoreceu a emergência de novas, assim como não transformou em votos as políticas públicas aí implementadas.

No primeiro caso, um exemplo paradigmático é o do deputado José Antônio Cesário de Melo, representante da Zona Rural, herdeiro político de Júlio Cesário de Melo, antigo intendente do Distrito Federal e poderoso chefe da região de Campo Grande e Santa Cruz, que em julho de 1963 havia trocado o pequeno PL pela UDN. Apesar de ser o único representante de Santa Cruz na sigla governista, e portador de um expressivo potencial de votos, foi isolado politicamente e não conseguiu espaços de atuação em seu novo partido. Sem o necessário respaldo partidário, e tendo que enfrentar a concorrência de lideranças de outros partidos, Cesário de Melo não teve sucesso em montar na região uma rede de apoio ao governador.

Lacerda tampouco favoreceu a emergência de novos líderes locais, ao contrário do que parecia apontar a iniciativa de começar por Campo Grande a experiência das regiões administrativas, com a indicação do diretor do hospital Rocha Faria para primeiro "prefeitinho" da Guanabara. Bastante diferente dos prefeitos, que tinham um caráter eleitoral bem marcado, os administradores regionais, se possuíam alguma autonomia, esta tinha um sentido e uma esfera de atuação limitados, que raramente conseguiam furar o esquema personalista e centralizador de Lacerda. Desprovidos de efetiva representatividade política, não tiveram força para substituir os esquemas de controle eleitoral herdados do Distrito Federal.

A maneira radical como concebia a política também pode explicar a dificuldade de Lacerda em comandar o processo de criação de uma nova estrutura política na Guanabara. Ao contrário do chaguismo, que se sustentou no azeitado funcionamento de uma máquina de longa permanência, o lacerdismo se sustentou na identificação pessoal e imediata com o líder carismático. Eram entendidos como "políticos lacerdistas" aqueles que mais de perto conseguiam incorporar as características pessoais de Lacerda, como Sandra Cavalcanti e Raul Brunini. Vale ainda lembrar que sua posição no acirrado e polarizado debate político-ideológico que marcou os anos 1960, como principal liderança civil do anticomunismo, favorecia identificações radicais — lacerdistas x antilacerdistas —, reduzindo as possibilidades de entendimento em torno de um projeto comum para o novo estado da Guanabara.

Esse acentuado viés personalista de Lacerda também se fez presente no processo de escolha dos secretários, marcado, desde o início, pelos critérios da "impessoalidade" e da "despolitização". Desse modo, sob o pretexto de pôr fim à "politicagem", a composição do secretariado raramente resultou da disposição do governador de incorporar quadros da UDN ou de prestigiar o Legislativo. As exceções ficaram por conta de Célio Borja, indicado pela bancada udenista carioca para substituir Raphael de Almeida Magalhães na Secretaria de Governo, e Lopo Coelho, membro do PSD e ex-presidente da Assembléia, que assumiu a Secretaria Sem Pasta no fim de 1962 justamente para tentar articular o governo com a Aleg. Em sua grande maioria, os políticos udenistas que participaram do secretariado tinham, sobretudo, uma ligação pessoal com Lacerda: é o caso de Raul Brunini, Sandra Cavalcanti e Raphael de Almeida Magalhães.

Outro elemento que complicou a criação de uma nova estrutura de poder na Guanabara foi a difícil relação do governador com o seu partido. Lacerda construíra sua trajetória política apostando mais no acúmulo de capital pessoal do que naquele que lhe poderia ser delegado pela UDN, que ele não via como fonte impulsionadora de sua carreira política. Eleito governador, buscou montar dentro da UDN carioca um grupo político formado basicamente por deputados de primeiro mandato. Para ocupar o estratégico cargo de líder do governo na Assembléia Legislativa, Lacerda indicou cinco deputados sem nenhuma experiência parlamentar anterior: Célio Borja, Nina Ribeiro, Vitorino James, Mac Dowell de Castro e Mauro Magalhães. Deputados mais experientes e que conheciam melhor os meandros da máquina partidária, como Raul Brunini, foram escolhidos menos por essa experiência, e mais pela fidelidade pessoal que dedicavam ao governador.

Desse modo, o fracasso de Lacerda em reorganizar o quadro político carioca, através da montagem de uma estrutura político-partidária razoavelmente estável, dificultou o processo de encaminhamento de sua sucessão ao governo do estado. A começar pelo desgastante processo de indicação do candidato governista, e findando pela constituição de uma poderosa frente de oposição, que acabou por polarizar a disputa entre dois candidatos, o pró-Lacerda e o anti-Lacerda. Dessa vez, não houve um Tenório Cavalcanti para dividir os votos dos redutos populares: os outros três candidatos, oriundos de pequenos partidos — Amaral Neto (PL), Hélio Damasceno (PTN) e Aurélio Viana (PSB/PDC) —, não chegaram a empolgar o eleitorado, e juntos conseguiram 6,8% dos votos, bem longe dos 22,3% obtidos por Tenório em 1960 (quadro 4).

De qualquer modo, uma simples comparação entre os dois principais candidatos mostra uma nítida vantagem em favor de Negrão de Lima que, além de conquistar os votos dos redutos eleitorais petebistas e pessedistas, conseguiu tomar em suas mãos a bandeira da oposição. Identificado como o verdadeiro opositor da ditadura militar, já que Lacerda, "revolucionário de primeira hora", fracassara na tentativa de se apresentar como tal, Negrão recebeu o apoio declarado da esquerda, que julgou ser esta uma boa oportunidade para infringir uma derrota a dois de seus maiores inimigos: os militares e Carlos Lacerda. Sem o fantasma do comunismo tão presente, setores mais conservadores da classe média não hesitaram em votar em Negrão, que tinha um perfil de político moderado e contemporizador bem ao gosto do PSD mineiro.

O fato de ter nascido em Minas Gerais não veio a se constituir em nenhum obstáculo para a ascensão da candidatura de Negrão. Em primeiro lugar porque, como era bastante comum, ele fizera carreira política na ex-capital, para onde veio logo após a Revolução de 1930. Eleito constituinte e deputado federal pelo Partido Progressista de Minas Gerais, em outubro de 1937 foi encarregado da missão de sondar os governadores acerca da intenção do presidente Vargas de implantar o Estado Novo. Nomeado imediatamente para a chefia de gabinete do ministro da Justiça, Francisco Campos, Negrão de Lima assumiu, em 1942, a embaixada do Brasil no Paraguai, de onde saiu, em 1947, para se tornar secretário de Administração do Distrito Federal, então governado pelo prefeito Mendes de Morais. Com a volta de Vargas em 1950, foi indicado para o Ministério da Justiça, onde ficou até a reforma ministerial de junho de 1953. Em 1956, Negrão voltou à política carioca, dessa vez como prefeito do Distrito Federal. Dois anos depois, trocou o Executivo carioca pelo Ministério das Relações Exteriores, aí permanecendo até 1959. Nomeado embaixador do Brasil em Lisboa, voltou ao país em 1963 para chefiar o comitê nacional da candidatura de JK à presidência da República.[43] Em um campo político marcado pela personalização, a figura nacionalmente conhecida de Negrão de Lima tinha um poder de identificação com o eleitorado carioca muito maior do que o de Flexa Ribeiro, cujo currículo registrava a propriedade do Colégio Andrews e uma elogiada administração na Secretaria de Educação.

As instituições e órgãos representativos da sociedade civil se dividiram no apoio a um e outro candidato. Com a imprensa, Lacerda manteve uma relação de amor e ódio. Se, nas eleições de 1960, o candidato udenista contara com o apoio — às vezes mais discreto, às vezes mais ostensivo — da maior parte dos jornais cariocas, cinco anos depois a situação se modificou um pouco. O jornal *O Globo*, por exemplo, ficou claramente do lado do governo Castello. Em represália, Lacerda determinou a desapropriação do Parque Laje, cujo terreno pertencia, em parte, a Roberto Marinho. Além da *Tribuna da Imprensa*, praticamente o jornal oficial, Lacerda contou com a simpatia do *Jornal do Brasil*, que caprichava na divulgação das obras do seu governo, e com o apoio dos jornais de Chagas Freitas, que, segundo parece, temeu se vincular a uma candidatura apoiada pelo trabalhismo.[44]

Se nos sindicatos de trabalhadores e alguns órgãos de classe, como o Clube de Engenharia, encontrou uma feroz oposição, Lacerda desfrutou de um trânsito fácil na Igreja Católica, sob o comando do conservador arcebispo do Rio de Janeiro, dom Jaime de Barros Câmara. Da Federação das Indústrias da Guanabara igualmente recebeu apoio irrestrito, já que era muito clara a prioridade que conferia ao desenvolvimento industrial. Lacerda entregara a

---

[43] Abreu e Beloch, 1984.
[44] Sarmento, 1999:95.

pasta da Economia, encarregada de traçar os rumos gerais do planejamento do estado, ao industrial Guilherme Borghoff, além do que, para as zonas industriais que se estavam criando, abriu os cofres do BEG e da Copeg. Dos empresários rodoviários, beneficiados pela extinção dos bondes e conseqüente implantação da hegemonia dos ônibus no sistema de transportes da Guanabara, a campanha de Flexa Ribeiro teria recebido uma massa expressiva de recursos.[45] Já os empreiteiros, em princípio contemplados com o grande volume de obras espalhadas pela cidade, se dividiram no apoio ao candidato de Lacerda, que tinha como principal plataforma a continuidade do programa de obras. A hesitação dos empreiteiros se deveu, por um lado, ao fato de o governo ter dado calote em várias empresas do ramo, e, por outro, ao fato de Negrão, criador da Sursan e iniciador de um conjunto de obras no então Distrito Federal, ter um bom trânsito no meio das empreiteiras que atuavam na Guanabara.

O fim das eleições diretas para governador de estado provocou profundas mudanças no quadro político da Guanabara. Só 20 anos depois, em novembro de 1985, o eleitorado carioca voltaria às urnas para escolher seu novo governante — dessa vez, em vez de governador, era um prefeito; em vez do estado da Guanabara, era o município do Rio de Janeiro. Tudo muito diferente das eleições nos radicais anos 1960.

Quadro 1
Resultado das eleições para governador da Guanabara, por zonas eleitorais (1960)

Zonas	Sérgio (PTB)	Lacerda (UDN)	Tenório (PST)	Morais (PSD)	Brancos	Nulos	Votantes
1ª	16.366	14.597	10.321	2.693	675	852	45.506
2ª	12.643	11.741	6.764	1.848	467	698	34.164
3ª	21.454	35.653	7.156	3.224	690	634	68.813
4ª	21.119	35.990	10.668	3.576	824	1.156	73.334
5ª	26.235	54.149	9.120	3.644	979	1.462	95.591
6ª	14.492	20.079	8.087	2.421	490	836	46.413

continua

---

[45] Ver *Correio da Manhã*, 20 set. 1965.

Eleições

Zonas	Sérgio (PTB)	Lacerda (UDN)	Tenório (PST)	Morais (PSD)	Brancos	Nulos	Votantes
7ª	28.994	45.498	13.577	4.281	1.097	1.562	95.013
8ª	29.017	30.451	21.027	4.343	1.192	1.960	87.993
9ª	11.838	9.411	7.223	1.567	489	631	31.163
10ª	12.895	10.556	9.798	1.874	500	697	36.333
11ª	33.909	23.714	28.720	5.333	1.332	2.231	95.246
12ª	33.629	17.748	32.297	5.132	1.568	2.430	92.806
13ª	21.988	13.535	19.070	3.116	1.025	1.721	60.457
14ª	13.071	13.871	8.931	1.886	368	607	38.735
15ª	36.427	20.179	29.900	6.331	1.705	3.326	97.925
Total	334.007	357.172	222.659	51.269	13.401	20.803	999.492
%	33,4	35,7	22,3	5,1	2,1	1,4	100,0

ZONAS ELEITORAIS

1ª – Centro e Ilhas
2ª – Centro (Santo Antônio e Santana)
3ª – Santa Tereza, Glória, Laranjeiras e Flamengo
4ª – Lagoa, Gávea, Botafogo, Jardim Botânico e São Conrado
5ª – Copacabana e Leme
6ª – Engenho Velho e Rio Comprido
7ª – Tijuca, Andaraí, Grajaú e Vila Isabel
8ª – Engenho Novo e Méier
9ª – São Cristóvão
10ª – Piedade
11ª – Penha e Irajá
12ª – Pavuna e Madureira
13ª – Anchieta e Jacarepaguá
14ª – Inhaúma
15ª – Campo Grande, Santa Cruz e Realengo

Fonte: Picaluga, 1980:177.

Quadro 2
Bancada federal da Guanabara (1962)

Deputados de primeiro mandato	Partidos	Votação	Atividade anterior
1- Leonel Brizola	AST (PTB)	269.384	Governador RS
2- Antonio Garcia Filho	AST (PTB)	16.510	Líder do Comando Nacional dos Sargentos
3- Max da Costa Santos	AST (PTB)	5.758	Professor da Faculdade Nacional de Direito
4- Jamil Amidem	AST (PTB)	3.588	Presidente da Associação dos Ex-Combatentes
5- Benedito Cerqueira	AST (PTB)	3.527	Secretário da CNTI
6- Juarez Távora	PDC	33.461	Candidato à presidência da República (1955)
7- Marco Antônio Coelho	FP (PST)	21.300	Membro do comitê central do PCB

Deputados com mandatos anteriores	Partidos	Votação	Experiência parlamentar anterior
1- Amaral Neto	UDN	123.383	Constituinte UDN-GB/1960
2- Adauto Lucio Cardoso	UDN	18.625	Ver. UDN-DF/1947; dep. fed. UDN-DF/1954-58
3- Eurípides C. de Menezes	UDN	17.669	Dep. fed. PSD-DF/1954; dep. fed. UDN-DF/1958
4- Aliomar Baleeiro	UDN	13.625	Dep. fed. UDN-BA/1946-59; Constituinte UDN-GB/1960
5- Arnaldo Nogueira	UDN	11.497	Ver. UDN-DF/1954-58
6- Hamilton Nogueira	UDN	7.334	Sen. UDN-DF/1946; dep. fed. UDN-DF/1958
7- Sérgio Magalhães	AST (PTB)	47.570	Dep. fed. PTB-DF/1954-58
8- Eloy Dutra	AST (PTB)	30.614	Dep. fed. PTB-DF/1958

continua

Eleições

Deputados com mandatos anteriores	Partidos	Votação	Experiência parlamentar anterior
9- Waldir Simões	AST (PTB)	12.196	Dep. fed. PTB-DF/1958
10- Benjamim Farah	AST (PTB)	9.802	Constituinte PTB-DF/1946; dep. fed. PSP-DF/1950-54-58
11- Breno da Silveira	AST (PSB)	8.801	Ver. UDN-DF/1947; dep. fed. UDN-DF/1950; dep. fed. PSB-DF/1954-58
12- Rubens Berardo	AST (PTB)	3.896	Dep. fed. PTB-DF/1954-58
13- Chagas Freitas	FP (PSD)	56.657	Dep. fed. PSP-DF/1954-58
14- Nelson Carneiro	FP (PSD)	11.095	Dep. fed. PSD-BA/1950; dep. fed. PSD-DF/1958

Fonte: Abreu e Beloch, 1984.

Quadro 3
Eleições para o Senado e para vice-governador
na Guanabara (1962)

Senado

Candidatos	Votação	
Aurélio Viana (AST)	509.979	(24,9%)
Gilberto Marinho (PSD)	431.284	(21,1%)
Juracy Magalhães (UDN)	370.978	(18,2%)
Antonio Mourão Filho (PST)	346.652	(17%)

Vice-governador

Eloy Dutra (AST)	483.930	(47%)
Lopo Coelho (PSD)	402.039	(39%)
Mário Martins (PL)	40.037	(4%)

Fonte: Rios, 1964:127-129.

Eleições em tempos de radicalização

Quadro 4
Resultado das eleições para governador da Guanabara, por zonas eleitorais (1965)

Zona	Negrão (PSD/PTB)	Flexa (UDN)	Amaral Neto (PL)	Aurélio Viana (PSB-PDC)	Hélio Damasceno (PTN)	Nulos	Brancos	Votantes
1ª	27.185	17.122	1.799	1.190	668	3.141	295	51.400
2ª	18.761	13.108	1.460	795	460	1.943	194	36.721
3ª	18.561	22.320	1.256	1.000	449	1.559	193	45.353
4ª	19.422	23.514	1.496	1.079	477	2.220	219	48.427
5ª	24.333	32.119	1.507	1.087	533	2.119	251	61.949
6ª	23.441	23.914	1.833	1.127	562	2.551	173	53.601
7ª	18.682	23.690	1.331	959	411	2.039	177	47.289
8ª	23.546	15.040	1.549	923	563	2.796	210	44.627
9ª	18.711	11.640	1.184	692	430	2.251	150	35.058
10ª	22.687	14.038	1.843	1.030	800	2.348	197	42.943
11ª	32.972	18.121	2.446	1.338	777	4.154	298	60.106
12ª	38.192	15.381	2.462	1.576	918	4.831	318	63.678
13ª	24.837	12.358	1.588	1.051	672	3.231	241	43.978
14ª	20.771	18.325	1.926	1.034	637	2.051	180	44.924
15ª	23.626	9.156	1.690	1.062	662	2.637	200	30.033
16ª	13.860	16.971	984	809	325	1.246	166	34.361
17ª	16.571	17.341	972	666	271	1.581	136	37.538
18ª	18.424	29.940	1.183	924	427	1.637	195	52.730
19ª	25.418	30.957	2.194	1.236	705	2.652	234	63.396
20ª	27.211	23.767	2.195	1.227	773	3.299	240	58.712
21ª	28.635	16.076	2.222	1.188	716	3.535	237	52.608
22ª	27.485	10.896	1.966	1.076	585	3.176	209	45.393
23ª	18.600	6.289	1.173	748	394	2.166	148	29.518
24ª	24.441	8.004	1.064	740	472	2.892	176	37.789
25ª	25.699	12.276	1.080	1.224	454	3.903	246	44.882
Total	582.026	442.363	40.403	25.841	14.140	65.958	5.283	1.176.014
%	49,5	37,6	3,4	2,2	1,2	5,6	0,5	100,0

Fonte: Picaluga, 1980:178.

161

Eleições

ZONAS ELEITORAIS

1ª — Centro e Ilhas
2ª — Centro (Santo Antônio e Santana)
3ª — Catete, Glória e Flamengo
4ª — Urca e Botafogo
5ª — Copacabana (parte) e Leme
6ª — Engenho Velho e Rio Comprido
7ª — Tijuca
8ª — Engenho Novo e Rocha
9ª — São Cristóvão
10ª — Piedade, Quintino e Cascadura
11ª — Penha, Bonsucesso, Ramos e Olaria e Irajá (parte)
12ª — Bento Ribeiro, Rocha Miranda e Madureira (parte)
13ª — Madureira (parte), Marechal Hermes, Osvaldo Cruz e Jacarepaguá
14ª — Méier (parte), Cachambi, Inhaúma e Engenho de Dentro
15ª — Deodoro, Realengo e Vila Militar, Campo Grande, Santa Cruz e Realengo
16ª — Santa Tereza e Laranjeiras
17ª — Lagoa, Gávea e Leblon
18ª — Copacabana (parte) e Ipanema
19ª — Andaraí, Grajaú e Vila Isabel
20ª — Méier (parte), Lins de Vasconcelos e Todos os Santos
21ª — Vicente de Carvalho, Braz de Pina e Vila da Penha
22ª — Irajá (parte), Vigário Geral e Cordovil
23ª — Anchieta, Costa Barros e Pavuna
24ª — Padre Miguel, Bangu, Senador Camará e Santíssimo
25ª — Santa Cruz, Campo Grande, Sepetiba e Guaratiba

Eleições em tempos de mudança: o campo político carioca entre o carisma e a rotina

Carlos Eduardo Sarmento

A máquina chaguista, apesar dos inquestionáveis resultados obtidos nas urnas, não era perfeitamente calibrada para funcionar em um cenário de eleições majoritárias. Atuando em conjunturas políticas em que as eleições para o Executivo se processavam por via indireta, as estratégias desenvolvidas pelo grupo do governador Chagas Freitas sempre buscaram sustentar-se sobre a eficácia do desempenho dos candidatos para cargos no Legislativo (votação concentrada e, excetuando os fenômenos dos "puxadores de legenda", com índices medianos, porém constantes, de voto), consolidando uma ampla bancada que podia se fazer representar com coesão e coerência em suas táticas e objetivos. Logo, a conjuntura específica das eleições gerais de 1982 representava um cenário novo para o qual a máquina chaguista ainda não possuía um plano de ação de comprovada eficácia. Chagas procurara controlar este processo eleitoral tendo por base o seu tradicional arsenal político, de forma conservadora e com baixos riscos a serem assumidos, visando consagrar a vertente de renovação do chaguismo no pleito para a sua sucessão no governo estadual. Para isto, Chagas Freitas operara paciente e obstinadamente a construção de Miro Teixeira como legítimo postulante à candidatura para o governo. Este processo demandava tanto o fortalecimento do nome de Miro no interior do seu próprio grupo político, como também a garantia de que mesmo a complexa reforma partidária em curso não geraria obstáculos para que o governador fluminense continuasse conduzindo o seu processo sucessório. Todo o itinerário então percorrido, do desligamento do grupo chaguista da legenda emedebista à sua incorporação na estrutura do PMDB, tivera por norte a viabilização da candidatura Miro enquanto base da estratégia de continuidade do domínio chaguista na política estadual.

Contornados os percalços que poderiam inviabilizar internamente o lançamento da candidatura de Miro Teixeira, caberia agora definir a estratégia para o enfrentamento das urnas. Esta estratégia, que visava adequar os tradicionais esquemas eleitorais chaguistas à nova realidade política e institucional, estava pautada na construção de uma dupla inserção para o candidato do PMDB. Miro tanto seria impulsionado pelo desempenho da máquina política, como teria autonomia para constituir-se como um candidato com o perfil oposicionista preconizado pela direção nacional do partido, auferindo resultados tanto da burocrática condução rotineira dos processos eleitorais pela lógica da máquina como também da definição de um perfil ideológico e programático mais adequado às novas demandas detectadas na expressão política do eleitorado. Para Chagas, no entanto, este segundo elemento da equação montada deveria ser conduzido com extrema parcimônia, de forma que não criasse possíveis empecilhos em face da condução do processo de abertura política no governo Figueiredo. Em uma conjuntura política em que haviam saído de cena os principais arquitetos da transição no interior da cúpula militar, e os riscos de radicalização rondavam constantemente o horizonte da política, os limites de operacionalidade dos instrumentos retóricos da oposição tornavam-se novamente imprecisos.[1] No cálculo político do governador fluminense, graças aos dispositivos casuístas do voto vinculado, as candidaturas proporcionais teriam condições de impulsionar os candidatos majoritários da legenda, configurando desta forma um cenário ideal para a aplicação das estratégias eleitorais incorporadas à sua máquina política. Desta forma, sustentando-se na hipótese de uma inversão da tradicional lógica de que a eleição majoritária personalizada interferia nos resultados dos pleitos proporcionais, Chagas passou

---

[1] Sobre a crise política do governo Figueiredo diante da radicalização de grupos "duros" da direita, ver Couto, 1998.

a apostar na prevalência da rotina, idioma político por ele dominado, no pleito de novembro de 1982. No entanto, a eleição direta de um governador, após 17 anos de sufrágios indiretos, de um estado com as características políticas e eleitorais do Rio de Janeiro guardava pouca relação com a rotinização política. Na verdade, como os resultados futuros viriam expressar, esta eleição em muito transcenderia a lógica rotinizante que caracterizara o controle chaguista sobre a cidade e o estado.

Para que a estratégia traçada pudesse ser implementada de forma eficaz e com pouca margem para a imprevisibilidade e o risco, urgia evitar a radicalização da campanha e a polarização dos discursos. Em cenários com menor incidência dos discursos polarizados de escopo nacionalizante, era flagrantemente maior a eficácia eleitoral das vias de rotinização da política, caracterizadas neste caso pela máquina eleitoral chaguista. No entanto, quanto maior fosse a abrangência dos discursos políticos polarizados, quanto maior fosse a nacionalização dos debates políticos, menos eficaz era o resultado dos políticos com atuação lastreada pelos esquemas rotinizantes do voto.[2] Logo, a candidatura de Miro deveria buscar uma polarização com um adversário que pouca margem poderia dar à consolidação de um debate de ressaltado perfil ideológico ou que favorecesse a impregnação do campo político local pelas temáticas de cunho nacional. Nenhum outro candidato se ajustaria melhor a este perfil de adversário ideal para o pleno desempenho da máquina chaguista que a petebista Sandra Cavalcanti. Embora a legenda do PTB historicamente incorporasse ao debate político local a lógica da política nacional, este novo PTB poucas semelhanças guardava em relação à antiga legenda trabalhista. Um primeiro indício desta dissociação entre a legenda e a sua tradição pré-64 estava corporificado na própria candidatura Sandra Cavalcanti. Originária dos movimentos de mobilização política da direita católica da década de 1950, Sandra se tornou uma liderança-símbolo da UDN lacerdista nos anos 1960, sendo, portanto, uma figadal e inflamada adversária dos antigos petebistas na política local. Secretária de Ação Social do governo Carlos Lacerda na Guanabara, esteve à frente dos polêmicos processos de remoção de favelas e

---

[2] Sobre esta relação entre nacionalização dos debates políticos e o desempenho das candidaturas calcadas na perspectiva rotinizante, ver Sarmento e Freire, 1999.

de criação de conjuntos habitacionais em áreas distantes da Zona Oeste, como Vila Kennedy e Cidade de Deus.[3] Após a cassação do ex-governador, seu principal referencial de ação política, Sandra não buscou a aproximação com o MDB (como viriam a fazer outras lideranças lacerdistas, como Raul Brunini principalmente durante o processo de articulação da Frente Ampla) e filiou-se à Arena carioca, de onde sairia, rumo ao PTB de Ivete Vargas, no rastro de um convite que representava a garantia de sua candidatura ao governo estadual.

Articulando paradoxalmente duas marcas memoriais excludentes, Sandra Cavalcanti foi o primeiro nome lançado oficialmente na corrida eleitoral para o Executivo fluminense. Esta peculiar condição de poder se posicionar precocemente no noticiário, aliada à ressonância provocada pela referência direta a duas correntes políticas que definiram o perfil do debate político na cidade do Rio de Janeiro no período pré-64, impulsionaram a candidatura de Sandra a surpreendentes índices de intenção eleitoral que chegaram ao teto de 52% no mês de março de 1982.[4] A candidata do PTB representava, na estratégia formulada para a campanha mirista, o ponto preferencial de polarização. Inicialmente porque a avaliação corrente era de que o bom desempenho de Sandra viria a perder consistência à medida que as novas candidaturas fossem oficializadas e ganhassem as ruas. Comprometendo ainda mais a sustentação política de Sandra, o PTB fluminense não possuía sólidas bases partidárias em todo o estado e, conseqüentemente, não teria candidaturas proporcionais fortes que pudessem impulsionar a chapa pelo processo de vinculação integral de votos. Dentro do debate, Sandra seria uma candidata que pouco interesse teria em conduzir a discussão para o temário da política nacional, dado as suas íntimas vinculações com os militares golpistas de 1964 e a sua radical defesa do credo arenista durante todo o regime militar. Diante de Sandra, Miro assumia uma inédita legitimidade oposicionista com respeito ao regime, que, no entanto, não viria a ser radicalmente explorada, de forma a não permitir um aprofundamento do debate em torno das questões de recorte nacional e com fortes marcas ideológicas.

---

[3] Sobre a trajetória política de Sandra Cavalcanti ver o seu depoimento ao Programa de História Oral do Cpdoc/FGV e os dados contidos em Abreu e Beloch, 1984.

[4] Pesquisa do Ibope publicada no *Jornal do Brasil*, 14 mar. 1982.

Através das páginas de *O Dia*, Chagas pôde conduzir o seu tradicional modelo de construção das candidaturas, ampliando a presença de Miro no jornal e partindo para a polarização com os adversários preferenciais. Na edição de 6 de novembro de 1981, Chagas brandia o seu principal argumento no confronto aberto contra a candidatura do PTB. Em matéria sobre a Fundação Leão XIII, órgão estadual que tratava do recolhimento de mendigos a abrigos mantidos pelo Estado, era recontado o episódio da matança de mendigos no rio da Guarda durante o governo Lacerda.[5] Na matéria omitia-se os autos do processo, os resultados da CPI instaurada na Aleg e o encarceramento dos policiais responsáveis pelos crimes contra moradores de rua nas regiões suburbanas da cidade para marcar sobre Sandra o mesmo epíteto que fora associado ao antigo governador, o de "mata-mendigos".[6] A partir desta matéria, o jornal passaria a acentuar um certo perfil de insensibilidade social à candidata, estabelecendo os termos do debate que interessavam ao candidato do PMDB. O jornal também guardaria estocadas para Moreira Franco, futuro candidato do PDS ao governo, reverberando ecos do confronto travado entre Chagas e Amaral Peixoto pelo controle do MDB fluminense. Contra Moreira, *O Dia* promoveria uma campanha denuncista que procurava evidenciar indícios de gestão fraudulenta na sua passagem pela prefeitura de Niterói.[7]

Os passos iniciais da candidatura Miro Teixeira sinalizavam a possibilidade de que as estratégias chaguistas se mostrariam adequadas para a disputa do governo estadual pela via direta. Com a massificação das campanhas conduzidas pelos candidatos proporcionais, e de seus cabos eleitorais, por todo o estado, as sondagens de opinião pública evidenciariam um acelerado recuo das intenções de voto em Sandra Cavalcanti e a consolidação do nome de Miro no primeiro lugar da pesquisa Ibope realizada no mês de agosto.[8] Este cenário indicava uma certa segurança relativa, mas ainda apresentava variáveis

---

[5] *O Dia*, 6 nov. 1981. p. 5.

[6] Ver Motta, 2000a.

[7] *O Dia*, 4 fev. 1982. p. 6.

[8] Segundo os dados desta pesquisa, Miro (29,5%) estaria tecnicamente empatado com Sandra (25,1%), mas enquanto a candidata petebista apresentava um evidente viés decrescente, Miro mantinha um crescimento lento e constante em todas as regiões do estado. *Jornal do Brasil*, 20 ago. 1982.

que poderiam comprometer todo o planejamento da condução do processo eleitoral. Variáveis estas que já eram perceptíveis antes mesmo da incorporação do PP pelo PMDB e que atendiam por um nome muito específico:

> O problema maior foi o anúncio da volta de Leonel Brizola ao Brasil, para participar ativamente da política. Na época, nós já achávamos que ele não iria atuar politicamente no Rio Grande do Sul, e sim no Rio de Janeiro. Eu até me lembro de ter dito ao Chagas que deveríamos ter um entendimento político com ele: "Vamos ver o que ele quer e o que ele não quer, para não termos nele um adversário".[9]

A avaliação do antigo prócer da corrente chaguista refletia a preocupação do grupo em não deixar que Brizola pudesse instaurar no debate político das eleições de 1982 o padrão de discurso político, radical e em torno de temáticas de abrangência nacional, que caracterizara a sua trajetória nas décadas de 1950 e 60 e que poderia desestabilizar os esquemas de rotinização do voto. Para Chagas Freitas, Brizola já havia representado um risco concreto, contra o qual não tivera condições de atuar, nas eleições legislativas de 1962. Com seu discurso antilacerdista e centrado no debate político nacional, o ex-governador riograndense obtivera então na Guanabara a maior votação proporcional de um deputdo federal em toda a história do Brasil. A orientação do campo político local em torno do perfil radical e polarizado que Brizola soubera imprimir à campanha de 1962 resultaria em um fraco desempenho das candidaturas da rede política congregada em torno do então "deputado de *O Dia*", fazendo com que Chagas apresentasse o seu pior desempenho eleitoral desde o pleito de 1954. Tal qual fizera na polarização contra Lacerda, a presença de Brizola no jogo político representava uma maior definição ideológica das plataformas políticas e a condução do debate para esferas que transcendiam os limites da política local, territórios considerados inóspitos e hostis pela estrutura política da máquina eleitoral chaguista.

Este tipo de orientação do debate político explicitava, inclusive, a inadequação da estrutura de propaganda política controlada por Chagas Freitas

---

[9] Depoimento de Erasmo Martins Pedro ao Programa de História Oral do Cpdoc/FGV publicado em Pedro, 1998:84.

diante das inovações da mídia brasileira. Os jornais enfrentavam uma séria crise econômica cuja gênese se situava na crescente perda de leitores por parte das folhas diárias. A facilidade de acesso e a imediata reação no consumidor provocada pelos novos meios de comunicação de massa, o rádio e a televisão, impunham novos limites à utilização política dos meios de comunicação.[10] Sinal claro do abalo da estrutura jornalística que abastecia a máquina chaguista foi o fechamento do diário *A Notícia*, em junho de 1979, devido aos recorrentes prejuízos financeiros causados pela manutenção deste jornal.[11] Além da perda de público, o esquema chaguista teve que rever alguns de seus instrumentos de ação na mídia impressa, como por exemplo as pesquisas eleitorais publicadas por *O Dia*, que passaram a ser deslegitimadas através da divulgação de sondagens realizadas por instituições de maior credibilidade.[12] Chagas não havia atualizado seus instrumentos de ação nos canais de comunicação para adaptar-se ao universo da radiodifusão, de uma forma de comunicação mais próxima do receptor, e vinha observando a flagrante alteração no perfil do consumidor/eleitor de *O Dia*:

> Por outro lado, somente o jornal não garantia mais eleição, porque houve uma transformação muito grande nos meios de comunicação de massa. A televisão foi fundamental nessa modificação. A comunicação feita por intermédio de *O Dia* era direta, mas quem lia *O Dia*? Era o operário, que passou a acreditar no Brizola; era o empregado do comércio, que não tinha mais razão para ficar dentro do PMDB. (...) Com a vinda do Brizola, o panorama político modificou-se muito: Brizola tinha carisma, tinha história, tinha condições de usar os meios de comunicação como ninguém.[13]

---

[10] Ver Abreu e Lattman-Weltman, 2001.

[11] Os direitos de publicação de *A Notícia* foram vendidos por Chagas Freitas ao empresário Ari de Carvalho, em maio de 1991, quando então o diário voltou a circular no estado do Rio de Janeiro. Ver Beloch e Abreu, 1984.

[12] Em maio de 1982, ocasião em que pesquisas do Ibope e do Gallup ainda asseguravam a dianteira das pesquisas para Sandra Cavalcanti, o jornal *O Dia* publicou uma pesquisa própria que indicava a liderança de Miro com 58,2% dos votos, seguido por Sandra (13,8%) e Lisâneas Maciel (13,5%). *O Dia*, 9 maio 1982.

[13] Depoimento de Erasmo Martins Pedro ao Programa de História Oral do Cpdoc/FGV publicado em Pedro, 1998:191-192.

Esta melhor adequação do perfil de atuação e do padrão retórico de Leonel Brizola às exigências dos novos canais de comunicação ficaria ainda mais evidenciada após a sua participação em debates no rádio e na televisão. Embora a regulamentação da eleição de 1982 ainda incorporasse alguns dos instrumentos restritivos da Lei Falcão, vedando aos candidatos o acesso direto e livre aos programas gratuitos de rádio e televisão, foi permitida a participação em programas ao vivo, o que introduziria uma nova modalidade de comunicação política. No primeiro debate transmitido ao vivo pela televisão, no mês de março, a própria estrutura do programa privilegiou a polarização entre Miro e Sandra. Enquanto Sandra atacava a corrupção no governo estadual fluminense, Miro retomou a associação entre Sandra e o episódio da matança de mendigos no governo Lacerda. Na cobertura jornalística sobre o debate, pouco destaque foi dado a Brizola que, no entanto, seria lembrado pela fina ironia com que problematizou a conjugação do credo udenista de Sandra sob a bandeira do PTB.[14] No entanto, a partir dos meses de agosto e setembro, Brizola passaria a freqüentar muitos programas de rádio e a atrair maiores atenções em suas participações nos debates travados entre os candidatos. A esta melhor ocupação de Brizola dos novos canais de comunicação de massa correspondeu um evidente acréscimo no índice de intenções de voto no candidato pedetista. Brizola saltaria, durante o período desses mesmos dois meses, do patamar de 10% das intenções de voto para a casa de 23% e 26%. Em matéria publicada na edição de 2 de setembro, a revista *Veja* anunciava a estratégia brizolista de ocupação de todos os espaços disponíveis para a veiculação, através de canais de radiodifusão, de seus discursos. Segundo a revista, Brizola estava começando a ser "percebido" pelo eleitorado fluminense justamente pelo bom uso de suas contundentes ferramentas da oratória.[15]

Mas não seria apenas sobre a candidatura de Leonel Brizola que se sentiriam os efeitos do tipo de discurso que o líder gaúcho começava a imprimir no debate político fluminense. Ao nacionalizar os temas centrais da pauta de discussão política, Brizola abriria espaço e catalisaria o processo de maior polarização e nacionalização do campo político e eleitoral local. Trabalhando com os

---

[14] Ver *Veja*, 31 mar. 1982. p. 26.
[15] *Veja*, 2 set. 1982. p. 22-23.

consagrados referenciais que articulavam a perda da condição de capitalidade da cidade do Rio de Janeiro à expressão da "consciência política" nacional, da "cabeça pensante" do país, Brizola insuflaria a radicalização dos debates e alteraria, de forma definitiva, o direcionamento das campanhas para o governo estadual. Em lugar da discussão dos problemas locais, Brizola investiu na apresentação de um projeto político nacional; em lugar da avaliação dos investimentos sociais do Executivo estadual fluminense, Brizola preconizou o "acerto de contas" com a ditadura militar; em lugar da burocrática rotinização do processo eleitoral, Brizola inundou o campo político carioca e fluminense com o carisma. Uma nova ambiência política que seria imediatamente percebida pelo atores políticos em disputa, como o deputado Paulo Duque, então concorrendo à reeleição pela legenda do PMDB:

> Eu diria que essa campanha perdeu um pouco o caráter da política local e foi nacionalizada. Lysaneas Maciel, por exemplo, achava que a polarização ainda estava em torno da discussão a respeito dos rumos do regime criado em 1964. Mas ninguém acreditava mais nele. As pessoas passaram a acreditar numa nova linguagem, num novo tipo de trabalho, de expressão, até mesmo num sotaque diferente... Brizola veio com uma nova linguagem, sempre falando em termos do futuro do Brasil, e com autoridade para questionar. Havia um grande descontentamento popular, e ele soube tocar no ponto certo. O PMDB não conseguia falar essa linguagem. Ficou naquela briguinha entre Miro e Sandra.[16]

Brizola construía a viabilidade eleitoral de sua candidatura no reforço da legitimidade política de sua liderança oposicionista. Se o centro das discussões políticas passava a ser a avaliação do regime militar, tanto Sandra, quanto Miro, como ainda Moreira Franco, careciam de legitimidade. Sandra, por sua íntima relação com o grupo golpista de 1964 e sua trajetória na Arena, e Miro por representar politicamente a continuidade do chaguismo, entendido sob este prisma como corrente política que operara em tácita anuência com o regime militar, e, finalmente, Moreira, que, apesar de seu passado maoísta, con-

---

[16] Depoimento de Paulo Duque ao Programa de História Oral do Cpdoc/FGV publicado em Duque, 1998:137.

corria às eleições pela legenda governista do PDS. No lançamento oficial de sua candidatura, em 6 de agosto de 1982, Brizola não deixaria de demarcar claramente qual a raia da disputa política em que ele procuraria correr:

> Sou candidato para desmascarar o falso oposicionismo desses candidatos; candidatos que são o diabo, o demônio e o satanás, para que o inferno ganhe sempre. Falta-lhes legitimidade, exatamente o que me sobra. Faço um apelo a vocês para que não se deixem embromar por estas artimanhas e votem com consciência.[17]

Com esta definição de postura política, capaz de transmutar o próprio cenário em que se desenvolveria a campanha, Brizola soube identificar e fazer confluir características estruturais e conjunturais da política do Rio de Janeiro. Por um lado, Brizola reintroduziu a discussão nacional polarizada no horizonte político do eleitorado local e, por outro, soube identificar a insatisfação de grande parte dos eleitores em razão das características intrínsecas ao sistema chaguista. Nesta articulação, Brizola pôde fazer convergir para a sua candidatura um eleitorado de dupla inserção oposicionista, representando uma singularidade no quadro eleitoral brasileiro em 1982 que assim foi analisada por uma clássica interpretação da ciência política sobre o fenômeno brizolista:

> A singularidade do caso do Rio de Janeiro decorreu da presença de uma administração estadual identificada com uma sigla oposicionista, impedindo que a insatisfação do eleitorado com o desempenho governamental coincidisse com a clivagem tradicional entre o regime e as oposições. Ao contrário, aqui as duas linhas de clivagem cruzam-se de modo perpendicular, fragmentando a antiga frente oposicionista e dando nascimento a uma nova coalizão de eleitores unidos pelo repúdio simultâneo ao regime e ao chaguismo.[18]

A eficácia da estratégia brizolista de redefinição dos eixos sustentatórios da arena de debates para a qual convergiria a campanha eleitoral de 1982, fez claudicar o planejamento definido por Chagas Freitas para o encaminhamen-

---

[17] Apud Sento-Sé, 1999:222.
[18] Souza, Lima Júnior e Figueiredo, 1985:44.

to da candidatura Miro Teixeira. Com a perspectiva de condução do processo de campanha eleitoral pelo viés rotinizado e burocrático definitivamente sepultada pelas alterações incorporadas através da retórica brizolista, a candidatura do PMDB passou a se deparar com uma série de paradoxos internos e com a incapacidade de conseguir articular as necessidades estratégicas das campanhas majoritárias e proporcionais. Enquanto os candidatos a deputado estadual e federal e a vereador necessitavam se valer das estruturas tradicionais de impulsionamento das candidaturas pela máquina política comandada por Chagas Freitas, Miro procurava se afastar de qualquer referência que pudesse associar a sua imagem ao modelo clientelista que dera coesão ao grupo político do governador. A avaliação negativa do "chaguismo", que passou a integrar o repertório dos discursos políticos à época, forçou a um afastamento do candidato a governador da estrutura política que dera, até então, sustentação à sua candidatura. Miro buscava o divórcio diante da máquina chaguista e, principalmente, procurava associar a sua imagem às posições mais radicalmente oposicionistas encampadas pelo PMDB, forçando, com isto, a busca de uma legitimidade oposicionista radical.

Embora a construção da candidatura Miro Teixeira tivesse levado em conta a viabilidade de a "nova face" do chaguismo articular os argumentos presentes no discurso oposicionista em relação ao regime militar, o posicionamento então buscado pelo candidato, em sua desesperada tentativa de não permitir que Brizola ocupasse solitariamente o nicho oposicionista, em muito transcendia a possível margem de manobra que lhe era franqueada por Chagas Freitas. Com isto, Miro foi deixando de seguir os passos previstos pela estratégia chaguista e passou a buscar orientação junto a um grupo de intelectuais, militantes de organizações clandestinas vinculadas ao PMDB, que jocosamente viriam a ser denominados "luas pretas".[19] A drástica verticalização do discurso

---

[19] Uma das versões para o bizarro apelido dado a este grupo de intelectuais, que teriam influenciado Miro Teixeira na fase final da campanha de 1982, se deve ao fato da total e cega obediência de Miro ante as diretrizes por eles traçadas. Segundo tais versões, os novos conselheiros políticos eram capazes de convencer o candidato das posições mais radicais e absurdas, como a de que a face da lua era escura, e Miro as defenderia ardentemente em seus discursos de campanha. Ver Depoimento de Gilberto Rodriguez ao Programa de História Oral do Cpdoc/FGV.

oposicionista de Miro criaria um impasse intransponível no interior do partido, como relata Gilberto Rodriguez:

> Em 1982 o Miro tentou estrategicamente se valer do discurso que poderia atrair o eleitorado mais oposicionista, porque, na realidade, ele sempre votava com o esquema que o Chagas determinava. Acontece que o problema do Miro foi querer ter as duas faces, a chaguista para dentro e a oposicionista para fora. (...) Os "luas pretas" eram ótimos, ruim era o candidato. Porque deu uma versão ao rompimento com o Chagas que o povo entendeu como ele tendo traído o Chagas. Tudo começou, a meu juízo, naquele comício em Madureira, onde ele usou a expressão "maldita comunidade e informações" para se referir ao SNI. Ele, que sempre foi ligado ao governo federal, terminou o seu discurso falando em "virar a mesa", criticando o regime militar, aquela coisa toda. O próprio Chagas ficou um pouco retraído. Eu me lembro perfeitamente porque senti que não era o nosso discurso. Durante o regime militar, até por causa do Chagas, nunca sofremos qualquer retaliação do governo federal.[20]

Após o comício político do bairro de Madureira, realizado em agosto de 1982 sob o patrocínio do candidato a deputado estadual Jorge Leite,[21] a separação entre a campanha dos candidatos proporcionais do PMDB e a de Miro Teixeira tornou-se uma realidade incontestável e um obstáculo intransponível. Premidos pelas amarras legais do voto vinculado, os candidatos ao Legislativo não tinham como buscar alianças com outras candidaturas ao governo, tendo então que articular novas formas de condução de suas campanhas. Sem infligir a regulamentação eleitoral, muitos candidatos do PMDB passaram a pregar a prática do chamado "voto camarão", no qual o eleitor descartava a escolha do cabeça da chapa, votando em branco para o cargo de governador. Mais grave que a própria defasagem entre os rumos das candidaturas chaguistas e a candidatura do "sucessor" de Chagas na liderança da máquina viria a ser o afastamento de Miro em relação a seu mentor político. Ao tentar incorporar à

---

[20] Depoimento de Gilberto Rodriguez ao Programa de História Oral do Cpdoc/FGV, publicado em Motta e Sarmento, 2001:225-226.

[21] Detalhes sobre o comício e do processo de distanciamento entre Miro e Chagas encontram-se descritos em matéria publicada no *Jornal do Brasil*, 14 out. 1982. p. 9.

sua candidatura a marca legitimadora da oposição genuína exercida pelo PMDB, Miro não se limitaria a se omitir em face das críticas encaminhadas ao governador e à sua máquina. O candidato chaguista passaria a se tornar um radical opositor da estrutura e da máquina políticas que haviam viabilizando a sua trajetória política. Embora para muitos a nova postura de Miro parecesse apenas um mero artifício retórico para sensibilizar uma importante parcela do eleitorado, os personagens que acompanhavam o cotidiano do Palácio sabiam que a ruptura era definitiva:

> No finalzinho da campanha, o Chagas ia inaugurar uma obra. O helicóptero saía do Palácio Guanabara, e ele perguntou: "Ué, cadê o Miro? O Miro não veio?" O Miro já estava em outra, muito ligado a um grupo de intelectuais que não tinha voto, mas tinha muitas idéias, muito grilo para botar na cabeça dos outros. A análise que eu faço é esta. Miro não teve condições de verificar que, eleitoralmente, na contabilidade dos votos, romper com o Chagas não podia dar certo.[22]

Como os políticos de filiação chaguista insistem em frisar em seus depoimentos, a adoção de um novo perfil político por Miro Teixeira em plena campanha eleitoral não contribuiu para que ele avançasse sobre o eleitorado galvanizado pelo carisma de Leonel Brizola, nem tampouco permitiu que a máquina política chaguista funcionasse ao seu favor. Ciente da irreversibilidade da ruptura com o candidato que havia ungido como o seu sucessor, tanto na chefia do Executivo como também na da máquina, Chagas passou a reduzir a presença de Miro nas edições de *O Dia*, suprimindo inclusive a sua coluna diária.[23] A equivocada estratégia pautada pelos "luas pretas", que no imaginário político ga-

---

[22] Depoimento de Paulo Duque ao Programa de História Oral do Cpdoc/FGV publicado em Duque, 1998:139.

[23] A partir da segunda semana de setembro a coluna de Miro Teixeira deixaria de ser publicada em *O Dia*. Segundo reportagem da revista *Veja*, Chagas Freitas passou a "plantar" na seção criminal de seu jornal matérias de sentido cifrado, nas quais denunciava a "traição" de Miro ao seu grupo político. Em um exemplo, citado nesta reportagem, um certo Sr. Abdala (sobrenome materno de Miro) teria assassinado toda a família e posto fogo na própria casa, clara alusão ao desprezo de Miro pelos políticos e pela máquina chaguistas. Ver *Veja*, 6 out. 1982. p. 28.

nharia vernizes sentimentais de uma traição à figura paterna, pode ser encarada apenas como um dos elementos que atuaram no constrangimento da candidatura do PMDB ao governo estadual. A ambígua, e até mesmo esquizofrênica, posição da seção fluminense do partido — oposição em nível nacional e situação em relação ao governo estadual —, aliada à incapacidade e ao despreparo da máquina chaguista para atuar em conjunturas nas quais se acentuavam o grau de polarização, ideologização e nacionalização dos debates, resumem os condicionantes básicos da falência da candidatura de Miro Teixeira em 1982.

Este elemento, a liderança carismática de Brizola, e a capacidade de ele se constituir como fator de reorientação do campo político fluminense, representa o fator primordial a partir do qual se pode compreender o processo eleitoral de 1982 no Rio de Janeiro. Em um ambiente impregnado pela lógica rotinizante e burocrática da expressão eleitoral da máquina chaguista, o ingresso e o reconhecimento do carisma de Brizola permitiu que a adoção de uma pauta de debates centrada em questões nacionais desviasse os vetores componentes do campo em direção a uma formatação mais polarizada, mais propensa à veiculação dos discursos radicais e de teor oposicionista. Desta forma, como anteriormente havia ocorrido nos pleitos de 1954, 1960 e 1962, as candidaturas lastreadas em relações de cunho clientelista perderiam espaço, na política carioca, para políticos que soubessem situar seus discursos em torno dos eixos de polarização do debate. Os relatos dos políticos que participaram da campanha, fontes privilegiadas para a compreensão da lógica que orientara o processo político e eleitoral, reiteram a percepção de uma radical reversão no quadro da política local com a articulação da retórica radicalmente oposicionista encampada por Brizola.

José Talarico, liderança histórica do antigo PTB carioca, enfatiza a importância do trabalho político cotidiano, nas ruas, como uma das molas mestras que teriam impulsionado a campanha de Leonal Brizola. Para ele, as candidaturas massificadas pelos meios de comunicação não representavam o grau de insatisfação do eleitor diante da ditadura militar e dos esquemas chaguistas. Para Brizola passaria a convergir este eleitorado ainda indeciso, tardiamente captado pelas sondagens eleitorais:

> As pesquisas eleitorais estavam surgindo e, no primeiro levantamento que fizemos, tanto a Sandra quanto o Miro alcançaram melhores resultados. Mas é preciso lembrar que, na época, a candidatura do Brizola ainda não

havia sido lançada. Com isso, fomos para as ruas. Quase que diariamente, eu ia à Central do Brasil, à Leopoldina, à Avenida Rio Branco, de um lado e de outro, panfletar sobre o trabalhismo. E nas conversas sentia que, entre dez pessoas, seis, às vezes até oito, eram favoráveis ao Brizola, apesar das pesquisas ainda não estarem bem definidas.[24]

O crescimento da candidatura de Brizola geraria um fenômeno inédito na política carioca: o alto grau de engajamento de cidadãos tradicionalmente afastados da prática política. Segundo Arlindenor Pedro, militante do PCdoB filiado ao PMDB, então candidato a uma cadeira na Câmara Municipal do Rio de Janeiro, a campanha política do PDT, principalmente nos dois últimos meses antes da eleição, teria tido a capacidade de refundar a arena das disputas políticas, inserindo no processo indivíduos até então não identificados ou priorizados pelas campanhas eleitorais. A percepção deste contingente político sub-representado teria escapado tanto dos partidos tradicionais, como também das próprias organizações de esquerda que teimavam em não reconhecer o elitismo de algumas de suas posições:

> Foi a pior experiência que eu já tive em minha vida. Até então nós éramos os donos da rua no Rio de Janeiro, não havia ninguém que disputasse conosco. E aí surgiu um tipo de pessoa, um povo que eu nunca tinha visto em minha vida. Eu me lembro daquele livro do John Reed, "Os dez dias que abalaram o mundo" (...) John Reed diz uma frase assim: é como se das entranhas da Rússia, aquilo que estivesse mais escondido começasse a sair. Eu nunca vi coisa igual! A eleição do Brizola foi uma eleição eminentemente popular. Apareciam carros com cédulas, e as pessoas avançavam para pegar aquelas cédulas. Foi uma coisa que varreu o Rio de Janeiro, a partir daqueles debates na televisão, e nós ficamos completamente despreparados, atônitos, porque passamos a ser agredidos com a pecha que atribuíamos anteriormente ao chaguismo: "Ladrão, corrupto" "Mas, e o meu passado?" "Que passado, rapaz! Não tem nada de passado".[25]

---

[24] Depoimento de José Gomes Talarico ao Programa de História Oral do Cpdoc/FGV publicado em Talarico, 1998:331.

[25] Depoimento de Arlindenor Pedro de Souza ao Programa de História Oral do Cpdoc/FGV, publicado em Ferreira, Rocha e Freire, 2001:220.

Eleições

Os políticos que durante anos haviam ocupado a vertente mais à esquerda do espectro político, e nesta posição se julgavam como legítimos representantes das aspirações dos setores populares, se viam engolfados pelo fenômeno de mobilização promovido pela retórica brizolista. Não havia mais história, não havia mais passado, não havia mais tradições; Brizola fizera da política uma tábula rasa, refundava o tempo e a história e franqueava aos setores populares um projeto político de redenção. Redenção completa, que transcenderia, inclusive, as tradicionais relações políticas e os liames das relações clientelistas. Segundo o deputado Gilberto Rodriguez, concorrendo então à reeleição, a percepção de que toda a lógica que orientava as relações e os processos políticos estava sendo revertida e desmontada pelo brizolismo ficara evidente nas ruas, nos gestos, ações e até mesmo nos silêncios dos cidadãos de estratos populares:

> Começamos a sentir o crescimento do Brizola e a queda do Miro mais na rua do que no palácio: primeiro, o afastamento dos cabos eleitorais, depois, dos eleitores. Pessoas que deviam favores chegavam para o deputado candidato e se desculpavam: "Dessa vez não vou poder votar em você, porque eu vou votar no Brizola". Não era voto no PDT, nem em candidato do PDT, era no Brizola, as pessoas ficaram encantadas com ele. O Brizola foi uma avalanche, uma tromba d'água, pegou todo mundo de surpresa. Vou contar o que aconteceu em Nilópolis. Ali, cerca de 30% do eleitorado eram de fora do município, porque tiravam o título e depois se mudavam, sem a preocupação de fazer a transferência. Então, um dos recursos dos candidatos era colher o eleitor na descida da passarela da estação do trem e nos pontos de ônibus. Como o eleitor não sabia onde deveria votar, os cabos eleitorais examinavam seu título e informavam o endereço da seção onde iriam votar. Pois bem: nessa eleição de 1982, foi a primeira vez que as pessoas fizeram uma eleição silenciosa. Chegavam de trem e eram abordados: "O senhor já tem candidato?" "Já". "O senhor já sabe onde votar?" "Sei". Uma coisa! Isso nos assustou muito. O eleitor votou em silêncio, ia votar a pé e caladinho. Apanhava no chão uma cédula, onde estava o "Brizola na cabeça", e os candidatos do PDT que ainda tinham cédulas para oferecer no dia da eleição foram eleitos. Tanto assim que, na eleição seguinte, todos foram derrotados. Falar em Miro naquela hora era uma temeridade! Muitos carros com adesivos da sua campanha eram até apedrejados.[26]

---

[26] Depoimento de Gilberto Rodriguez ao Programa de História Oral do Cpdoc/FGV, publicado em Motta e Sarmento, 2001:227.

A peculiar conjuntura na qual transcorreu a eleição de 1982 no Rio de Janeiro foi interpretada pelo cientista político João Trajano de Sento-Sé como uma combinação entre características de uma festa cívica com elementos típicos do Carnaval. Segundo a análise de Sento-Sé, corroborada pelos depoimentos acima transcritos, muito mais do que um processo eleitoral, no Rio de Janeiro transcorreu um fenômeno de massas, que poucas similitudes guardaria de processos eleitorais vivenciados em nossa história. O eleitorado marchara para as urnas com a convicção de que estaria demarcando um ponto de inflexão na trajetória política brasileira e, ao se expressar, transcenderia a característica inicial de mera festa cívica para ingressar nos territórios da carnavalização, da dessacralização e da adoção de uma postura satírica. Desta forma, se poderia entender a eleição de candidatos de inserção quase caricata como o cacique Mário Juruna, o cantor de boleros sentimentais Agnaldo Timóteo e o autodenominado "cafajeste" Carlos Imperial, que cultuava a imagem identitária de uma das faces assumidas pela evocação à malandragem carioca.[27]

Os indícios que as fontes nos apontam nos levam a pensar a eleição de Brizola para o governo do estado em 1982 como um exemplo de *charivari*, típicas manifestações populares de teor burlesco, caracterizadas pela "irrupção limitada da desordem" e que se distinguiriam em sentido do Carnaval brasileiro por assumirem funções de celebração alegórica que buscam representar, interpretar, reverter e recriar o sentido da realidade social.[28] Esta associação pode ser explicitada na medida em que o *charivari* situa-se como uma representação simbólica e alegórica de um conflito social (maridos traídos, trabalhadores aviltados etc.) que busca estabelecer uma resolução exemplar e catártica para o tensionamento social em questão. No caso da eleição de Brizola, o sentido simbólico da manifestação popular pelo voto está claramente associado a uma catarse em face dos problemas apresentados pelos condicionantes sociais e políticos da época. O voto em Brizola representava simbolicamente a reversão das estruturas sociais excludentes, com a chegada do povo, das massas, ao poder. Além disso, encenava um acerto de contas com as estruturas repressivas do regime militar, fazendo de um dos atores "derrotados" em 1964

---

[27] Ver Sento-Sé, 1999:224-225.

[28] Sobre o conceito dos charivaris ver Darnton, 1988:113-114.

o protagonista da purgação dos malefícios associados à ditadura. Malefícios estes que encontravam ramificações possíveis no cotidiano dessas populações através dos efeitos da recessão econômica, do desemprego e do controle discricionário do aparelho repressivo do Estado. Brizola, no quadro referencial das eleições de 1982, representaria também a resposta possível do eleitorado em face de uma avaliação negativa das estruturas clientelistas da máquina chaguista e da forma como esta orientou o funcionamento do campo político local. No discurso formulado por um dos protagonistas do processo político e eleitoral à época, Brizola representou para os eleitores a possibilidade de concretização de um "amor não vivido":

> Brizola veio com um discurso dos anos 1950, falando em bica d'água, em favela, e a nostalgia tomou conta da população do Rio de Janeiro e da Baixada. Hoje esse discurso está velho, ultrapassado, mas naquela época era uma coisa de amor não vivido. O Brizola era uma lenda: só se ouvia falar de sua fuga espetacular, dos programas da Rádio Mayrink Veiga, da defesa que fez da posse de João Goulart. Isso tudo fez dele um herói.[29]

Brizola incoporava à perfeição o mito do "herói salvador", aquele que, no referencial específico da política carioca, representava a chance de retomar um "romance" não confirmado através de Chagas Freitas. Brizola era basicamente a expressão da retórica populista dos anos 1950, de forte cunho oposicionista. Para o eleitorado carioca, Brizola era a chance de reinstaurar no Rio de Janeiro a condição de principal centro político nacional, objetivo este que esteve totalmente ausente da pauta política de Chagas Freitas e de seu grupo. Na medida em que Chagas se afastara da polarização em torno de temáticas nacionais para melhor articular o idioma da rotina política, e com isto revertera os referenciais da política carioca, desconstruíra a forte e marcante identificação do eleitorado da cidade do Rio de Janeiro com o proscênio do debate político nacional. Liderança de uma legenda oposicionista, Chagas jamais buscara se aprofundar nos terrenos simbólicos que associavam a política local à política nacional. Em Brizola estava depositada a esperança de resgate des-

---

[29] Depoimento de Gilberto Rodriguez ao Programa de História Oral do Cpdoc/FGV, publicado em Motta e Sarmento, 2001:225.

ta relação, na reconstrução de uma "idade do ouro"[30] da política carioca para a qual Chagas Freitas só contribuíra para a desconstrução. Por este prisma se pode também compreender o apoio maciço do eleitorado carioca à candidatura de Leonel Brizola. Sessenta e três por cento do total dos votos que elegeram o candidato pedetista para o governo originaram-se das 25 zonas eleitorais que compunham o colégio eleitoral do município do Rio de Janeiro. Na capital do estado, Brizola conquistou 41,3% do total de votos, enquanto o segundo colocado nos resultados gerais, o pedessista Wellington Moreira Franco, obteria quase metade destes sufrágios, perfazendo 23,5% do total de votos cariocas. A diferença de cerca de 430 mil votos conseguida na cidade do Rio de Janeiro consolidou uma margem de vantagem que não pôde ser superada mesmo com o fraco desempenho eleitoral de Brizola no interior do estado, em especial no Norte Fluminense, onde não ultrapassou o índice de 6,2% dos votos computados.[31] A observação dos dados eleitorais confirma a hipótese de que a vitória brizolista em 1982 correspondeu a uma expressão do predomínio do discurso político radical, polarizado em torno dos temas da conjuntura nacional, capaz de mobilizar, com maior eficácia, o eleitorado da cidade do Rio de Janeiro, antiga capital republicana.

Tabela 1
Votação para o governo do estado do Rio de Janeiro em 1982 — Percentual de votos, por regiões do estado, nos partidos políticos

Partido	Capital	Baixada Fluminense	Vale do Paraíba e periferia do Grande Rio	Serrana	Norte
PDT	41,3	33,3	32,8	7,3	6,2
PDS	23,5	31,8	11,2	33,2	33,1
PMDB	13,7	15,3	34,2	36,7	43,5
PTB	11,5	8,5	7,8	10,0	5,8
PT	3,8	2,0	2,6	1,5	0,9
Brancos	2,8	4,9	7,4	7,8	6,8
Nulos	3,3	3,9	3,9	3,4	3,6

Fonte: Souza, Lima Júnior e Figueiredo, 1985.

---

[30] A importância dos referenciais míticos do "herói salvador" e da "idade do ouro" para os discursos políticos encontra-se analisada por Girardet, 1987.

[31] Ver Souza, Lima Júnior e Figueiredo, 1985:12.

A máquina chaguista, cujas estratégias eram validadas para a disputa de eleições em um padrão rotinizado, distante, portanto, da força do carisma e da polarização radical dos discursos, encontrou na ascensão de Brizola o seu maior entrave. Miro e as esquerdas do PMDB não conseguiram sensibilizar o eleitorado então propenso a se posicionar em relação aos pólos estabelecidos pela retórica brizolista. Nem todo o investimento das facções originárias das organizações clandestinas, dos peemedebistas "autênticos" e "históricos" e da estratégia dos "luas pretas" içaram Miro a um patamar superior ao de 13,7% dos votos que arrancaria na capital mobilizada eleitoralmente pela força do carisma. Se observarmos estes dados eleitorais em relação aos de outras regiões do estado, concluímos que o desempenho eleitoral de Miro Teixeira não se deveu à nova postura política assumida, mas sim ao impulso que a máquina chaguista, ainda que combalida pela interferência das novas variáveis políticas, transferiu à sua candidatura por intermédio do sistema de voto vinculado. A base parlamentar do PMDB, lutando por sua sobrevivência política, e beneficiada pelos tradicionais esquemas de distribuição e apropriação de capital político, conseguiu demonstrar a eficácia de sua estratégia eleitoral em áreas pouco afetadas pela pregação pedetista. No Norte Fluminense, por exemplo, área de recente incorporação ao sistema de redes políticas do chaguismo, mas que havia sido tratada como região prioritária pelo governador, Miro e o PMDB lideraram as apurações com extrema facilidade, conquistando 43,5% do total de votos. Também nas regiões Serrana e do Vale do Paraíba, a candidatura do partido do governo estadual liderou as apurações. Com base nestes dados, o deputado Gilberto Rodriguez foi capaz de identificar nos mapas eleitorais de 1982 o derradeiro lance da disputa entre as máquinas chaguista e amaralista:

> Nesses casos (eleições no interior do estado), entrou em ação a força política do governo estadual, isto é, do Chagas. Por mais tradicional que fosse, o comandante Amaral Peixoto não contava com a merendeira, a chefe do Departamento de Educação, o Inspetor de Renda, o Detran, em suma: não tinha o governo na mão. O Moreira ganhou em Niterói e São Gonçalo por causa de sua boa gestão como prefeito de Niterói.[32]

---

[32] Depoimento de Gilberto Rodriguez ao Programa de História Oral do Cpdoc/FGV, publicado em Motta e Sarmento, 2001:227.

Com base nesses indícios, fica evidente que o maior empecilho para a efetivação da estratégia de fortalecimento da candidatura Miro a partir do investimento nos tradicionais esquemas políticos que orientavam a máquina chaguista se configurou justamente na emergência do fenômeno catártico e político do brizolismo, e de seu efeito no eleitorado carioca. No cálculo político estritamente baseado na disputa pelo predomínio da máquina do governo estadual sobre a do comandante Amaral Peixoto, Chagas Freitas demonstrou estar certo em suas estratégias. Em seu quadriênio governamental, Chagas investiu os recursos que lhe eram facultados para desconstruir o predomínio amaralista sobre as regiões do antigo estado do Rio. Colocando a máquina governamental em disputa contra o "prestígio" do antigo interventor e governador, Chagas pôde aprofundar cisões, alargar flancos e estender as suas redes para todo o território fluminense. Os excelentes e inesperados resultados obtidos por Moreira Franco foram impulsionados, em grande medida, pelo seu posicionamento diante de um cenário polarizado. Na reta final de campanha, Moreira Franco, candidato do partido do governo federal, soube se apresentar ao eleitorado como o anti-Brizola, granjeando o voto dos descontentes da pregação radicalmente oposicionista do ex-governador gaúcho, fenômeno típico dos processos de polarização. Este eleitorado de perfil eminentemente conservador conseguiu levar o até então pouco conhecido "prefeito de Niterói" ao segundo lugar das apurações na cidade do Rio de Janeiro, com 23,5% dos votos. Estes índices, aliados a um desempenho consistente no interior do estado (impulsionado em grande parte pelos candidatos do PDS às prefeituras municipais), garantiram ao "herdeiro" do amaralismo a segunda posição na apuração final de votos de todo o estado, números estes que seriam veementemente criticados à luz da descoberta dos mecanismos de totalização fraudulenta dos votos no conhecido episódio envolvendo a programação dos computadores da Proconsult.[33]

Com 20% da preferência eleitoral do total de votos apurados, o PMDB viu reduzir-se drasticamente a sua participação no Legislativo estadual e federal.

---

[33] Sobre a apuração fraudulenta dos votos nas eleições estaduais de 1982 ver *Veja*, 24 nov. 1982. p. 31-34. Nesta matéria, o economista Cesar Maia, futuro secretário da Fazenda no governo Brizola, apresentava projeções que garantiam a vitória de Brizola por mais de 12% do total de votos depositados no estado, e não pela margem oficial de apenas 3% em relação ao candidato do PDS.

Eleições

Os políticos mais tradicionalmente ligados à máquina chaguista, como Jorge Leite, Cláudio Moacyr e Gilberto Rodriguez, conseguiriam, no entanto, sobreviver às turbulências trazidas pelo fenômeno eleitoral da candidatura de Brizola, conquistando novos mandatos parlamentares. Com 31,4% dos votos, Brizola frustrou os planos de continuidade do predomínio do grupo político de Chagas Freitas sobre a política carioca e fluminense. Veemente e taxativa em seus números, a derrota imposta por Brizola à máquina chaguista ganharia a relevância de uma derrota definitiva por ter sido imposta em seu tradicional espaço de exercício de poder (a cidade do Rio de Janeiro) e com o uso das armas que reiteradamente legitimaram o grupo chaguista em face das críticas que lhe lançavam: a expressão política soberana do voto popular. As eleições de 1982, com todo o seu teor de festa cívica, de *charivari* político e de catarse coletiva, representou o limite de viabilidade das estruturas e das estratégias políticas e eleitorais do grupo de Chagas Freitas. Ao fazer emergir a onda de nacionalização dos debates, Brizola explicitou as tibiezas e a inadequação do repertório político do chaguismo em face dos novos condicionantes que orientariam a atividade política no país em tempos de abertura democrática. Afinal, até mesmo as estratégias clientelistas necessitavam submeter-se a atualizações para não serem soterradas pela voragem do tempo. O chaguismo representara até então a eficácia da "política da bica d'água", e como o próprio Miro Teixeira havia sintetizado: "Você entenda uma coisa: a era da "bica d'água" já passou. Acabou."[34]

---

[34] Segundo depoimento de Rogério Coelho Neto ao Programa de História Oral do Cpdoc/FGV, publicado em Ferreira, 2000:227.

IV
Administração e política

Do confronto à negociação: o Conselho Municipal e o prefeito Pereira Passos*

Américo Freire

Em 29 de dezembro de 1902, o Congresso Nacional, em consonância com a orientação política do presidente Rodrigues Alves, aprovou um dispositivo legal que adiou por seis meses as eleições para a renovação do Conselho Municipal carioca, o que na prática significou o fechamento do órgão até junho do ano seguinte. Em conformidade com a nova legislação (Lei nº 939), todas as atribuições do órgão naquele período passaram para as mãos do prefeito. Em seguida, Rodrigues Alves indicou para o cargo o engenheiro Pereira Passos, cujo nome foi muito bem recebido por grande parte da imprensa, a qual também via com bons olhos a implantação de um regime de exceção na capital republicana como forma de melhor resolver os inúmeros problemas da cidade do Rio de Janeiro.

Às vésperas do pleito municipal, em maio de 1903, articulou-se um novo movimento no Congresso Nacional no sentido de se prorrogar por mais um ano o regime ditatorial, sob a justificativa de que se fazia necessário dar continuidade aos trabalhos de saneamento e remodelação urbana que estavam sendo realizados com sucesso pela prefeitura. A medida teve ampla aceitação na Câmara dos Deputados, assim como na imprensa, e só não foi levada adiante

---

* Este texto se baseia no capítulo 5 de Freire, 2000.

Administração e política

porque o governo federal — que até então havia feito gestões para aprová-la — conseguiu fechar um acordo com os principais grupos políticos nos seguintes termos: em troca da realização imediata de eleições e a conseqüente reabertura do conselho, parlamentares da bancada do Distrito Federal se comprometiam a enviar ao Congresso Nacional um projeto de lei assegurando ampla liberdade ao prefeito para manter e ampliar o seu programa de obras. O acordo foi cumprido: as eleições foram realizadas e, ato contínuo, o deputado federal Augusto de Vasconcelos apresentou uma proposição na qual suspendia temporariamente um dispositivo da Lei Orgânica de 1892 que previa a necessidade de duas votações do Conselho Municipal, dois anos seguidos, para que a municipalidade pudesse alienar bens. Segundo o parlamentar, a medida tinha a intenção de facilitar o trabalho da prefeitura na reforma urbana da capital.[1]

Durante a discussão da medida no Congresso Nacional, a maioria governista atuou no sentido de torná-la ainda mais favorável à prefeitura, terminando por aprovar um texto (Lei nº 1.101, de 19 de novembro de 1903) no qual a principal resolução consistiu em definir onze novas atribuições à prefeitura, entre as quais uma maior autonomia na venda de terrenos da prefeitura e nas desapropriações e aquisições de imóveis. Estabeleceu-se ainda que passava a ser vedado ao Conselho Municipal qualquer dispositivo relativo a aumento de despesas.

Foi, portanto, nesse contexto de profundas mudanças no perfil político-institucional do Distrito Federal, no qual a nova marca distintiva passou a ser a transformação do prefeito em principal condutor da máquina administrativa municipal, que se processaram as relações políticas entre os grupos hegemônicos presentes no Conselho Municipal e o prefeito Pereira Passos.

Os termos do conflito

Durante a presidência de Rodrigues Alves, grande parte das elites políticas locais no Distrito Federal se organiza em torno do Partido Republicano do Distrito Federal (PRDF), cuja principal liderança era a do senador Barata Ribeiro. Por sinal, coube a membros do partido a negociação com o governo

---

[1] *Anais da Câmara dos Deputados*, sessão em 2 jul. 1903.

federal no sentido de se permitir a realização de eleições e a reabertura do Conselho Municipal. Realizadas em junho de 1903, as eleições confirmaram a força política do partido.

Com a posse dos novos intendentes, abriu-se uma fase de intensos conflitos entre a maioria do Conselho Municipal e o prefeito, conflitos esses que se expressaram em seguidos vetos apostos pelo prefeito às resoluções do órgão. Vejamos.

Um deles girou em torno da decisão do prefeito de promover a redivisão territorial da cidade, transformando algumas áreas suburbanas em urbanas. Foi o caso, por exemplo, do distrito de Inhaúma, que havia muito já perdera suas características rurais devido ao aumento da população e ao ritmo febril de construções que se processava naquele e também em outros distritos suburbanos. A medida significava objetivamente maiores taxas e maior fiscalização por parte do poder público.

Com maioria oposicionista, o Conselho Municipal rejeitou a medida e aprovou uma resolução em que se estabeleciam normas mais baratas para a construção em Inhaúma e se mantinham isenções de taxas municipais. Passos vetou a resolução do conselho. Dias depois, o Legislativo municipal aprovaria novas isenções para outras áreas suburbanas que também seriam vetadas por Passos.[2]

Estas escaramuças se deram em um momento particularmente tenso no Conselho, em razão da aprovação pelo Congresso da referida Lei nº 1.101, de 19 de novembro, que transferiu atribuições daquele órgão para a prefeitura. O presidente do Conselho Municipal, Antônio Paula Freitas, renunciou ao cargo de intendente em protesto contra o que denominou "atual regime orgânico do Distrito Federal".[3] Foram então convocadas novas eleições cujo resultado foi a confirmação da maioria oposicionista no Legislativo municipal.

Foi nesse contexto de acirrada disputa que se abriu um longo impasse político no Conselho em relação ao futuro orçamento. Como a oposição contro-

---

[2] Sobre o conflito político entre o Conselho Municipal e Pereira Passos em relação aos subúrbios, ver Benchimol, 1992:266-268.

[3] *Anais do Conselho Municipal*, sessão de 23 nov. 1903, segundo Brenna, 1985:122.

lava a maioria da Casa e conseqüentemente a mesa diretora, tratou de prorrogar o máximo possível a votação da medida como forma de pressionar o prefeito a aceitar um acordo que, entre outras coisas, assegurasse a aprovação de proposições dos intendentes no sentido de aumentar seus próprios vencimentos e contratar novos funcionários para a secretaria do órgão. Para pressionar o Conselho, Passos instou seus aliados naquela casa (Álvaro Alberto, Teixeira Sampaio, Monteiro Lopes e Walfrido Figueiredo) a deixar de comparecer às sessões até a votação do orçamento. Apenas em meados de dezembro o orçamento voltou a ser discutido, para finalmente ser aprovado, por meio de acordo entre as partes, no apagar das luzes daquele ano legislativo (31 de dezembro).[4]

No ano seguinte, eclodiu um novo conflito na discussão sobre o orçamento municipal. Mais uma vez, os intendentes promoveram alterações na proposição apresentada por Passos, no sentido de beneficiar suas clientelas com empregos na secretaria do Conselho, e suas localidades com isenções fiscais. Dessa vez, porém, não houve acordo. Passos vetou o orçamento apresentado pelo órgão e prorrogou por um ano o orçamento anterior. A medida foi duramente criticada pelo senador carioca Barata Ribeiro, que não reconhecia o poder do prefeito para vetar inteiramente o orçamento. Da tribuna do Senado, Ribeiro chegou a conclamar os cariocas a não pagar impostos à municipalidade como forma de protesto.[5]

Acordo tácito e aproximação

Esta postura mais incisiva contra Passos apenas começou a se modificar em 1905, com a posse dos novos intendentes eleitos em outubro do ano anterior. Ao que tudo indica, montou-se um acordo tácito com o prefeito segundo o qual a maioria dos intendentes daria apoio às iniciativas do governo municipal em troca, entre outras coisas, de uma maior atenção às zonas suburbanas, celeiro

---

[4] Acompanhar o impasse político no Conselho Municipal em *Questões Municipaes*, textos publicados na imprensa desta capital sobre a administração Pereira Passos. Typografia da *Gazeta de Notícias*, 1905, s/p.

[5] Ver crise de dezembro de 1904 entre Conselho Municipal e Passos em Jaime Benchimol, 1992:271. Ver também *Questões Municipaes*.

de importantes políticos cariocas — como o já citado Augusto de Vasconcelos, que possuía enorme ascendência sobre o Conselho[6] — e foco de intensa campanha de alguns jornais, como o *Jornal do Brasil* e o *Correio da Manhã*, que acusavam Passos de ter abandonado aquela região em favor de melhoramentos nas áreas centrais.[7]

É o que se pode depreender, por exemplo, da dinâmica das votações naquela casa legislativa em que, em lugar das tradicionais benesses, foram aprovadas resoluções como as que privaram da isenção de imposto predial as instituições de beneficência.[8] Em retribuição, em sua mensagem de setembro de 1905, Passos pela primeira vez fez elogios ao trabalho dos intendentes e apontou a necessidade de levar serviços públicos para o subúrbio de Santa Cruz. Dizia ele:

> Com a adoção das medidas legislativas votadas por esse ilustre Conselho nas sessões ordinária e extraordinária do corrente ano e que hoje são leis municipais, prestastes, Srs. Intendentes, assinalados serviços a este Distrito, (...) já resolvendo, com grande elevação de vistas, problemas administrativos de suma relevância, revogando odiosas leis de exceção, que concediam favores injustificados, com detrimento da coletividade, e abolindo outros abusos, verdadeiros entraves à execução do plano de melhoramento da cidade, já atendendo, com patriótica solicitude, às suas mais palpitantes necessidades, quer no que se refere aos recursos com que habilitaste o Poder Executivo a dar andamento a obras inadiáveis e imprescindíveis, como sejam a reconstrução do péssimo calçamento, a construção do Teatro Municipal, o prolongamento e conclusão do Palácio da Prefeitura, o embe-

---

[6] A força política de Vasconcelos era pública e notória, como se pode verificar no seguinte comentário de Alcindo Guanabara às vésperas das eleições municipais de outubro de 1904: "O Conselho será eleito pelo sr. Augusto de Vasconcelos e uma vez em função fará como os outros: meterá os pés pelas mãos e entrará a descompor a este mundo e ao outro para ter o que fazer". *O Paiz*, 16 out. 1904 apud Medeiros, 1997:38.

[7] Ver campanha na imprensa pelos subúrbios cariocas em *Correio da Manhã*, mar. 1905, e *Jornal do Brasil*, abr. 1905.

[8] Ver comentários críticos de Barata Ribeiro sobre a medida em *Anais do Senado Federal*, sessão em 18 maio 1905.

lezamento do Campo de São Cristóvão e a *iluminação elétrica do Matadouro e do povoado de Santa Cruz*(...) .[9]

A utilização das obras do subúrbio como moeda de troca política entre o prefeito e o Conselho aparece claramente também durante as discussões sobre o orçamento para 1906. No dia 22 de novembro, o jornal vespertino carioca *A Notícia* publicou que o prefeito tencionava suspender várias obras na cidade sob o pretexto de que no projeto do orçamento a ser votado no Conselho não estava previsto um novo empréstimo para a consolidação da dívida flutuante da municipalidade. Ao comentar esta notícia, o intendente Bethencourt Filho, próximo ao PRDF e defensor de uma política de convivência pacífica com Passos, assim se pronunciou:

> pérfida e cavilosamente se procura induzir a opinião pública a acreditar que existe um profundo desacordo entre o ilustre Prefeito e o Conselho Municipal. Oficialmente, pelo menos, não há tal. O que o Conselho Municipal quer, Sr. Presidente, é a normalização do orçamento, e crê poder afirmar com o assentimento de todos os colegas que os desejos do Conselho neste momento são os mesmos de há um ano: colaborar constante e eficazmente com o ilustre Prefeito na patriótica e benemérita missão de transformar a velha e carcomida cidade de São Sebastião do Rio de Janeiro na futura princesa do Atlântico (...). Para a realização de parte desses melhoramentos tem o Distrito feito grandes sacrifícios, já decretando leis de exceção, já aumentando e criando novos impostos. Parar agora seria maior erro do que prosseguir. (...)[10]

Sobre a questão do empréstimo, Bethencourt alega que:

> a Comissão do Orçamento, Sr. Presidente, apenas propôs que a autorização para o novo empréstimo de 25.000:000$, dada a importância da matéria, fosse tratada em projeto especial e não na rabadilha — seja-me permitida a frase, hoje já parlamentar — do orçamento. (...)[11]

---

[9] *Mensagem do Prefeito do Distrito Federal ao Conselho Municipal*, 5-9-1905. Typographia da *Gazeta de Notícias*, 1905:17 (grifo nosso).

[10] *Anais do Conselho Municipal*, sessão em 23 nov. 1905.

[11] Idem.

Sobre as obras na cidade, afirma que:

> Tem fé, Sr. Presidente, que o Conselho verá construídas não só as avenidas da Uruguaiana e Mem de Sá como as modestas porém tão igualmente necessárias sarjetas em Santa Cruz e os imprescindíveis bueiros em Irajá e Inhaúma. Não crê que o prefeito haja suspendido os trabalhos de melhoramentos nas freguesias suburbanas como represália a atos do Conselho. Motivos, talvez, de economia interna de administração.[12]

Finalmente, o intendente carioca concluiu seu pronunciamento definindo com clareza a linha até então seguida pelo novo Conselho:

> Muitas vezes, ou melhor quase sempre, ao Conselho só cabem os espinhos das flores atiradas aos pés do Prefeito, mas que importa! Nós o temos auxiliado, não porque o aplaudem, mas sim porque julgamos servir o Distrito quando auxiliamos a atual administração. É esse o nosso dever. Afastarnos da norma de proceder por nós mesmos traçada e até a gora mantida, seria retardar por mais tempo a conquista da mais ampla autonomia para a primeira cidade do Brasil e da América do Sul!.[13]

Menos de uma semana depois, no dia 29 de novembro, o acordo estava selado com a apresentação de um projeto pelo Conselho autorizando o prefeito a emitir 30 mil contos em títulos da dívida pública para pagar despesas e promover o saneamento e embelezamento da zona suburbana do Distrito Federal.[14] Este projeto transformou-se na Lei Municipal nº 1.069, de 3 de abril de 1906.

Em 1906, não houve qualquer mudança significativa nas referidas relações políticas. Em sua mensagem de 3 de abril, Passos continuou a elogiar o "ardor patriótico" dos intendentes na luta pelo "engrandecimento do Distrito Federal".[15] Já na mensagem de setembro, Passos nem mesmo se preocupa em agradecer o

---

[12] *Anais do Conselho Municipal*, sessão em 23 nov. 1905.

[13] Idem.

[14] *Anais do Conselho Municipal*, sessão em 29 nov. 1905.

[15] *Mensagem do Prefeito do Distrito Federal ao Conselho Municipal*, 3 abr. 1906. Typographia da *Gazeta de Notícias*, 1906:4.

apoio do Conselho. O que há é uma detalhada descrição, inclusive com ilustrações e mapas, da grandiosa transformação física da capital "que a rotina julgara impossível, ou pelo menos, relegaria para futuro longínquo". O tom é triunfalista e cobre de glórias as realizações da prefeitura. Apresenta com muitos números a excelente condição financeira do município como resposta aos pessimistas "que viam, e persistem em querer ver, na rápida e completa transformação por que tem passado a capital da República, o aniquilamento das forças produtivas do Distrito Federal e a sua ruína financeira e econômica". Passos afirma ainda que está certo de que a população do Rio de Janeiro lhe fará justiça de "reconhecer que, em nenhum momento, descuidei dos seus verdadeiros interesses".[16]

Como se percebe, o momento era de despedidas. Os embates políticos estavam momentaneamente suspensos até a posse do novo presidente da República, o mineiro Afonso Pena, em novembro daquele ano, e a conseqüente escolha de um novo prefeito. O nome de Passos chegou a circular na imprensa entre os candidatos ao cargo,[17] mas Pena terminou por nomear o general e engenheiro Souza Aguiar, responsável pelo projeto do prédio que abrigou o Congresso Internacional Americano que foi realizado na cidade em 1906 com enorme repercussão.[18]

Contexto da trégua

Esta trégua política de quase dois anos entre a maioria do Conselho e a prefeitura pode ser explicada por várias razões. Em primeiro lugar, pelo fato de que, diferentemente dos intendentes de 1903/04, os novos representantes municipais, também majoritariamente vinculados ou próximos ao PRDF, tiveram condições de perceber que havia claros limites a uma política de enfrentamento direto em relação a Passos. Prova disso era que este, pressionado pelo jogo protelatório do Conselho, se utilizara do seu poder de veto prorrogando o orçamento do ano de 1904 para o seguinte, com graves prejuízos polí-

---

[16] *Mensagem do Prefeito do Distrito Federal ao Conselho Municipal*, 5 set. 1906. Typographia da *Gazeta de Notícias*, 1906:8.

[17] Foram citados na imprensa os nomes de Pereira Passos, Aarão Reis, Xavier da Silveira e Souza Aguiar. *Jornal do Commercio*, 16 nov. 1906, apud Brenna, 1985:526.

[18] Ver noticiário da imprensa carioca sobre o evento em Brenna, 1985:495-499.

ticos para os próprios intendentes que, dessa maneira, deixaram de ter suas emendas aprovadas. Além do mais, é possível também supor que o clima político criado pela Revolta da Vacina e pela decretação do estado de sítio possa ter influído no ânimo da bancada no sentido de se mostrar fiel à ordem estabelecida. Nesse caso, a moderação, o estilo *low profile* de Augusto de Vasconcelos, se mostrou mais adequada e até mesmo mais produtiva.

No âmbito das lideranças mais importantes do PRDF, o ano de 1904 também significou importantes mudanças. Uma cisão se abriu no partido com a defecção de Irineu Machado que, ao discordar da linha oposicionista da agremiação em relação à prefeitura, resolveu unir-se a Mello Mattos para juntos constituírem um novo instrumento partidário de inspiração governista para disputar o pleito municipal de outubro daquele ano. A iniciativa, porém, não surtiu maior efeito pois, como vimos, os resultados confirmaram o predomínio do PRDF como força política majoritária no Legislativo municipal.[19]

Este remanejamento que se processava no quadro político-partidário carioca se relacionava também, segundo a análise de um influente jornalista de *O Paiz*, com o fato de que estava prevista na nova lei eleitoral, em discussão no Congresso, uma redivisão político-territorial na capital que passaria a contar, para as eleições federais, com apenas dois distritos de cinco deputados, ao invés de três distritos com três ou quatro deputados. Isto obviamente também interferia no posicionamento das lideranças políticas para as próximas eleições para a Câmara dos Deputados e o Senado, que deveria se realizar no dia 30 de janeiro de 1906.[20]

As previsões de mudança na divisão político-territorial do Distrito se confirmaram, e foi nesse novo quadro político que se processaram as eleições federais na capital e em todos os estados brasileiros para a renovação do Congresso. Pouco mais de um mês depois, se realizaram também as eleições presi-

---

[19] Em razão do resultado negativo do seu grupo político no pleito municipal, o deputado federal carioca Irineu Machado apresentou à Câmara dos Deputados um projeto de lei que retirava poderes do Conselho Municipal e os transferia para a prefeitura. A medida não teve qualquer resultado prático. Ver *Anais da Câmara dos Deputados*, sessão em 1 dez. 1904.

[20] Ver análise de Alcindo Guanabara sobre as mudanças político-eleitorais no Distrito em *O Paiz*, 15 nov. 1904, p. 1.

denciais que deram a vitória ao mineiro Afonso Pena e consagraram o poderio político do senador gaúcho Pinheiro Machado.

A redivisão no Distrito, resultado da aplicação da Lei Rosa e Silva (de 15 de novembro), não alterou sobremaneira o resultado eleitoral. Mais uma vez, o PRDF confirmou a sua maioria na Câmara de Deputados, além de conseguir eleger Augusto de Vasconcelos para a senatoria contra a candidatura do senador Tomas Delfino.

O resultado deste pleito senatorial, a meu ver, fecha um ciclo da história política carioca marcado fortemente pela presença desses dois políticos que, após atuarem em conjunto no PRF, seguiram caminhos diferentes na condução de grupos políticos cariocas que fizeram da institucionalização política da capital seu principal objetivo. A vitória de Vasconcelos confirmou a força de uma corrente com um perfil político mais elástico e com enorme influência nas áreas suburbanas da cidade. E mais: com amplo trânsito junto ao *Bloco* comandado por Pinheiro Machado, o novo comandante da vida política nacional.[21]

Não por acaso, em agosto de 1906, em uma reunião que contou com a presença de centenas de políticos cariocas de diferentes correntes, fundava-se o novo PRDF que, ungido pelo pinheirismo e sob a liderança incontestе de Augusto de Vasconcelos, dominaria a cena política carioca por cerca de 10 anos.[22]

Certamente fruto desta nova conjuntura política mais favorável ao partido, o Congresso aprovou, como sempre às vésperas de um novo pleito municipal no Distrito, mais um decreto (o de nº 1.619-A, de 31 de dezembro de 1906) que, entre outras medidas, ampliou o mandato dos intendentes de dois para três anos, permitiu a reeleição dos intendentes e aumentou seu número de 10 para 16, além de estabelecer a substituição do voto uninonimal para o sistema

---

[21] Sobre a sucessão de Rodrigues Alves e o papel fundamental de Pinheiro Machado na vitória de Afonso Pena, ver Franco, 1973:524-556. Ver ainda Bello, 1969:194-196. Sobre a ascendência de Pinheiro Machado na política brasileira entre 1905 e 1915, ver Enders, 1993:350-414.

[22] Sobre a criação do PRDF e a trajetória do partido, ver a entrevista concedida pelo político carioca Nicanor Nascimento ao jornal *Imparcial* do dia 25 de fevereiro de 1916, p. 4. Ver ainda Freire, 1993.

de lista incompleta, como já vinha ocorrendo nas eleições federais. Todas estas resoluções eram bastante favoráveis a um melhor arranjo político entre as diversas lideranças que compunham o PRDF.

Foi, portanto, neste contexto de profundas mudanças no campo político carioca que se processou o último ano de Rodrigues Alves na presidência da República e de Pereira Passos na prefeitura da capital. Em função da derrota de suas *démarches* para conseguir fazer o seu sucessor, Alves terminou seu mandato inteiramente isolado.[23] Já Pereira Passos sairia do governo aclamado pela imprensa como um grande prefeito que havia conseguido mudar a história da cidade. Passos deixara também uma enorme dívida nos cofres municipais que deveria ser coberta pelo novo prefeito.[24]

Naqueles *densos* quatro anos, Rodrigues Alves inegavelmente estabeleceu um novo padrão de intervenção do poder central na organização política da capital. Ao nomear e manter Passos por todo aquele período, Alves terminou por dar um novo conteúdo à prefeitura e conseqüentemente a todo o sistema político-institucional do Distrito. Uma prefeitura atuante e com força política e condições para tomar iniciativas e contradizer interesses. O ritmo acelerado das obras colocou em questão o quadro legal que teve que ser alterado. A cada novo projeto, a cada nova derrubada e a cada nova inauguração, produziram-se símbolos que foram ordenados e transformados em discurso nos jornais e revistas da capital.

Nos primeiros seis meses do governo Passos, processou-se a mais radical experiência do que à época se denominou "modelo americano", em que um delegado do poder federal, no caso o prefeito, controlou o poder sem *peias* municipais. Ao término desse período, por algumas razões já referidas e também pela própria ambigüidade do quadro legal brasileiro, expressa no texto constitucional, intentou-se um novo compromisso político que procurou não reproduzir acordos anteriores. Por meio de uma nova reforma (a Lei nº 1.101),

---

[23] Ver final melancólico da administração de Rodrigues Alves em Franco, 1973:556-557.

[24] Segundo José de Oliveira Reis, "Souza Aguiar começou sua administração procurando regularizar a situação financeira da Prefeitura, que era das mais precárias. Encontrou uma dívida cujos compromissos importavam em 32.890:809$187, elevada soma para aquela época. Para fazer face a tais encargos, (...) teve que contrair um empréstimo externo, no valor de 10 milhões de libras". Ver Reis, 1977:51.

ampliaram-se sobremaneira os poderes legais do prefeito no que concerne ao controle do orçamento, e concedeu-se uma maior liberdade na alienação de *certos bens* do patrimônio municipal. Passos teve também viabilizado o seu programa de obras com a aprovação de um novo empréstimo. Tudo isso, porém, *não retirou de cena inteiramente o Conselho Municipal*, responsável em grande parte pela rotina da administração, que envolvia algumas questões como a concessão de novos empréstimos, o patrimônio municipal, o estabelecimento de novos impostos, isenções de taxas etc.

Como vimos, não foi fácil a execução desse novo compromisso. Apenas nos últimos anos da administração Passos é que os dois principais órgãos responsáveis pelo governo da capital chegaram a um denominador comum. Nesse meio tempo, formava-se um novo eixo de sustentação política com base nas bancadas cariocas do Congresso e do Legislativo municipal.

Crônica de uma relação tumultuada: o Legislativo estadual e o governo Lacerda*

Marly Motta

O desprezo pela "política da conversa"

> Se não me derem os recursos de que careço para fazer escolas, fazer funcionar devidamente os hospitais, atrair e fixar indústrias dentro de um plano de fomento da iniciativa privada e de planejamento da administração pública, assegurar o abastecimento, dotar a cidade de água suficiente, de energia bastante, de telefones, de transportes, restar-me-á sempre um serviço do qual ninguém me pode privar senão Deus e não hesitarei em lançar mão dele: concentrar-me por inteiro numa só tarefa, transformar o governo numa labareda para atear fogo aos castelos de papelão dos políticos desonestos.[1]

Este trecho do discurso pronunciado por Carlos Lacerda na cerimônia em que recebeu o cargo de governador é bem ilustrativo da dupla face que impri-

---

* Este texto se baseou nos estudos sobre as relações entre o governador Carlos Lacerda e a Assembléia Legislativa do Estado da Guanabara (Aleg), com vistas à elaboração de minha tese de doutorado, defendida em 1997.

[1] Apud Motta, 2000a:63.

miria ao seu futuro governo: de um lado, a ênfase dada à administração, corporificada em projetos de construir escolas e indústrias, adutoras e viadutos; de outro, o destaque conferido à atuação na esfera política, por ele entendida como um campo de luta. Era reconhecida, e sobretudo temida, a capacidade polarizadora de Lacerda, para quem a política era sempre uma guerra, com vencidos e vencedores, o que tornava muito difícil a possibilidade da barganha, da negociação capaz de garantir a estabilidade democrática. Das competências específicas requeridas aos profissionais da política — a retórica do tribuno e a capacidade de debater —, Lacerda tinha de sobra da primeira o tanto que lhe faltava da segunda.[2]

Desde a campanha para o governo do estado, Lacerda ouvira a advertência de que, para se eleger governador, deveria largar o "bordão", ou seja, mostrar-se capaz de costurar alianças, compor interesses divergentes e debater com a oposição. A promessa de "transformar o governo numa labareda" não parecia, no entanto, um bom começo para quem precisava mostrar disposição de negociar, uma vez que este era um dos fatores primordiais para o sucesso do projeto de estadualização da Guanabara.

Essa incompatibilidade de Lacerda com o que se costuma chamar de negociação política é confirmada por políticos que lhe foram muito próximos, como o ex-deputado Mauro Magalhães:

> Tudo porque ele [Lacerda] era um trator, que passava por cima, que atropelava quem estivesse na sua frente, que fazia grandes e memoráveis campanhas, detestava fazer o que se chama de política. Nunca, aliás, escondeu isso de ninguém. Não era uma postura da boca para fora; ele não dizia isso apenas para fazer tipo. O fato é que nunca fez essa política de conversa, do disse-que-disse.[3]

O desprezo que Lacerda nutria pela "política de conversa" foi, certamente, um dos fatores explicativos do tenso relacionamento que manteve com o Poder Legislativo. O primeiro teste se deu logo nos primeiros dias de instalação da Assembléia Constituinte, eleita em 3 de outubro de 1960 junto com o governa-

---

[2] Bourdieu, 1989.
[3] Magalhães, 1993:80.

dor. Dos 30 deputados então eleitos, a UDN (9) e o PTB (6) fizeram 50% das cadeiras, ficando as 15 vagas restantes com sete partidos, sendo que o PSD ficou em terceiro lugar com quatro constituintes (quadro 1). Em termos de renovação parlamentar, a Constituinte eleita para desenhar a Guanabara também se dividiu quase meio a meio entre deputados que então conseguiram seu primeiro mandato, e os que já tinham experiência parlamentar anterior. *Grosso modo*, os 16 novatos podem ser classificados em quatro grupos: os "especialistas", eleitos pelo saber jurídico; os "ideológicos", cuja votação decorreu do envolvimento direto no debate esquerda x direita; os "jornalistas", que chegaram ao eleitorado através de colunas que mantinham nos jornais; e aqueles que possuíam um eleitorado definido. Dos 14 constituintes que já possuíam uma trajetória anterior na política carioca, a grande maioria havia exercido mandato de vereador no antigo Distrito Federal (quadro 1).

O combate veemente que moveu contra a corrupção pretensamente instalada na Câmara de Vereadores, ironicamente chamada de "gaiola de ouro", associado a um discurso de forte teor anticomunista, rendeu ao jornalista da *Tribuna da Imprensa* Amaral Neto (UDN) o lugar de constituinte mais votado da Guanabara. No entanto, os três outros deputados que se seguiram não tinham esse perfil de combatentes ideológicos: Aliomar Baleeiro e Temístocles Cavalcanti (UDN) foram eleitos como especialistas na área jurídica, e Gonzaga da Gama Filho (PSD) tinha um forte eleitorado no subúrbio, onde era dono de um grande colégio.

Misturando especialistas e ideológicos, políticos tradicionais e novatos, a Assembléia se encontrava diante do desafio de definir a relação que a Guanabara deveria manter com sua herança de Distrito Federal. O fato detonador dessa controvérsia foi a leitura, na sessão de 9 de dezembro de 1960, do Ato Constitucional nº 1, enviado pelo governador, e que propunha o exercício cumulativo das funções legislativa e constituinte pela Assembléia recém-empossada. Em síntese, essa proposta tinha o objetivo claro de extinguir o poder legislativo atribuído pela Lei San Tiago Dantas à Câmara de Vereadores. Pelo art. 7º, durante os quatro meses de funcionamento da Constituinte, a Guanabara teria duas assembléias: a Câmara eleita em 1958 seguiria votando as leis, inclusive os vetos do governador, e a Assembléia recém-eleita se encarregaria de fazer a Constituição. Era ainda reconhecido o direito de os 50 vereadores integrarem, junto com os 30 deputados a serem eleitos em outubro, a futura Assembléia Legislativa do Estado da Guanabara (Aleg). Enquanto o mandato do governador se estenderia por cinco anos, o dos deputados se extinguiria em 31 de janeiro de 1963.

Torna-se necessário entender a composição da Câmara de Vereadores eleita em 1958 para se compreender a decisão do governador de extingui-la. Embora individualmente houvesse feito o maior número de vereadores — oito —, a UDN teve que enfrentar a maioria formada pela coligação PTB/PSD, partidos que juntos tinham uma bancada de 14 vereadores, sete cada um. As demais 28 cadeiras eram distribuídas entre partidos de médio e pequeno portes (quadro 1). Desse modo, Lacerda não tinha dúvida de que teria muito mais dificuldades de relacionamento com a antiga Câmara, não só pelo maior peso dos partidos de oposição, mas principalmente porque o combate à "corrupção" na "gaiola de ouro" havia sido um dos principais alvos de sua campanha ao governo do estado. Ao apoio que esperava encontrar na Assembléia se contraporia uma firme oposição por parte dos vereadores. Daí sua preocupação em eliminar essa "herança" do antigo Distrito Federal, que, segundo ele, nada teria a ver com a nova realidade de estado autônomo em que deveria se transformar a Guanabara.

Da mesma maneira, não é difícil compreender o apoio irrestrito da bancada do PSD à manutenção da Câmara de Vereadores, chegando mesmo a considerar esta uma questão fechada para o partido. É evidente a perda de consistência política da representação pessedista na Constituinte. Espremido pela polarização ideológica entre PTB e UDN, o PSD perdeu cadeiras nas eleições de 1960 e, o mais importante, deixou de ser o partido do governo. Preservada a Câmara de Vereadores, o partido manteria uma posição de influência, o que forçaria o governador a negociar posições para garantir a aprovação de seus projetos. Donos de vários mandatos na vereança do Distrito Federal, esses constituintes haviam estabelecido sólidas relações na antiga casa legislativa, as quais não gostariam de ver desfeitas de uma hora para outra.

A divisão administrativa do novo estado era outra questão que preocupava Lacerda, interessado em preservar para a Guanabara o estatuto singular de cidade-estado. Desde a campanha, ele deixara claro que à tradicional divisão municipal preferia o estabelecimento de regiões administrativas grupando vários bairros. Eleito governador, razões de ordem econômica e política fortaleceram suas convicções. Como cidade-estado, a Guanabara teria o direito de recolher tanto os tributos municipais, como os impostos predial e territorial, quanto os estaduais, como o Imposto de Vendas e Consignações (IVC), atual

Imposto de Circulação de Mercadorias e Serviços (ICMS). Em termos políticos, Lacerda teria o poder de indicar os administradores regionais, livrando-se do desgaste das eleições municipais e das negociações com os prefeitos.

As duas questões que praticamente monopolizaram os debates constituintes — a permanência da Câmara de Vereadores e a divisão municipal — tiveram soluções diferentes. Esta ficou para ser resolvida através de um plebiscito a se realizar em 21 de abril de 1963, quando os eleitores cariocas seriam chamados a opinar se queriam ou não a divisão da Guanabara em municípios. Por esmagadora maioria — o *não* receberia 874.137 votos, enquanto o *sim* ficaria com apenas 49.707 votos — venceria a tese do município único, da cidade-estado. Já a Câmara de Vereadores, depois de apelação ao Supremo Tribunal Federal, foi considerada extinta na sessão de 16 de março de 1961, pelo apertado placar de 14 votos contra 13.

A tramitação dessa delicada questão, que implicou a interrupção de mandatos de vários parlamentares com longa atuação na vida política da cidade, significou um desgaste inicial do governador justamente em um terreno, o da política local, onde ele não tinha muito desembaraço. Dividindo a Assembléia, o episódio tirou o apoio de parlamentares, especialmente os do PSD, que o governo contava entre seus prováveis aliados.

A indicação de Amaral Neto, deputado mais votado em 1960, para líder do governo na Constituinte também não favoreceu o bom entendimento entre o governador e o Legislativo. Jornalista da *Tribuna da Imprensa*, presidente efetivo do Clube da Lanterna, agremiação de oposição a Getúlio Vargas que reunira muitos udenistas, Amaral Neto fundou, em 1955, a revista *Maquis*, especializada em denúncias escandalosas contra o governo Kubitschek. Essa postura radical, associada a um tom agressivo na campanha eleitoral, se lhe rendeu muitos votos nas urnas, não surtiu o mesmo efeito na Assembléia. Para a votação de alguns projetos, Amaral Neto não conseguia obter nem mesmo os votos dos nove deputados udenistas, quando a previsão inicial era de uma sólida maioria de 18 deputados votando com o governo.[4]

O caso da aprovação do projeto que criava a Companhia para o Progresso do Estado da Guanabara (Copeg) é exemplar. Apesar da expressa vontade do

---

[4] Deputados: 18 em 30 apóiam o governo, *Tribuna da Imprensa*, 17 e 18 dez. 1960.

governador de que a aprovação fosse rápida, já se tinham passado oito meses e a liderança do governo não havia conseguido vencer a obstrução movida pela oposição.[5] O relator do projeto era Afonso Arinos Filho que, embora sendo deputado da UDN, andava às turras com o governador por motivos familiares. A urgência do governo cresceu em agosto, devido principalmente ao fato de que a liberação de um empréstimo do BID no valor de US$ 10 milhões dependia da aprovação da companhia pelo Legislativo.[6] A saída foi substituir Amaral Neto por Temístocles Cavalcanti. Em 15 de agosto, a *Tribuna da Imprensa* anunciava que o novo líder do governo, em reunião com Lacerda, acertara a aprovação do substitutivo da Comissão de Justiça ao projeto que criava a Copeg. A reação do PTB foi imediata, e o líder Saldanha Coelho anunciou que sua bancada resolvera apoiar a iniciativa de Temístocles.[7]

A polarização característica do campo político carioca acentuou-se nos primeiros anos da década de 1960. O exacerbamento do conflito esquerda x direita repercutia no Brasil, palco de rivalidades entre aqueles que se diziam defensores da liberdade e aqueles que pregavam a luta pela igualdade. Como um dos principais pólos desse campo de luta, o governador Carlos Lacerda, principal liderança civil anticomunista, trouxe para o debate parlamentar na Aleg uma forte carga de polarização ideológica. Embora a bancada "ideológica" não fosse majoritária, eram esses deputados que monopolizavam os debates e davam o compasso do andamento do trabalho legislativo. Quem apoiava Lacerda ganhava o epíteto de "entreguista", por querer entregar o Brasil à "sanha do imperialismo". Quem não apoiava era tachado de "comunista", ou pior, de "inocente útil", por deixar o país ser tomado pelo "perigo vermelho".

A conjunção desses fatores — a indisposição de Lacerda para a negociação política e o seu desgaste inicial na Constituinte, a inoperância da liderança do governo e a polarização ideológica — acabou retardando a aprovação da maioria dos projetos que o governo julgava fundamentais. No balanço que fez dos

---

[5] Copeg: petebista quer obstruir de qualquer maneira, *Tribuna da Imprensa*, 10 ago. 1961.

[6] *Tribuna da Imprensa*, 14 ago. 1961.

[7] Líder do PTB anunciou apoio à Copeg, *Tribuna da Imprensa*, 15 ago. 1961.

seus primeiros seis meses de governo, em 5 de junho de 1961, Lacerda lamentava a demora da Assembléia em votar os "projetos de interesse da Guanabara".[8] Talvez seja interessante refletir sobre as semelhanças e as diferenças que aproximavam e separavam, ao mesmo tempo, a dinâmica política do antigo Distrito Federal daquela do agora estado da Guanabara. Quanto às diferenças, destacam-se especialmente as possibilidades diferenciadas que prefeitos e governadores possuíam de organizar a política local. Em princípio, aqueles tiveram sérias limitações para montar uma máquina política estável, trazidas pela indefinição do tempo em que permaneceriam no cargo, pela limitada margem de interferência na indicação do seu sucessor, e pela presença do Senado no julgamento dos seus vetos. Tudo isso junto impedia o acúmulo de um cacife suficientemente forte, capaz de transformá-los no principal banqueiro do pesado jogo político carioca. Já um governador eleito, como Lacerda, não sofria tais limitações e, em princípio, usufruía de instrumentos políticos capazes de aglutinar uma importante base de apoio político. No entanto, embora tivesse perdido o direito de indicar o chefe do executivo local, o governo federal ainda desfrutava de uma sólida influência política na ex-capital, representada sobretudo pelo controle sobre a enorme máquina político-administrativa que mantinha no Rio de Janeiro.

Um tiro na Assembléia

A Assembléia Legislativa eleita em outubro foi um dos principais componentes da cara de estado que a Guanabara estava ganhando no final de 1962. Isso não quer dizer, no entanto, que tivesse ocorrido uma ruptura com o padrão dos legislativos cariocas anteriores, marcados, em geral, por uma divisão entre parlamentares de cunho mais local e outros de perfil mais nacional. Na Aleg de 1962, seria possível se reconhecer, de um lado, um grupo mais tradicional, representado por deputados que já tinham um ou mais mandatos anteriores, sustentados pela votação concentrada em determinados redutos eleitorais. De outro, formou-se um grupo mais novo, que apresentava uma expressiva taxa de iniciantes, formado por deputados cujo ingresso na Assembléia se conectava com a conjuntura política nacional (quadro 2).

---

[8] Seis meses de governo na Guanabara, *Tribuna da Imprensa*, 7 jun. 1961.

Apesar das nítidas diferenças que separavam os três recordistas de votos — o general Danilo Nunes (UDN), dono de um forte discurso anticomunista; Raul Brunini (UDN), o fiel escudeiro de Lacerda; e Saldanha Coelho (PTB), o líder da oposição —, eles possuíam em comum o fato de terem um eleitorado mobilizado, em grande parte, pelo calor do debate ideológico. Nesse caso, o reduto eleitoral era, muitas vezes, substituído por uma relação de identificação/oposição com os quadros que dominavam o cenário político: lacerdistas e antilacerdistas, janguistas e antijanguistas, brizolistas e antibrizolistas etc. Daí a sintonia mais fina que estes deputados, em geral, tinham com as questões nacionais.

No entanto, outras clivagens inerentes à própria dinâmica da política carioca deixaram sua marca no Legislativo do novo estado. Comparando-se a composição do Legislativo carioca nas três últimas eleições — 1958, 1960 e 1962 —, é possível se estabelecer alguns pontos de continuidade e de ruptura que marcaram o perfil da Assembléia eleita nesse último ano. Em relação à fragmentação partidária, por exemplo, a Aleg de 1962, abrigando 11 partidos, se aproximou mais da estrutura da Câmara Municipal de 1958. Eleita com o objetivo maior de fazer a primeira Constituição do novo estado, a Constituinte de 1960 reduzira o espaço dos pequenos partidos e dos representantes de base local e corporativa, em favor de nomes de expressão na área jurídico-política, que não mais voltariam ao Legislativo estadual. Já a eleição de 1962 trouxe de volta muitos ex-vereadores, entre eles 14 que haviam perdido o mandato dois anos antes. Juntando-se os constituintes que foram reeleitos, não foi alto o número de novatos na Aleg — 23 em 55.

Definir a base efetiva da representatividade parlamentar quase sempre é uma tarefa difícil. Mais complicado ainda é estabelecer as relações entre essa base e a atuação dos deputados no Legislativo, principalmente levando-se em conta o baixo grau de identidade e de fidelidade aos partidos, mesmo em um estado onde a polarização era uma das principais marcas do campo político. No caso da Assembléia eleita em 1962, mais importante do que analisar a sua composição partidária é refletir sobre a distinção aí existente entre os deputados que possuíam uma determinada base eleitoral, em geral de extração local, corporativa ou religiosa, e aqueles que apresentavam uma votação mais pulverizada e, portanto, menos dependente de algum setor social ou espacial específico.

Os deputados que tinham um eleitorado mais concentrado em determinados redutos eleitorais receberam, individualmente, um número menor de votos. Essa votação reduzida era compensada, no entanto, por uma carreira política anterior mais longa, como comprova o baixo índice de deputados de primeiro mandato — só sete em 26 —, bem menor que no âmbito daqueles que tiveram uma votação pulverizada — 15 em 29 (quadro 2). Essa dependência de um eleitorado circunscrito seria, sem dúvida, um dos elementos definidores do padrão de atuação desses deputados na Aleg, em geral mais atentos às questões locais.

Não é difícil perceber que a negociação do governador com o Legislativo estadual tendia a se tornar mais difícil, já que não só se reduzira a margem de diferença entre a UDN (14) e a oposição (13 do PTB e 3 do PSB), como se acirrara o componente antilacerdista desses partidos. Daí a preocupação de Lacerda em garantir para um deputado de sua total confiança a presidência da Assembléia. A indicação do fiel Raul Brunini, no entanto, criou embaraços para o governador, uma vez que Danilo Nunes, montado em mais de 50 mil votos, exigia o cargo.[9] Como prêmio de compensação, Nunes recebeu a liderança do governo anteriormente ocupada por Amaral Neto, que acabara de ser eleito para a Câmara dos Deputados.

É preciso também se levar em conta que a composição da nova Aleg em nada favorecia a montagem de uma sólida maioria governista. Tendo a UDN apenas um deputado a mais que o PTB, era premente a necessidade de buscar apoio nos pequenos partidos, que cedo perceberam o poder de barganha que tinham em mãos. Excluídos da formação da mesa diretora, PDC, PL, PRT e MTR resolveram firmar um "protocolo de ação conjunta e de posição independente", formando o chamado "Bloco dos Intocáveis", que aspirava a ser o "fiel da balança", embora possuísse apenas nove votos.[10] Não é difícil prever que o preço cobrado por tanta "independência" seria especialmente alto para um governador como Lacerda, que precisava contar com apoio parlamentar sem provocar, no entanto, qualquer embaraço à imagem de governante austero. Afinal, se nos dois primeiros anos do seu governo, quando se dedicara especi-

---

[9] *Tribuna da Imprensa*, 18 jun. 1962.

[10] Assembléia Legislativa inicia sua segunda legislatura hoje, *Tribuna da Imprensa*, 1 fev. 1963.

almente à tarefa de estadualizar a Guanabara, não conseguira estabelecer bases estáveis de apoio na Aleg, agora a situação tendia a se agravar, na medida em que, de olho em 1965, precisaria subordinar a dinâmica da política local à estratégia que traçara para chegar ao Planalto.

Para se encarregar das relações com o Legislativo empossado em 1963, Lacerda criou a Secretaria Sem Pasta, e a entregou a Lopo Coelho, do PSD, partido que, como sabemos, conhecia bem os meandros político-administrativos da Assembléia. Apesar dessa indicação formal, a negociação para a aprovação dos projetos de interesse do governo na Aleg passava, de fato, pela Secretaria de Governo, entregue a Raphael de Almeida Magalhães, a quem Lacerda estava preparando para sua sucessão. Vários depoimentos sobre a forma de o governador negociar politicamente destacam esse tipo de procedimento: "Quando o Lacerda se sentia obrigado a ceder para poder governar, ele se ausentava do governo por alguns tempos, passando a responsabilidade ao vice, Rafael de Almeida Magalhães".[11] O "jogo sujo" do toma-lá-dá-cá ficaria a cargo de Raphael, que prometia cargos e indicações para conseguir o voto do parlamentar, mas, segundo Brunini, era, muitas vezes, impedido de cumprir as promessas pela negativa de Lacerda em respeitar o acordo firmado.

O esvaziamento da posição de Lopo Coelho como articulador político do governo na Assembléia deveu-se ainda às dificuldades que enfrentou dentro do seu próprio partido. A pretensão de obter do PSD um protocolo de adesão aos projetos governistas esbarrou na oposição de tradicionais lideranças pessedistas, como Gonzaga da Gama Filho e Augusto do Amaral Peixoto.[12] Essa resistência do PSD, um partido tradicionalmente governista, em apoiar o governo devia-se sobretudo à candidatura presidencial de Kubitschek. A disputa eleitoral de 1965 tornava difícil o apoio explícito do PSD carioca, principalmente do grupo liderado por Gonzaga da Gama Filho, que articulou a "bancada do desenvolvimento nacional", de apoio à candidatura JK.[13]

---

[11] Duque, 1998:70.

[12] Lopo Coelho em dificuldades para compor uma base de apoio ao governo, *Tribuna da Imprensa*, 8 mar. 1963.

[13] Formada a Bancada do Desenvolvimento Nacional, *Tribuna da Imprensa*, 8 jan. 1963.

No entanto, era na própria UDN que residiam as maiores dificuldades para a articulação de uma base governista no Legislativo estadual. Nesse sentido, a posição do novo líder do governo, deputado Danilo Nunes, é exemplar. Insatisfeito por ter recebido a liderança do governo, quando queria a presidência da Assembléia que ficou com Brunini, Nunes culpou o governador pela impossibilidade de a UDN formar um bloco majoritário na Aleg, o que fora conseguido pela oposição. Esta, sob o comando de Saldanha Coelho, aglutinara 28 deputados em uma frente que juntava PTB, PSB, PST, PTN, PSD, PR e PSP.[14] Nunca é demais lembrar que o PTB tinha acesso à máquina administrativa federal, especialmente rica na oferta de cargos na ex-capital. Isentando-se de qualquer responsabilidade por esse fracasso, Danilo Nunes se apressou em acusar Lacerda que, na composição do governo, não teria levado em conta o atendimento dos reclamos do Legislativo.[15]

Pode-se pois observar que, se por um lado as concessões políticas eram indispensáveis para fazer caminhar a engrenagem parlamentar, em especial aquela numerosa bancada que dependia de votos cativos para sobreviver politicamente, por outro, era indispensável que essa troca de favores não desfalcasse um dos principais elementos do capital político do governador: o propagado horror ao clientelismo. Nesse sentido, o depoimento de Mauro Magalhães mais uma vez é bastante esclarecedor, ao ressaltar a "ausência" de Lacerda das negociações onde foram quebrados "princípios básicos":

> Foi nessa ocasião que consegui aprovar na Assembléia a reforma tributária, que só passou porque quebramos — e não é com alegria que conto — alguns princípios básicos. Aproveitamos a ausência do Lacerda e a decisão do Raphael de, pelo menos daquela vez, cumprir os acordos acertados.[16]

A essa "ausência" do principal fiador do pacto político entre o governo e a Assembléia acrescente-se uma dose elevada de personalização administrativa e uma forte presença política do governo federal e se terá um clima bastante desfavorável à articulação de uma base de apoio à administração

---

[14] *Tribuna da Imprensa*, 5 abr. 1963.

[15] Governo perde maioria na Assembléia, *Tribuna da Imprensa*, 9 abr. 1963.

[16] Magalhães, 1993:298.

Lacerda. Apostando nas realizações administrativas como a principal mola propulsora da sua futura trajetória política — afinal, tinha que provar que, além de demolidor de presidentes, era um construtor de estados —, o governador buscava capitalizar, em termos pessoais, todas as obras espalhadas pela Guanabara. Desse modo, tirava dos deputados, especialmente da poderosa bancada dona de votos concentrados, a principal moeda de troca com os seus eleitores.

Esse fraco desempenho na articulação política resultou em um sério desastre político para o governador, que não conseguiu aprovar as contas de 1963 nem no Tribunal de Contas e nem na Assembléia Legislativa. A demora do Tribunal em examinar as contas do estado o levou a um dos seus costumeiros ataques de fúria, levantando suspeitas sobre a isenção dos ministros "que exercem atividades políticas e procuram influir nas nomeações de cargos de confiança da Guanabara".[17] Em outras ocasiões, o governador não perdera a oportunidade de acusar "a burocracia nefasta" do TCE pelo atraso na realização de obras importantes para o estado.[18] O Tribunal não se fez de rogado, e o ministro João Lyra Filho declarou que o governador poderia ser responsabilizado politicamente pela Assembléia "em virtude de sua contabilidade confusa e omissa".[19]

Percebendo os riscos que tal fato poderia representar para a imagem que estava construindo, Lacerda enviou sinais aos pequenos partidos de que estaria disposto a negociar em favor de votos para a "aprovação dos projetos do governo". A *Tribuna da Imprensa* soltou um editorial, sugestivamente intitulado "Lacerda deixa filosofia de lado garantindo a maioria", comentando a disposição do governador em recuar na "filosofia de governo" até então adotada:

> Lacerda convenceu-se de que, a esta altura, é prudente um recuo na filosofia de governo que vinha adotando, não só como garantia à sua obra administrativa, como para proporcionar à liderança de sua bancada maiores condições de luta na defesa dos interesses da situação (...). É preciso atender a

---

[17] *Jornal do Brasil*, 4 jul. 1963.
[18] Magalhães, 1993:93.
[19] *Jornal do Brasil*, 25 jul. 1963.

todas as reivindicações de ordem administrativa reclamadas pelos deputados que compõem o bloco.[20]

De Danilo Nunes, líder do governo, partiu o alerta de que a falta de composição político-partidária capaz de garantir a maioria na Assembléia era um "perigo" para Lacerda, que enfrentava, ao mesmo tempo, uma complicada avaliação de suas contas e uma séria crise com o governo federal em torno do controle do endividamento externo da Guanabara. O resultado dessa "nova filosofia" não se fez esperar, e o deputado José Antonio Cesário de Melo, nome de peso na Zona Rural, trocou o PL pela UDN, aumentando a bancada do partido governista para 15 deputados.[21]

Viajando por todo o país em busca de apoios à sua candidatura, totalmente absorvido pelas sucessivas crises com o governo federal, Lacerda teria que enfrentar um duplo desafio que, se não resolvido, lhe traria sérias dificuldades políticas. Em primeiro lugar, precisava arrancar da Aleg a aprovação da reforma tributária, de onde adviriam os recursos para prosseguir na execução das inúmeras obras que se espalhavam pelo estado, causando transtornos para o cotidiano da população. Para o eleitor, pior que obra não realizada é obra não acabada. Em seguida, tinha que conseguir a aprovação das contas do governo, uma vez que sobre a figura do governante não poderia pairar qualquer suspeita de improbidade e de mau uso de recursos públicos, sob pena de ser destruído o principal componente da imagem por ele construída no governo da Guanabara.

No final de outubro, ao contrário do que era previsto, o parecer do deputado João Machado (MTR), favorável à aprovação das contas, foi rejeitado pela Comissão de Finanças, ficando o julgamento final a cargo do plenário, onde o governo teria que conquistar a maioria simples de 28 votos.[22] Profundamente irritado, Lacerda acusou Nunes, Brunini e Amaral Neto de estarem mais preocupados com a sucessão estadual do que com a defesa do governo e do partido.

---

[20] Lacerda deixa filosofia de lado garantindo a maioria. *Tribuna da Imprensa*, 12 jul. 1963.
[21] Idem.
[22] *Tribuna da Imprensa*, 31 out. 1963.

Danilo Nunes renunciou à liderança, deixando o cargo nas mãos do vice, o deputado Vitorino James.[23] Como foi bem avaliado pelo editorial da *Tribuna da Imprensa*, Lacerda se via diante de uma dupla linha de fogo: de um lado, a "bancada JK", e, de outro, a Assembléia, desejosa de dar uma demonstração de força ao governador "arrogante":

> Enquanto para a "bancada JK", liderada por Gama Filho, a rejeição das contas significa o alijamento temporário de Carlos Lacerda, visto que, com a negativa, se expõe a um enquadramento na Lei de Crimes de Responsabilidade, para a Assembléia, o não às contas implica demonstração de força. *Carlos Lacerda terá que fazer administração e política*, senão os oposicionistas terão oportunidade de rasgar uma das mais sagradas bandeiras do governo: a da honestidade.[24]

Se sobre a decisão da Aleg pesaram fatores "externos", vale dizer, as pressões do presidente Goulart e do candidato Juscelino Kubitschek, interessados em passar uma rasteira em Lacerda, é preciso levar em conta, no entanto, o sutil recado da *Tribuna*. Onde estava escrito que "Carlos Lacerda terá que fazer política" leia-se que o governador deveria investir na formação de uma base político-parlamentar mais sólida. Para chegar ao Planalto, talvez não bastassem a oratória retumbante do tribuno e a austeridade do administrador; Lacerda precisava desenvolver uma outra capacidade indispensável aos profissionais da política: a de negociar, a de debater com os iguais.

O reconhecimento da impossibilidade de conseguir no plenário a aprovação das contas levou o governo a mudar a estratégia de luta, apostando no decurso de prazo, pois caso não fossem rejeitadas até 15 de dezembro, data do início do recesso parlamentar, estas seriam automaticamente aprovadas. A questão agora era de tempo, e a oposição apresentou um requerimento assinado por 28 deputados adiando o recesso para o dia 31. Usando o poder de presidente da Assembléia, Brunini não colocava a análise das contas na ordem do dia, na esperança de se esgotar o prazo regulamentar. O último dia de 1963 foi dramático na Aleg. Os ânimos se acirraram a tal ponto que o deputado Edson

---

[23] *Tribuna da Imprensa*, 1 nov. 1963.

[24] *Tribuna da Imprensa*, 5 nov. 1963 (grifo nosso).

Guimarães deu um tiro para o alto. A sessão foi encerrada à meia-noite, e, para terminar, um grupo de deputados tocou fogo nos papéis espalhados pela Assembléia.[25] As contas de Lacerda foram arquivadas, e só vieram a ser aprovadas em setembro do ano seguinte, em uma Assembléia bastante "depurada" pelas cassações do Ato Institucional nº 1.

O livro do ex-deputado estadual Mauro Magalhães é pródigo em revelações que, em parte, podem explicar o difícil relacionamento do governador com o Legislativo local. Lacerda, por exemplo, não se furtava a criticar os deputados em plena votação de projetos de interesse do governo:

> Aconteceu durante uma votação importante na Assembléia. Eu já tinha obtido apoio suficiente para aprovar um projeto de interesse do governo, e só a oposição mais radical estava disposta a endurecer. De repente, esse grupo oposicionista começou a esticar a discussão, adiando a votação. Não foi difícil perceber a jogada. Na sala ao lado, ligaram um aparelho de televisão que sintonizava uma entrevista de Carlos Lacerda. Fiquei preocupado, pois não era a primeira vez que um ataque do governador à Assembléia ou a alguns deputados botava tudo a perder.[26]

Em um outro episódio também narrado por Magalhães, fica evidente o "desprezo" que Lacerda devotava aos membros do Legislativo, em especial àqueles que considerava "políticos com p minúsculo". Nesse rol, estava incluído o deputado do PTB, José Talarico. Ao ser citado o nome de Talarico em um programa de entrevista na televisão, Lacerda observara ironicamente: "Mas tem deputado chamado Talarico?" Pior que xingamento, o político não absorve desprezo, conclui Magalhães, ilustrando as dificuldades que a indisposição do governador ao diálogo causava às negociações na Assembléia.[27]

O depoimento do ex-deputado Paulo Duque, que iniciou sua vida parlamentar em 1962, quando se elegeu para a Assembléia Legislativa da Guanabara pelo Partido Republicano, vai na mesma direção, comparando Lacerda ao ex-governador Chagas Freitas:

---

[25] Duque, 1998:81-2; e Talarico, 1998:198-199

[26] Magalhães, 1993:20-21.

[27] Magalhães, 1993:39.

Administração e política

Chagas Freitas fazia questão de ouvir, de atender os deputados (...). O governador Carlos Lacerda não fazia questão nenhuma disso; pelo contrário, não gostava (...). Carlos Lacerda chamou somente Celio Borja, Lopo Coelho e Raimundo de Brito para seu secretariado; isso mostra um desapreço pela classe política.[28]

Quadro 1
Assembléia Constituinte da Guanabara (1960)

Deputados de primeiro mandato	Partido	Tipo de voto	Votação
1- Amaral Neto	UDN	Ideológico; anticomunista	35.182
2- Hércules Corrêa	PTB	Ideológico; líder sindical filiado ao PCB	9.994
3- Roland Corbisier	PTB	Ideológico; membro do Iseb	9.543
4- Danilo Nunes	PTN	Ideológico; general anticomunista	8.213
5- Aliomar Baleeiro	UDN	Especialista; dep. fed. UDN-BA; professor de direito, jurista	17.180
6- Temístocles Cavalcanti	UDN	Especialista; jurista	15.981
7- Afonso Arinos Filho	UDN	Especialista; diplomata	14.661
8- Saldanha Coelho	PTB	Jornalista; *Última Hora*	10.260
9- Adalgisa Nery	PSB	Jornalista; *Correio da Manhã*	7.905
10- Paulo Alberto	PTN	Jornalista; *Última Hora*	8.546
11- Jorge Valadão	UDN	Definido (deficientes físicos)	14.513
12- Souza Marques	PTB	Definido (médico subúrbio)	8.620
13- Luiz Gonzaga da Gama Filho	PSD	Definido (colégio no subúrbio)	15.330
14- Átila Nunes	PSP	Definido (umbandistas)	6.342
15- Gerson Bergher	PSB	Definido (comunidade judaica)	4.762
16- Naldir Laranjeira	PR	Definido (militares)	8.438

[28] Depoimento de Duque, 1994.

214

Crônica de uma relação tumultuada

Deputados com mandatos anteriores	Partido	Experiência parlamentar anterior no DF	Votação
1- Lutero Vargas	PTB	Dep. fed. PTB/1954	11.392
2- Anésio Frota Aguiar	UDN	Ver. PTB/1947; dep. fed. UDN/1954	9.866
3- Lopo Coelho	PSD	Dep. fed. PSD/1950-54	8.214
4- Sandra Cavalcanti	UDN	Ver. UDN/1954	14.513
5- Raul Brunini	UDN	Ver. UDN/1954-58	11.623
6- Lígia Lessa Bastos	UDN	Ver. UDN/1947-50-54-58	11.101
7- Amando da Fonseca	PTB	Ver. PTB/1958	10.995
8- Hugo Ramos Filho	PSD	Ver. PSD/1954-58	8.045
9- Sami Jorge	PSD	Ver. PSD/1958	7.706
10- Levi Neves	PSP	Ver. PSD/1950-54; ver. PSP/58	4.948
11- Silbert Sobrinho	PR	Ver. PSB/1958	5.230
12- Miécimo da Silva	PRT	Ver. PSP/1950-54-58	7.578
13- Waldemar Viana	PRT	Ver. PRT/1958	7.084
14- Gladstone C. de Melo	PDC	Ver. UDN/1950-54; ver. PDC/58	5.886

Fonte: Picaluga, 1980.

Quadro 2
Assembléia Legislativa da Guanabara (1962)

Deputados (base eleitoral definida)	Partido	Ativ. prof. Origem	Representados	Votação
1- J. A. Cesário de Melo*	PL	Família de políticos	Santa Cruz/ C. Grande	3.889
2- Amando da Fonseca**	PTN	Polícia de Vigilância	Favela da Rocinha	6.900
3- Velinda da Fonseca**	PTB	Família de políticos	Méier	6.909
4- Pedro Fernandes Filho*	PSB	Líder local e sindical	Irajá/marítimos	3.579
5- Ubaldo de Oliveira**	PST	Líder local	Bangu	4.120
6- Antonio Luvizaro**	PRT	Líder local	Marechal Hermes	5.338

continua

Administração e política

Deputados (base eleitoral definida)	Partido	Ativ. prof./ Origem	Representados	Votação
7- Manoel Navella**	PRT	Polícia de Vigilância	Catumbi/ Rio Comprido	4.475
8- João Xavier*	PRT	Médico	Engenho de Dentro	4.406
9- Paulo Areal**	UDN	Dentista	Lins/Méier	4.434
10- Telêmaco G. Maia**	PR	Médico/ espírita	Madureira/ Cascadura	4.125
11- Mauro Magalhães*	UDN	Diretor do Clube Vila Isabel	Vila Isabel/ Tijuca	2.691
12- Miécimo da Silva**	PSD	Dono de colégio	Campo Grande	5.036
13- Waldemar Vianna**	PSP	Líder sindical	Trabalhadores de indústrias de bebidas e alimentos	5.829
14- Hércules Corrêa	PTB	Líder sindical/ PCB	Sindicalistas/ Comunistas	13.273
15- João Massena	PST	Quadro do PCB	Comunistas	8.149
16- Lygia Lessa Bastos**	UDN	Professora	Professores	11.961
17- Naldir Laranjeira	PR	General da reserva	Militares	5.356
18- Edson Guimarães*	UDN	Polícia Militar	Militares	7.551
19- Álvaro Valle*	PDC	Diplomata	Igreja Católica	6.551
20- Gama Lima*	PDC	Professor	Igreja Católica	5.614
21- Everardo M. Castro*	PDC	Advogado	Igreja Católica	3.092
22- Gerson Bergher	PTN	Médico	Colônia judaica	4.545
23- Domingos Dângelo**	UDN	Médico	Colônia italiana	4.127
24- Geraldo Moreira**	PTB	Advogado trabalhista; movimento de favelas	Favelas	6.124
25- Levy Neves**	PSP	Dentista	Funcionalismo estadual	4.731
26- Gonzaga da Gama Filho	PSD	Dono de escola	Piedade/ Cascadura	5.355

Deputados (votação disseminada)	Partido	Ativid. prof./ Origem	Votação
1- Danilo Nunes	UDN	General	51.226
2- Raul Brunini**	UDN	Radialista	48.433
3- Saldanha Coelho	PTB	Jornalista	40.019
4- Paulo Alberto de Barros	PTB	Advogado; jornalista	21.130
5- Raimundo de Brito*	UDN	Médico	16.426
6- Sinval Palmeira*	PST	Advogado; socialista	8.938
7- José Gomes Talarico	PTB	Dep. fed.; líder sindical	7.855
8- Adalgisa Nery	PSB	Jornalista-escritora	7.813
9- Edna Lott*	PTB	Filha do marechal Lott	7.256
10- Vitorino James*	UDN	Advogado	6.434
11- Ib Teixeira*	PTB	Jornalista	6.056
12- Rubens Macedo*	PTB	Fiscal de renda do estado	5.363
13- Augusto do Amaral Peixoto	PSD	Deputado federal	5.330
14- Frota Aguiar	UDN	Dep. fed.; ex-chefe de Polícia	5.325
15- Geraldo Ferraz*	UDN	Dentista	5.219
16- Jamil Haddad*	PSB	Médico	4.750
17- Luiz Corrêa*	PTB	Quadro do Ministério do Trabalho	4.642
18- Mac Dowell Leite Castro*	UDN	Empresário	4.481
19- Nelson José Salim**	PSD	Jornalista	4.324
20- José Bonifácio	PSD	Advogado	4.315
21- Paulo Duque*	PR	Advogado	4.238
22- José Dutra*	PTB	Advogado; socialista	4.223
23- Sinval Sampaio*	PTB	Advogado	4.207
24- Silbert Sobrinho**	PL	Fiscal de renda	4.091
25- Nina Ribeiro*	UDN	Advogado	3.959

continua

Deputados (votação disseminada)	Partido	Ativid. prof./ Origem	Votação
26- Horácio Cardoso Franco**	PTB	Professor	3.548
27- João Machado	MTR	Médico	3.107
28- Raimundo Carvalho Neto*	UDN	Engenheiro; ex-secretário de Obras	3.015
29- Rubem Cardoso**	PSP	Advogado	2.965

Fonte: Picaluga, 1980:202-203; Duque, 1998:76-80.
* Deputados no primeiro mandato parlamentar.
** Vereadores eleitos em 1958.

Política e administração pública em tempos de exceção: a máquina chaguista no governo da Guanabara

Carlos Eduardo Sarmento

Chagas Freitas iniciou o seu governo tendo sob o seu controle um conjunto singular de variáveis que viriam a favorecer a estabilidade de seu padrão de chefia política e, paralelamente, imprimir à gestão dos recursos e instituições públicas da Guanabara uma lógica privatista, que beneficiava as demandas originárias da estrutura do MDB e que contribuía, em última instância, para a consolidação de sua posição hegemônica no interior do partido. Este conjunto de fatores pode ser buscado tanto na especificidade do campo político à época, (marcado, por um lado, pela efetiva autonomia política e administrativa da cidade-estado e, por outro, pelo alto grau de constrangimentos impostos pelo regime militar), como também no tipo de capital político sob o controle de Chagas, potencializado então pelo seu acesso à chefia do Executivo estadual. A articulação do vetor da "oposição possível" revestira o novo governador da legitimidade de liderança oposicionista e, paralelamente, gerava uma salvaguarda para a sua movimentação dentro dos limites de um regime autoritário. Completando este conjunto de variáveis, os jornais dirigidos por Chagas Freitas exerciam eficazmente o controle sobre o fluxo de informações que atingiam uma grande parcela da população do estado, sendo o mais importante canal de propaganda política do MDB e, em perspectiva, um importante instrumento de distribuição de um capital político indispensável para a sobrevivência político-eleitoral de lideranças e mesmo da própria legenda oposicionista. Neste sentido, podemos situar nesta conjuntura particular o aperfeiçoamento de um certo padrão de chefia, que se estendia sobre a estrutura partidária e se valia das formas de divulgação estabelecidas pelos jornais, que assumiria feições de uma efetiva "máquina política" com a chegada de Chagas Freitas ao governo da Guanabara. Desta forma, a emergência do chaguismo enquanto fenômeno político total só pode ser situada no preciso momento em que a antiga rede de patronagem controlada por Chagas articulou-se com as estruturas partidária e do Estado. Logo, o chaguismo foi um fenômeno viabilizado pela conjunção e operacionalidade de um conjunto tríplice de fatores, assim percebido pelo jornalista Rogério Coelho Neto:

> Para entender o chaguismo, é preciso ver o seguinte: quando o Chagas começou a vislumbrar horizontes de liderança política — porque ele foi várias vezes o deputado federal mais votado do antigo Distrito Federal (...) —, percebeu que podia dar o grande salto político de sua carreira fazendo do jornal o ponto principal de apoio das suas campanhas. Ele tinha então o jornal e o partido como instrumentos para atingir os seus objetivos políticos. Mais adiante, conseguiu se eleger indiretamente governador da Guanabara e formou um tripé: partido, jornal e poder.[1]

A caracterização deste tripé, com especial atenção para o controle da variável "poder", ou seja, da própria estrutura do governo estadual como origem e instrumento de distribuição de capital político, foi o eixo central do clássico trabalho de Eli Diniz sobre o chaguismo.[2] Nele, a autora discutiu o funcionamento da máquina política chaguista a partir da observação das características apresentadas em uma dada conjuntura histórica, numa fase em que a estrutura da máquina encontrava-se plenamente cristalizada. O que pretendo discutir a seguir é o próprio processo de efetiva construção desta máquina, associando a sua emergência e a sua própria condição de viabilidade à chegada de Chagas Freitas

---

[1] Depoimento de Rogério Coelho Neto ao Programa de História Oral do Cpdoc/FGV, publicado em Ferreira, 1998.

[2] Diniz, 1982.

ao governo e, especialmente, a peculiaridade do substrato sobre o qual tal estrutura foi armada: o estado da Guanabara, entendido como fator condicionante para o aparecimento de um fenômeno político tal como a máquina chaguista.

A discussão teórica sobre as chamadas "máquinas políticas" é um tema tradicional da sociologia e da ciência política no século XX. A conceituação de máquinas políticas pode ser remontada à Harold Gosnell, que, em um clássico estudo sobre a dinâmica do poder local na cidade de Chicago, caracterizou o fenômeno e identificou algumas de suas especificidades recorrentes.[3] Em um trabalho de escopo mais etnográfico que analítico, Gosnell identificava as formas de apropriação privada dos recursos públicos municipais e propunha um viés funcionalista para a compreensão do fenômeno. Mais do que uma expressão teratológica das instituições públicas, as máquinas políticas serviam como formas de viabilizar respostas imediatas a demandas cujo aparelho burocrático do Estado não apresentava flexibilidade suficiente para arcar. Este tipo de abordagem engendrou a interpretação clássica de Robert Merton, que propunha uma leitura funcionalista do fenômeno.[4] Para Merton, as máquinas políticas existiam pelo simples fato de constituírem um sistema político, com marcante teor personalista e centralizador, que apresentava respostas às necessidades latentes da sociedade, demandas estas que outras instituições mais formalizadas se viam incapazes de identificar ou suprir.

Desta maneira, as máquinas políticas "construídas" pela abordagem de Merton eram sistemas que "humanizavam" e "personalizavam" a assistência a setores da população, promovendo assim uma forma de integração do corpo social. Geralmente, as demandas atendidas pelo sistema distributivo das máquinas eram de teor material, e não simbólico, lastreadas no compromisso de lealdade, muitas vezes condicionado ao exercício do voto. Características como o "baixo índice de acesso às leis" e o "alto grau de centralização privada do poder", identificadas por Merton, associavam o seu modelo a certas correntes de interpretação dos fenômenos clientelistas enquanto processos de transitoriedade. Assim, para Merton, a capacidade de centralização informal de poder, característica das máquinas políticas, serviria como "antídoto" para a dis-

---

[3] Gosnell, 1968.
[4] Merton, 1985.

persão constitucional de poderes que tornavam extremamente complexos e fragmentares os Estados em processo de formalização e aperfeiçoamento burocrático. Logo, as máquinas políticas eram características de Estados e sistemas políticos em processo de modernização e complexificação, tendendo a extinguir-se enquanto fenômeno à medida que os aparelhos de Estado ganhassem melhor perfil institucional.

Esta abordagem, que associa a existência de máquinas políticas ao baixo grau de institucionalização dos governos e da burocracia estatal, foi abertamente questionada por Alan DiGaetano ao final da década de 1980.[5] Segundo o cientista político norte-americano, os estudos construídos a partir do referencial funcionalista de Merton conseguiam explicar a forma como os sistemas políticos operavam, mas apresentavam equívocos quanto ao enfoque relacionado ao aparecimento e estruturação das máquinas políticas enquanto processos históricos. Analisando a estrutura de poder local em algumas cidades dos EUA, DiGaetano associou o aparecimento das máquinas políticas à emergência e fortalecimento dos aparelhos estatais e não, como tradicionalmente se identificava, à sua ausência ou funcionamento ineficaz.

Segundo o autor, os princípios do federalismo, que propiciaram uma estrutura descentralizada para o Estado norte-americano, concederam ao poder local, ou às estruturas estatais subnacionais, um grau excepcional e autonomia no que tangia aos assuntos delimitados em suas jurisdições territoriais. Desta forma, a expansão e institucionalização das instituições políticas e administrativas locais, em conjunção com a concentração de poder no interior do aparato estatal, precedeu ou coincidiu historicamente com o surgimento das máquinas políticas em cidades como Chicago, Albany, Denver, Cleeveland, Nova York, Kansas City e mais 22 cidades abrangidas por seus estudos comparativos. Por estas razões, o autor sustenta que:

> *The emmergence of the administrative local state was crucial for the rise and development of urban political machines. Therefore, the building up of urban government institutions and authority, not their deficiencies, ocassioned the formation of urban political machines in the United States.*[6]

---

[5] DiGaetano, 1988.

[6] Idem, p. 103.

Neste sentido, é altamente pertinente abordarmos o fenômeno específico da máquina chaguista no ambiente político da Guanabara como resultante direta do processo de estruturação das instituições e da própria definição dos limites de abrangência do poder político e das esferas administrativas da cidade-estado. Guardadas as proporções necessárias entre as estruturas federativas dos EUA e do Brasil, o caso da Guanabara é bastante singular na medida em que sobre o seu território, e, conseqüentemente, sobre a sua estrutura político-administrativa, haviam incidido formas claras de interferência dos poderes federais.[7] Na medida em que a Guanabara emergiu como solução institucional para o impasse da transferência da capital para Brasília, a construção da cidade-estado correspondeu aos anseios autonomistas que haviam marcado conjunturas específicas da trajetória política da cidade.

As vias de interferência do Executivo e Legislativo federais sobre a cidade, justificadas pela condição de servir de capital para o país, haviam restringido o acesso das forças políticas locais à administração direta do espaço correspondente ao Distrito Federal e, como resultante deste processo, havia forçado uma extrema fragmentação das forças políticas em disputa na cidade. O desenho político da Guanabara, na medida em que franqueava o acesso das forças políticas locais à estrutura administrativa da cidade, havia possibilitado uma maior alocação dos elementos autóctones no controle dos instrumentos de distribuição dos bens e serviços públicos locais, importante capital político que se disputava no interior do campo político da cidade-estado. De igual forma, a diminuição dos constrangimentos políticos impostos pela presença de representantes dos poderes federais em funções-chave da administração local, resultou em um novo arranjo das forças políticas, com reais possibilidades de superação das fases de extrema fragmentação que haviam marcado algumas conjunturas da história política do Distrito Federal.

O chaguismo, como expressão política e como máquina, pode ser explicado justamente a partir desses condicionantes históricos que se articulavam na conjuntura específica de "construção" da estrutura institucional, política e administrativa de uma nova unidade federativa: a Guanabara. A explicação sobre a eficácia de esta estratégia ser verificada apenas no período que corres-

---

[7] Ver Sarmento e Freire, 1999.

ponderia ao terceiro mandato de um governador do novo estado pode ser buscada tanto nos elementos definidores da conjuntura política dos anos 1960, como na tese apresentada pela historiadora Marly Motta para distinguir o governo Chagas dos anteriores. Segundo Motta, o padrão político de Chagas, assim como o seu projeto de liderança, diferiam radicalmente dos articulados por seus antecessores no cargo: Carlos Lacerda e Negrão de Lima. Mais preocupados com o exercício da política em nível nacional, estes haviam buscado instaurar a condição de "estado-capital" na Guanabara, enquanto Chagas, cujo projeto se limitava ao controle da política local, se pautara por um programa identificado como uma efetiva tentativa de "estadualização da Guanabara".[8]

Neste sentido, construir o estado era erigir concomitantemente uma máquina política, expressão "institucional" do padrão de chefia política que Chagas havia articulado, com abrangência muito mais restrita, desde o final da década de 1950, e que havia sido incorporado à estrutura partidária do MDB. Estas estruturas se sobrepunham e se confundiam, em uma clara explicitação da pulverização das fronteiras entre o público e o privado, o institucional e a informalidade. A rede de relações clientelistas dava sustentáculo e lógica à estrutura do MDB, que por sua vez subsidiava o processo de montagem das instâncias administrativas da Guanabara. Esta íntima integração entre rede de patronagem, partido e estrutura estatal-burocrática servia de canal para a circulação do capital político, viabilizado a partir das esferas administrativas da Guanabara. Desta forma, a racionalidade que irá nortear a administração Chagas Freitas estará primeiramente definida pelas próprias demandas de caráter privado oriundas dos elementos que se integravam à rede de relações clientelistas que, por sua vez, assumia expressão formal e institucional nos quadros do partido de oposição. Assim, a administração de Chagas Freitas na Guanabara pode ser abordada como um modelo de estruturação e funcionamento de uma máquina política em um ambiente urbano contemporâneo.

Um primeiro aspecto que deve ser ressaltado é a excessiva centralização de poderes nas mãos do novo governador. Chagas controlava o partido da mesma forma como geria seus jornais ou negociava com sua rede de apoios políticos, deixando claro que ele, acima de tudo, era o chefe. Segundo o jornalista

---

[8] Sobre o conceito de "estadualização" identificado nas ações governamentais de Chagas Freitas no Executivo da Guanabara, ver Motta, 2000a.

Rogério Coelho Neto, este padrão de chefia podia ser observado em gestos cotidianos, pouco questionados por seus correligionários:

> Quando eu digo "legenda do chaguismo" é porque naquela época o MDB era o Chagas. Ele tinha um livro de atas do MDB. Fazia as reuniões, levava o livro debaixo do braço, todo mundo assinava, ele guardava e decidia o que queria.[9]

Da mesma forma, a estrutura administrativa do estado da Guanabara foi pensada de forma a que toda demanda oriunda de segmentos da rede de relações políticas tivesse que, obrigatoriamente, ser submetida à apreciação do governador, cabendo a ele a prerrogativa de decisão última sobre toda e qualquer questão. Tendo em vista a operacionalidade deste processo decisório, Chagas ressaltou na lógica da administração pública valores como a "lealdade pessoal", a "fidelidade" e o "favor". Estes valores, que haviam sido impostos na reestruturação do MDB, passaram a vigorar também na gestão estadual a partir do próprio processo de escolha do secretariado do governo que se iniciava. Dois critérios pautaram a definição dos nomes: amizade e fidelidade ao novo governador e a valorização de nomes com reconhecida competência técnica.[10] Desta forma, vamos encontrar o ex-ministro da Fazenda do governo Castello Branco, Octávio Gouvêa de Bulhões, na presidência do Banco do Estado da Guanabara, cobiçado manancial de inúmeros empréstimos a fundo perdido.

O inspetor de rendas Heitor Schiller figurou como secretário de Finanças, cargo que lhe foi atribuído pelo bom relacionamento com Bulhões e, principalmente, por ter uma carreira pública inatacável. O coronel-aviador Julio Coutinho veio a ocupar a pasta de Ciência e Tecnologia, enquanto Francisco Mello Fran-

---

[9] Depoimento de Rogério Coelho Neto ao Programa de História Oral do Cpdoc/FGV, publicado em Ferreira, 1998:226.

[10] O secretariado empossado pelo governor Chagas Freitas era composto por Darcy Lopes Ribeiro (Justiça), Francisco Mello Franco (Governo), José Chediak (Administração), Edmundo Campello (Agricultura e Abastecimento), Júlio Coutinho (Ciência e Tecnologia), Fernando Barata (Educação e Cultura), Heitor Schiller (Finanças), Silvio Cruz (Saúde), Carlos César Machado (Obras), General Antônio Faustino da Costa (Segurança), Adyr Veloso (Serviços Públicos), Mário Figueira de Mello (Serviços Sociais), Rui Pereira da Silva (Turismo), Marcial Dias Pequeno (Gabinete Civil), Rubens Rodrigues de Araújo (Gabinete Militar), apud Franco, 1977:9.

co, filho de Afonso Arinos e ex-presidente da Finep, assumiu a Secretaria de Governo. Estas indicações sinalizavam claramente que na gestão estadual, política e administração integrariam compartimentos estanques, comunicáveis apenas através da decisão pessoal do governador. Chagas priorizava o atendimento das demandas trazidas por seus interlocutores políticos, mas fazia questão de ressaltar que o processo decisório estava centralizado em suas mãos, negando portanto acesso direto a outras instâncias do Executivo. O vice-governador Erasmo Martins Pedro interpreta assim a forma pela qual Chagas equilibrava as demandas políticas em seu governo:

> Chagas não queria que os deputados fossem diretamente aos secretários para pedir isto ou aquilo. Às vezes o secretário não tinha nem estrutura, nem vivência política, e quase que enxotava o político: "Não pode, não pode, não pode". A segunda razão é que Chagas não gostava que o secretário soubesse diretamente quem estava pedindo. Porque às vezes o secretário tinha uma idiossincrasia com a, b ou c, e começava a botar dificuldades; ou então, ao contrário, era amigo pessoal de um e o ajudava. Para evitar estas coisas, Chagas separou a política da administração.[11]

Esta excessiva centralização, que orientava na direção do governador todo o encaminhamento do processo decisório, chegava a forjar situações extremas e prosaicas, representativas da obsessão pelo controle total que pautava o governador:

> Chagas tinha um controle perfeito sobre a arrecadação porque no fim da tarde recebia o secretário Heitor Schiller, que lhe levava o balancete do dia — o que foi gasto e o que foi arrecadado — e a previsão para o restante do mês.[12]

O processo de escolhas deste secretariado técnico também implicava a preocupação do governador em controlar um capital político de outra natureza, eminentemente relacional. A indicação de um oficial da Aeronáutica para a Secretaria de Ciência e Tecnologia podia ter as justificativas de um conheci-

---

[11] Depoimento de Erasmo Martins Pedro ao Programa de História Oral do Cpdoc FGV publicado em Pedro, 1998:152.

[12] Idem, p. 151.

mento técnico específico adquirido por Coutinho em cursos no exterior e em sua experiência no Instituto Tecnológico da Aeronáutica, mas sinalizava também a preocupação do governador em manter sempre canais de comunicação com os mais altos círculos da oficialidade. Esta mesma lógica precedera a escolha de Mello Franco que, além de pertencer a uma tradicional família de políticos, trabalhara muitos anos junto às elites tecnocráticas que serviam ao governo federal em Brasília.[13]

Esta preocupação em respaldar os setores técnicos e em limitar o trânsito junto às esferas executivas que se situavam para além dos limites de abrangência de sua rede de patronagem não chegava a alterar a característica principal de sua administração, que poderia ser resumida a um sistema que visava facilitar o acesso a recursos públicos de forma a fortalecer e ampliar os limites de funcionamento da máquina política que se estruturava. Neste sentido, o governo estadual operava com a lógica primária do atendimento, pautando-se pelo cálculo básico de rendimento político-eleitoral que poderia ser auferido a partir das iniciativas governamentais. Para o jornalista Paulo Branco, o modelo de funcionamento da máquina chaguista impunha a lógica clientelista ao Estado e reproduzia um sistema de incorporação privada dos rendimentos políticos à rede de clientela:

> Como operava esta "democracia interna" de Chagas Freitas, com seu domínio partidário fantástico? Aparecia uma vaga de delegado na 1ª Zona, e ele dizia: "Na Primeira Zona tem que ser um sujeito... Vamos botar um crioulo lá". Pegava uma pasta que ele tinha — era um arquivo pessoal — escolhia a pessoa pela cara e nomeava. Se você pega um sujeito do lumpesinato e dá a ele um DAS-8, que naquela época eram quase US$ 2 mil, o sujeito vira vassalo... Chagas tem este ônus, trouxe para a política o lumpesinato, deu mandato a gente despolitizada, botou na Câmara Municipal e na Assembléia Legislativa pessoas deste naipe. Piorou a vida pública. Mandou como ninguém e, se para baixo usava o tacape, para cima batia continência.[14]

---

[13] Ver depoimento de Francisco Mello Franco ao Programa de História Oral do Cpdoc/FGV publicado em Motta e Sarmento, 2001.

[14] Depoimento de Paulo Branco ao Programa de História Oral do Cpdoc/FGV, publicado em Ferreira, 1998:247.

A relação então estabelecida com a Assembléia Legislativa se dava em um pactuado intercâmbio entre "apoios" e "favores". Os deputados que constituíam a maioria governista, em sua quase totalidade vinculados à rede de patronagem chaguista, agiam em bloco na tramitação e aprovação das matérias de interesse do governador, garantindo com isto a possibilidade de ter acesso a bens e serviços públicos sob controle do Executivo estadual. Ao possibilitar o acesso de um deputado a uma parcela deste capital político, Chagas reforçava os vínculos de lealdade, reforçava a posição política do parlamentar em sua comunidade e investia no fortalecimento dos vínculos que mantinha coesa a sua rede de patronagem. Neste processo, o deputado geralmente operava como o intermediário das reivindicações da comunidade onde se situavam os seus interesses políticos e eleitorais, sendo reconhecido publicamente como "benfeitor da região" (no que operava magistralmente o noticiário de O Dia), mas a sinalização constante era a de que jamais perdesse de perspectiva a função de chefia exercida pelo governador.

Paulo Duque, parlamentar que obtivera uma suplência nas eleições de 1970 (vindo a ocupar uma cadeira na Aleg a partir de 1973), relata a forma como Chagas distribuía os recursos políticos entre seus aliados:

> O governador Chagas Freitas um dia me disse que eu iria indicar o administrador regional da 17ª RA — Lagoa, Ipanema, Leblon e Gávea. Mas fez questão de frisar: "No Brasil, são 10 mil as pessoas que de fato mandam; 5 mil moram em São Paulo, 5 mil moram no Rio de Janeiro. E as 5 mil do Rio de Janeiro moram exatamente nesta região. Então você me arranje um sujeito que more lá, que seja de preferência um arquiteto ou um engenheiro, ou um professor, e que possa de fato te representar e a esse grupo".[15]

Com o controle da distribuição desses recursos, Chagas podia ordenar o funcionamento de sua rede e, conseqüentemente, influir na dinâmica do campo político carioca. Da mesma forma com que fortalecia a penetração de determinados políticos em suas comunidades, Chagas Freitas também sabia punir quem transgredisse os parâmetros de "lealdade" que ordenavam as relações

---

[15] Depoimento de Paulo Duque ao Programa de História Oral do Cpdoc/FGV publicado em Duque, 1998:107-108.

no interior de seu grupo político. Ao fazê-lo, o governador sempre buscava recalibrar a rede de interações políticas, visando não sofrer perdas significativas. Em 1972, atritado com o deputado Aparício Marinho, que havia se envolvido no rumoroso caso da legalização do edifício conhecido como "ninho das águias",[16] Chagas resolveu afastá-lo de seu grupo político. No entanto, não bastava apenas inviabilizar o acesso de Marinho aos recursos governamentais, era preciso desligá-lo da rede de patronagem sem que isto impusesse danos ao sistema. Chagas então operou para que a influência de Marinho em suas bases políticas (a Zona Sul carioca, em especial o bairro de Botafogo) fosse diminuída e que parte deste capital passasse a ser controlado por um outro político da região, Paulo Duque. O próprio parlamentar beneficiado relata a forma como passou a ter acesso aos recursos disponibilizados pelo governo estadual:

> Ele (Chagas) procurava influenciar decisivamente dando força a esse ou àquele deputado para que fosse o líder. Eu mesmo sou um exemplo de como ele atuava nesse processo de formação de lideranças. Chagas Freitas era muito amigo de um médico, que ele elegeu deputado em 1970, chamado Aparício Marinho, morador de Botafogo. Mas Chagas brigou com o Aparício e queria derrotá-lo de qualquer maneira. Resolveu que o único homem capaz de derrotar o Aparício Marinho era eu, que era suplente naquela época. Ele então me chamou e me deu para indicar todas as posições que seriam do Aparício Marinho na Zona Sul da cidade. Indiquei o administrador do hospital Miguel Couto, o administrador regional da Lagoa, o da Barra da Tijuca, e outros.[17]

Chagas reafirmava com estas iniciativas que a chefia incontestável cabia única e exclusivamente a ele, não havendo outras formas de acesso aos recursos distribuídos que não fosse a partir da sujeição ao seu comando. O vice-governador Erasmo Martins Pedro sintetizou a forma como o sistema de encaminhamento de pleitos (e de distribuição de recursos públicos) representava a própria lógica operacional do governo, sendo o ponto a partir do qual poder-se-

---

[16] Sobre o caso, ver Motta, 1999b.

[17] Depoimento de Paulo Duque ao Programa de História Oral do Cpdoc/FGV publicado em Duque, 1998:135.

ia compreender as iniciativas do Executivo, a dinâmica do Legislativo e a forma de "loteamento político" do território estadual:

> O administrador regional, na verdade, era mais um fiscal do que um executivo. Quem executava tudo era o próprio governador, através da Secretaria de Obras. O problema era que os deputados não queriam saber se a obra estava ou não estava no orçamento. Nós então íamos fazendo um arquivo do que eles pediam, do que lhes interessava. E era muito importante verificar se nesses pleitos havia choques entre deputados da mesma área, porque às vezes dois ou três deputados pediam a mesma coisa, mas não queriam aquilo que fosse feito sob o patrocínio do outro. O que nós tínhamos que fazer nesses casos? Dar uma obra para um e uma obra para outro, de modo que todos ficassem satisfeitos. A verdade é que o favor político — favor legal, legítimo — quando dividido por dois, três autores, não rende voto para ninguém, rende briga. Evidentemente, estas discussões não podiam ser entregues ao Chagas. Ele não tinha tempo, porque tinha que cuidar do governo do estado. Então, tudo era preparado antes e só depois levado a ele. Na hora da inauguração das obras, Chagas marcava uma data para um deputado e outra data para outro. Na data de um, o outro ficava lá no canto dele. *O Dia* dava cobertura, Chagas ia pessoalmente e dizia: "vocês podem agradecer ao deputado fulano de tal pelo que ele tem feito no interesse da zona". O deputado levava os seus cabos eleitorais, o seu pessoal. Na outra data, na outra obra, era a mesma coisa, com o outro deputado. Isso redundava em prestígio para os deputados e para o Chagas. A chefia do Chagas estava aí. Não era liderança, era chefia mesmo. Porque o grande problema da política — estou falando do caso específico do governo Chagas Freitas — é que você tem que contentar a todos, descontentando o menor número possível.[18]

Procuramos ressaltar, através destas fontes específicas, a forma como o aspecto da construção e funcionamento da máquina política chaguista se associou intimamente ao próprio mandato governamental de Chagas Freitas. Podemos assim destacar que a máquina política chaguista, em todas as for-

---

[18] Depoimento de Erasmo Martins Pedro ao Programa de História Oral do Cpdoc/FGV publicado em Pedro, 1998:138-139.

mas em que o fenômeno pudesse se desdobrar, constituiu um sistema referencial que construiu um claro sentido para a atividade política dos elementos que estiveram integrados à rede, em suas diferentes funções, sentidos e posições. Mais até do que a viabilidade material do fenômeno, a máquina chaguista assume um claro sentido simbólico, na medida em que passou a referenciar e embasar a lógica de atuação política e os sentidos que a atividade política viria a representar para os atores envolvidos no processo.

Se as ações e iniciativas do governador passaram a assumir um sentido preferencial de adequação à lógica e às demandas da máquina política construída em torno do Executivo estadual da Guanabara, a sua pauta administrativa não se limitou apenas a este escambo cotidiano envolvendo recursos públicos e capital político. Segundo o secretário de Governo, Francisco Mello Franco, a administração Chagas Freitas na Guanabara teve o seu grande destaque na modernização da estrutura administrativa do estado, que compreendeu o enxugamento da estrutura estatal e empreendeu a "adequação do aparelho burocrático às novas diretrizes da eficiência administrativa".[19] Um dos aspectos desta reforma administrativa é observado na criação de companhias de direito público, como a CEG (Companhia Estadual de Gás) e a Comlurb (Companhia de Limpeza Urbana).

Sob as diretrizes de Octávio Gouvêa de Bulhões, a Guanabara lançou-se a um complexo "saneamento financeiro", iniciado por um escalonamento das dívidas contraídas por governos anteriores. Beneficiando-se da singular especificidade fiscal da cidade-estado (que arrecadava impostos municipais e estaduais), o orçamento passou a ser executado sob constante auditoria, tendo toda a sua aplicação constantemente auditada. Desta forma, na avaliação de Mello Franco, pôde-se reverter uma tendência de encolhimento das finanças públicas "ainda sob o efeito da inadequação frente à transferência da sede do governo federal para o Planalto".[20] Este novo cenário da administração estadual foi capaz de atrair novos investidores, em especial o setor industrial que passou a dirigir seus interesses para as novas zonas industriais do estado.

Neste aspecto, situava-se um item da pauta estratégica do novo governo, a chamada "ocupação racional do território". Com a criação do distrito indus-

---

[19] Franco, 1977:23.

[20] Idem, p. 26.

trial de Santa Cruz e o planejamento da região portuária de Sepetiba, o governo investia em uma efetiva "horizontalização" do estado, visando equilibrar a distribuição dos fatores geo-econômicos de forma mais harmônica. Seguindo esta mesma diretriz, o governo deu prosseguimento aos planos de urbanização e desenvolvimento da Barra da Tijuca (no qual se destacaram a construção do Autódromo e do Centro de Convenções do Riocentro na Baixada de Jacarepaguá), e aos projetos de construção de conjuntos populares na antiga Zona Rural, agora chamada de Zona Oeste.[21]

Das grandes obras propostas, o governo teve que lidar com o grave problema da paralisação do projeto do metrô. Por complexas questões que envolviam definição da origem dos recursos e a dificuldade de aprovação de verbas federais para o projeto, o governo Chagas se encerraria, em março de 1975, sem muito avanço nas obras do sistema de transporte público que fora um dos pontos mais enfatizados em seu primeiro ano de governo. No entanto, outras obras de porte como a adutora de Guandu, a reurbanização da Lapa e a construção do elevado Paulo de Frontin seriam lembradas como marcos de uma administração "competente" e "empreendedora" no editorial do *Jornal do Brasil* de 13 de março de 1975:

> Despede-se um governo. Fica a certeza de uma contribuição que tudo fez para merecer as expectativas geradas. A soma desses quatro anos põe o governo Chagas Freitas no mesmo plano do empresário bem-sucedido e do político dinâmico que já lhe compunham a imagem junto ao público. Em ambiente de paz e austeridade, o Sr. Chagas Freitas — que acaba de ter sua gestão aprovada unanimemente pelo Tribunal de Contas — deixará, dentro de dois dias, o Palácio Guanabara. Conviveram bem o administrador e o político. As relações com o governo federal pautaram-se pela harmonia e colaboração. Embora do MDB, o governador soube manter, graças a um comando político firme e esclarecido, o saudável intercâmbio entre o estado e o governo da União. Não obstante, a oposição ampliou seu nível de popularidade, sem necessidade, por parte do governo local, de apelos à demagogia.[22]

---

[21] Franco, 1977:28-29.

[22] *Jornal do Brasil*, 13 mar. 1975. p. 5.

No saldo final do governo Chagas Freitas, a concretização das metas propostas por sua administração, o rígido controle da estrutura partidária do MDB carioca e o intercâmbio constante entre o governo federal e o menos contundente exemplar de uma liderança da "oposição possível" não permitiram que o governador coroasse a sua passagem pela administração estadual com a sagração de um elemento egresso de seu grupo político para o governo da Guanabara. Afinal, ao fim do governo Chagas não mais existiria o próprio governo da Guanabara. A decisão do presidente Ernesto Geisel, empossado em 15 de março de 1974, em efetuar de forma acelerada a fusão entre o estado do Rio e a Guanabara estabeleceu um rígido limite para os planos de perpetuação e ampliação da máquina chaguista. Embora a máquina política montada neste quadriênio já trabalhasse com o cenário de continuidade em um futuro governo Erasmo Martins Pedro,[23] as alterações no estatuto jurídico, político e administrativo da cidade-estado imporiam a Chagas, e à estrutura criada em torno de sua chefia, a necessidade de, mais uma vez, adaptar-se a um campo político em radical processo de transformação. Novamente impunha-se a necessidade de forjar uma nova estratégia, sendo que esta iria ter que lidar com variáveis até então inéditas: a atuação de um forte interventor federal no Executivo estadual, o inédito cenário da política fluminense e a presença, no interior da estrutura partidária do MDB, de um outro poderoso cacique político.

---

[23] Sobre a escolha de Erasmo como virtual sucessor de Chagas Freitas no governo da Guanabara, ver depoimento de Erasmo Martins Pedro ao Programa de História Oral do Cpdoc/FGV publicado em Pedro, 1998:156.

Administrando o Rio: engenheiros x economistas*

Marly Motta

Ser prefeito do Rio de Janeiro no início do século XX

Há 100 anos — 1903 —, o tema que dominava os corações e as mentes dos habitantes do Rio de Janeiro era a atuação do prefeito da cidade, chamado por muitos de "bota-abaixo". Convidado por Rodrigues Alves, recém-empossado presidente da República, o engenheiro Francisco Pereira Passos assumiu a prefeitura da então capital federal em 30 de dezembro de 1902, nela permanecendo até 15 de novembro de 1906. Ao longo desses quatro anos, Passos comandou o mais importante processo de reforma implementado no tecido urbano do Rio de Janeiro.

Não é difícil entender, pois, por que Pereira Passos ocupa um lugar especial na memória política do Rio de Janeiro e, por isso mesmo, na ocasião do centenário do início de seu governo, torna-se objeto de reflexão para estudiosos da história urbana e política carioca. Afinal, ele foi a primeira, e ainda hoje é a principal referência da linhagem de governantes cujas administra-

---

* Este texto, escrito em parceria com Ângela Penalva Santos, foi publicado originariamente sob o título O "bota-abaixo" revisitado: o Executivo municipal e as reformas urbanas no Rio de Janeiro (1903) na *Revista do Rio de Janeiro*, nº 10, maio-ago., 2003.

ções se caracterizaram pela realização de obras urbanísticas que deixaram marcas indeléveis no tecido da cidade.

A comemoração do IV Centenário do Rio de Janeiro (1965) foi um momento decisivo para a construção da imagem de Pereira Passos como um "prefeito empreendedor". Sabendo que a memória é um privilegiado campo de disputa política, não podemos esquecer que, à frente das comemorações, encontravase Carlos Lacerda, governador do estado da Guanabara, unidade federativa em que a cidade do Rio de Janeiro havia se transformado após a transferência da capital para Brasília em 1960. Em plena campanha para a sucessão local e nacional, Lacerda, cujo grande cacife eleitoral era o vasto programa de obras que executava na Guanabara, procurou se inserir na corrente de governantes cariocas inaugurada por Pereira Passos, a de administradores "técnicos" e "tocadores de obras".[1]

Francisco Pereira Passos graduou-se em matemática pela Escola Central em 1856. Sua formação de engenheiro se deu em Paris, onde não só freqüentou os cursos da *École de Ponts et Chaussées*, como acompanhou as obras empreendidas por Georges Haussmann na capital francesa no intuito de transformá-la em uma cidade "moderna" e "civilizada". Essa experiência no exterior, associada a uma preeminente posição social,[2] fez com que Passos, de volta ao Brasil, viesse a se inserir profissionalmente em um dos setores mais novos e dinâmicos da economia brasileira, o da construção de ferrovias: como funcionário do governo, foi ele quem fiscalizou a obra da Estrada de Ferro Santos-Jundiaí, inaugurada em 1867 como São Paulo Railway. Ao longo da década seguinte, Passos consolidou sua carreira nessa área, desde a missão técnica em Londres, como inspetor especial das estradas de ferro subvencionadas pelo governo, até a nomeação, em 1876, para o cargo de diretor da Estrada de Ferro D. Pedro II.

Suas atividades como engenheiro foram, no entanto, além da área ferroviária. Em 1873, assumiu a direção do estaleiro da Ponta da Areia, do barão de Mauá, e, no ano seguinte, fez parte da Comissão de Melhoramentos da cidade

---

[1] Motta, 2004.

[2] Pereira Passos era filho de Antônio Pereira Passos, barão de Mangaratiba, e se criou em uma grande fazenda de café na então província do Rio de Janeiro. Os dados biográficos de Passos foram tirados de Benchimol, 1992:192-196.

do Rio de Janeiro, encarregada de traçar um plano global de reforma urbana, que visava, sobretudo, facilitar a circulação viária e melhorar as deficientes condições higiênicas da cidade: entre outras providências, estavam previstas obras de abertura de novas ruas e praças, além do alargamento e retificação das já existentes.[3]

O envolvimento do engenheiro Passos em planos de reforma urbana do Rio de Janeiro iria se acentuar em 1884, quando, na condição de presidente da Companhia de Carris de São Cristóvão, propôs aos acionistas que adquirissem o projeto, elaborado pelo arquiteto italiano Giuseppe Fogliani, de uma grande avenida a ser construída no centro do Rio de Janeiro. O interesse da companhia era claro, uma vez que a avenida passaria a abrigar as estações terminais de todas as linhas de bonde da cidade.

Um terceiro ponto da trajetória profissional de Pereira Passos — ao lado das de engenheiro do serviço público e de executivo de empresa privada ligada à implantação de infra-estrutura urbana — foi o de empresário ligado à construção civil: por volta de 1887, fundou uma serraria que se tornou uma das maiores fornecedoras de madeira para a construção de mansões e palacetes no Rio de Janeiro.[4] Não é difícil concluir que a indicação de Pereira Passos para a prefeitura do Rio de Janeiro, com a missão explícita de "consertar os defeitos da capital que afetam e perturbam todo o desenvolvimento nacional",[5] levou em conta, certamente, o *capital político*[6] por ele acumulado nessa tripla função.

Pereira Passos fez parte do grupo dos engenheiros que, principalmente a partir da segunda metade do século XIX, tornaram-se particularmente ativos no processo de (re)configuração do espaço urbano carioca.[7] O discurso desses profissionais, calcado nos pilares da razão e da ordem, visava produzir não apenas um modelo de cidade, mas também de nação — pensando-se na então capital federal como vitrine e espelho do Brasil — baseado em determinadas

---

[3] Sobre a Comissão de Melhoramentos, ver Fritsch, 1986.

[4] Benchimol, 1992.

[5] Mensagem de Rodrigues Alves ao Congresso Nacional (maio de 1903), *apud* Benchimol, 1992:212.

[6] Estamos tomando o conceito de *capital político* tal como desenvolvido por Bourdieu, 1989.

[7] Kropf, 1996.

concepções de progresso e de modernidade: o desenvolvimento contínuo, a conquista da natureza para a produção de riquezas, a vitória da técnica, a identificação do passado como obstáculo a ser vencido, entre outras.[8]

Donos de um saber considerado técnico, e investidos da missão de construir uma cidade moderna, estes profissionais, entre os quais Pereira Passos é um dos nomes de maior relevo, iriam conquistar amplos espaços de saber e, conseqüentemente, de poder. É evidente a crescente importância de uma profissão nascente — a engenharia —, cujas caraterísticas iriam configurar um certo entrelaçamento entre o poder público e o desenvolvimento de uma burocracia profissional.[9]

A qualificação de Pereira Passos para o cargo de prefeito se relacionou igualmente ao fato de ele ter ocupado a direção executiva de uma importante empresa — a Companhia de Carris de São Cristóvão — ligada à implantação de infra-estrutura urbana no país. Na condição de intermediário do processo de modernização da cidade, pôde assim se situar na confluência entre o poder público e o privado, propiciando parcerias e identificando oportunidades de negócios. É sabido que, ao lado dos trens, os bondes tiveram um papel decisivo no rumo e no ritmo da expansão do Rio de Janeiro, quer dando um outro sentido às antigas freguesias do centro da cidade, quer possibilitando a incorporação de novas áreas. Finalmente, é preciso observar o peso dos interesses de Pereira Passos no ramo da construção civil, através dos quais conseguiu fechar uma importante rede onde freqüentemente se cruzavam interesses públicos e privados.

Por isso mesmo, talvez seja possível afirmar que, ao contrário de seus antecessores, o presidente Rodrigues Alves tinha um padrão claro para a escolha do prefeito a quem destinaria o desafio de "restaurar o conceito" da capital brasileira no âmbito do mundo civilizado. Se na indicação para a prefeitura da capital o presidente Campos Sales (1898-1902) oscilou entre políticos de expressão nacional, como Cesário Alvim, e representantes da política local, como Xavier da Silveira,[10] Rodrigues Alves manteve Passos do início ao fim de seu período presidencial.

---

[8] Carvalho, 1994.
[9] Idem, 1998.
[10] Freire, 2000.

Um segundo ponto de nossa reflexão sobre o significado de ser prefeito do Rio de Janeiro em 1903 diz respeito ao lugar que Pereira Passos ocupou no *campo político* carioca. Afinal, como foi bem observado, "seria durante a administração de Rodrigues Alves que a República finalmente definiria o seu modelo de capital".[11]

O caminho até essa definição foi longo e acidentado. Trabalhos sobre o Conselho da Intendência Municipal[12] e sobre os primeiros prefeitos do Distrito Federal[13] destacam a tensão entre os princípios federalistas e as necessidades centralizadoras da administração que colocaram frente a frente as duas esferas de poder: a federal e a local. No intuito de consolidar o novo regime em um quadro de profunda instabilidade, à administração federal parecia imprescindível ter o controle político da sede do governo.

Coube à Lei Orgânica, aprovada em 20 de setembro de 1892, definir o desenho institucional dessa unidade federativa especial, principalmente no tocante ao processo de indicação de seu governante. De um lado, estavam aqueles que preferiam a eleição indireta, ou seja, que o Conselho Municipal escolhesse o prefeito entre os intendentes eleitos; outros, no entanto, defendiam a eleição direta pelo voto popular. Esta politização "exagerada" da capital preocupava os republicanos liberais, que consideravam inadmissível a perspectiva de um governo autônomo e eleito pelo voto popular na sede do governo federal, *locus* da administração pública. A proposição de que o Distrito Federal deveria ser neutralizado politicamente acabou prevalecendo: pela Lei Orgânica, ao Executivo federal caberia a indicação do prefeito, enquanto o Senado reservou a si próprio o papel de referendar a nomeação e os vetos do prefeito, conquistando um lugar estratégico no controle político da capital. O Conselho Municipal, formado por 27 intendentes eleitos — 21 eram representantes distritais e seis representavam todo o Distrito Federal —, tinha a função precípua de responder pela elaboração e votação do orçamento da cidade, e seu presidente substituiria automaticamente o prefeito em caso de necessidade.

---

[11] Freire, 2000:120.

[12] Bastos, 1984.

[13] Weid, 1984.

Com tutela federal, bancada estadual e administração municipal, a capital republicana teve o seu *campo político* marcado pela fragmentação. Como os outros estados federados, o Distrito Federal elegia representantes para o Congresso Nacional (três senadores e 10 deputados) e para a Câmara Municipal (27 intendentes). No entanto, diferente deles, o prefeito e o chefe de polícia da cidade do Rio de Janeiro eram indicados pelo presidente da República e aprovados pelo Senado, a quem também cabia a apreciação dos vetos do prefeito.

Essa fragmentação característica do *campo político* carioca, pontuado por disputas entre várias esferas de poder — presidente da República, prefeito, senadores, deputados, intendentes — acirrou a politização da cidade. No Rio de Janeiro, havia excesso de política: fazia-se política no Catete, no Congresso, na prefeitura, no Conselho Municipal. Fazia-se política nos sindicatos, nos partidos, nos clubes. E fazia-se política nas ruas.

Por isso mesmo, um dos principais objetivos declarados da chamada "política da capital",[14] empreendida por Campos Sales e consolidada por Rodrigues Alves através da "ditadura" do prefeito Pereira Passos, era livrar o Rio de Janeiro do "jogo pérfido" da política, o que implicava desarticular a elite política carioca, especialmente concentrada no Partido Republicano Federalista (PRF). Os efeitos dessa estratégia de pressão sobre a política local podem ser avaliados pelo movimento na imprensa carioca em prol do fim da "politicagem" no Distrito Federal. A denúncia de fraudes foi a deixa de que Campos Sales se aproveitou para denunciar a falta de legitimidade da política carioca. Resultado: as eleições municipais de 1902 foram anuladas. No ato de anulação, o governo prorrogava os mandatos dos antigos intendentes até a realização de novas eleições. Batendo sempre na mesma tecla, Campos Sales insistia na necessidade de "reorganizar" o Distrito Federal.

As indicações de Campos Sales foram seguidas à risca por seu sucessor, Rodrigues Alves, que, em dezembro de 1902, apenas um mês depois de sua posse, obteve do Congresso a aprovação da Lei nº 939, mediante a qual foram adiadas, por seis meses, as eleições para o Conselho Municipal e, na prática, instituída a "ditadura do prefeito". Nas disposições transitórias, além do adia-

---
[14] Motta, 2004.

mento do pleito e da implantação do recesso de seis meses do Conselho, deu-se a Pereira Passos plenos poderes para demitir funcionários e suspender aposentadorias. Na verdade, essa lei foi mais além, já que modificou a legislação do Distrito Federal, ao determinar, entre outras, a diminuição do número de intendentes (de 15 para 10) e a redução da tutela do Senado sobre a indicação do prefeito, que seria, a partir de agora, de livre indicação do presidente da República.

A nomeação de Pereira Passos, bem como os poderes a ele concedidos pela Lei nº 939, foram bem recebidos pela imprensa, mesmo a de oposição. Os argumentos principais a favor da "ditadura" do prefeito eram a sua competência e o seu caráter apolítico, bem expressos, aliás, nas palavras de Ferreira Rosa:

> O presidente Rodrigues Alves (...) obteve do Congresso uma lei que entregava o Distrito Federal ao governo de um homem enquanto não fosse eleito novo Conselho Municipal; e para encontrar um homem na altura dessa elevadíssima função não teve mais do que dirigir-se ao engenheiro Pereira Passos e pedir-lhe que aceitasse o cargo de prefeito. Como este ilustre brasileiro correspondeu à confiança nele depositada sabe a população inteira desta capital. E (...) a obra deste homem sem ligações políticas é tão apreciável (...) que já no Congresso Nacional apareceu um projeto de lei adiando a eleição do legislativo municipal dilatando assim por mais um ano a independência administrativa do invulnerável prefeito Passos.[15]

Longe de se imaginar que Ferreira Rosa poderia ser incluído no rol dos áulicos do poder, o que se observa é um apoio unânime aos poderes excepcionais concedidos a Pereira Passos, percebido como "o *right-man* que todos queriam ver à testa da administração municipal".[16] De maneira aparentemente contraditória, mas que revela uma certa concepção de política, a qualidade do prefeito que o tornaria capaz de receber e bem utilizar tantos poderes era o fato de não possuir "ligações políticas". Seria, pois, o *capital político* amealhado nas funções de engenheiro/executivo/empresário que sustentaria sua posição de "prefeito-ditador" no *campo político* da capital federal.

---

[15] Apud Rocha, 1986:47.

[16] *O Paiz*, 30 dez. 1902, *apud* Freire, 2000:126.

Ser prefeito do Rio de Janeiro no início do século XXI

O processo de escolha do Poder Executivo do Rio de Janeiro só iria sofrer uma profunda inflexão a partir de 1960, quando, com a transferência da capital para Brasília, a cidade se transformou no estado da Guanabara. Como qualquer outro estado federado, conquistou o direito de eleger seu governador, ainda que por um breve espaço de tempo.[17] Com a fusão, em 1975, o agora município do Rio de Janeiro passou a ter seu prefeito indicado pelo governador do novo estado do Rio de Janeiro. Só 10 anos depois, pôde o eleitorado carioca escolher o prefeito de sua cidade.

Se as duas primeiras eleições para prefeito do Rio foram embaladas, em boa medida, pela força eleitoral do brizolismo na cidade — a de Saturnino Braga em 1985, e a de Marcelo Alencar em 1988 —, a de 1992, quando foi eleito o economista César Maia, marcou uma mudança no padrão de escolha do eleitorado carioca. Com a promessa de um governo "técnico" e "competente", baseado em um extenso programa de obras, Maia conseguiu derrotar Cidinha Campos, candidata do então governador Leonel Brizola, e a petista Benedita da Silva. Embora correndo o risco da simplificação, pode-se afirmar que, às candidatas de corte mais "ideológico", o Rio de Janeiro acabou optando pelo economista de perfil "técnico", "tocador de obras", amante da "lei e da ordem".

As duas eleições seguintes confirmaram o mesmo padrão de escolha do eleitorado carioca, que se mostrou "com fome de obras". Em 1996, Luiz Paulo Conde, secretário de Urbanismo do governo César Maia, acabou se elegendo com a promessa básica de continuar as obras em andamento, em especial o Rio-Cidade e o Favela-Bairro. Quatro anos depois, os eleitores conduziram ao segundo turno os dois candidatos que haviam se comprometido com a continuação do programa de obras empreendido desde 1992: por pequena diferença de votos, César Maia derrotou Conde e voltou à prefeitura carioca.[18]

Se, no início do século XX, uma certa concepção "engenheira" de cidade marcou a reforma urbana então realizada no Rio de Janeiro, no fim desse

---

[17] Sobre a experiência da cidade do Rio de Janeiro como estado da Guanabara, ver Motta, 2000c.

[18] Ver, entre outros, Eleitores com fome de obras, *O Globo*, 15 out. 2000 e O duelo dos obreiros, *Época*, 9 out. 2000.

século, o discurso da boa gestão financeira da cidade como elemento fundamental para a implementação de projetos urbanos colocou em evidência um outro tipo de saber, o dos economistas. Sem dúvida, o balanço das duas últimas décadas desse século indica uma crescente ocupação de postos estratégicos por parte desse tipo de profissional, tanto nos ministérios e estatais da área econômica, quanto na arena político-eleitoral, onde se apresentam como detentores de uma "competência técnica" que os qualificaria para uma atuação livre dos "vícios" dos políticos "tradicionais".[19] Esse perfil do prefeito como um "bom gestor" ganhou mais força com as atribuições e os recursos atribuídos aos municípios pela Constituição de 1988, que os transformou em protagonistas privilegiados na implementação de políticas públicas.[20]

Se, em termos de *capital político*, a posse de um certo tipo de saber técnico pode aproximar Pereira Passos de César Maia e de Luiz Paulo Conde, são, no entanto, expressivas as diferenças em relação ao lugar por eles ocupado no *campo político* carioca. Como já foi observado anteriormente, no início do século XX os prefeitos não eram eleitos, e sim indicados pelo presidente da República, o que não significava que fossem figuras apartadas da cena política da cidade. Ao contrário. Por outro lado, no entanto, isso abria a possibilidade de que o fato de "não ter ligações políticas" fosse apresentado como a grande virtude de Pereira Passos para assumir "tão elevadíssima função".

A eleição para prefeito a partir de 1985 determinou mudanças profundas no *campo político* carioca, uma vez que inseriu na lógica eleitoral um cargo até então preservado para negociações e composições políticas de interesse do governo estadual. A conseqüência óbvia foi o acirramento das disputas políticas dentro do campo, uma vez que a prefeitura se tornou um dos mais importantes lugares de articulação da política estadual e, mesmo, nacional. Ser prefeito do Rio significa, agora, ter passado pelo difícil e desgastante teste das urnas e conquistado milhões de votos, e, por isso mesmo, dispor de um *capital político* que o credencia a ser um dos atores fundamentais da cena política do estado, e, até mesmo, do país.

---

[19] Motta, 1994.

[20] Santos, 2003.

Desse modo, ao aparato "técnico" de gestor eficiente de recursos indispensáveis à implantação de políticas públicas — aí incluídos projetos de reforma urbana —, o prefeito carioca do início do século XXI, diferentemente do de 100 anos atrás, precisa juntar uma rede de relações políticas que vai do nível municipal até o federal, passando, como instância privilegiada, pela esfera estadual. Secretário da Fazenda do primeiro governo Brizola (1983-86), o economista César Maia obteve uma grande votação para deputado federal nas eleições de 1986 e 1990, e disputou, sem sucesso, a cadeira de governador do estado com Anthony Garotinho em 1998. Já o arquiteto-urbanista Luiz Paulo Conde, derrotado por Maia na sua pretensão à reeleição, percebeu a necessidade de uma base de sustentação política mais ampliada, e acabou se elegendo, em 2002, vice-governador na chapa encabeçada por Rosinha Matheus.

Igualmente submetido à lógica e à dinâmica da política eleitoral, o processo de reforma urbana está hoje bem distante do "bota-abaixo" de um século atrás. A avaliação, pelo eleitorado, dos custos e benefícios da abertura de vias expressas ou de novas linhas do metrô pode alavancar ou sepultar candidaturas em um piscar de olhos. Mesmo porque, como se verá adiante, a grande concentração espacial da população suscita problemas que "cirurgias urbanas" à moda Pereira Passos são incapazes de superar: afinal, sabemos bem que rasgar uma área densamente ocupada envolve custos financeiros e políticos quase sempre difíceis de enfrentar por prefeitos preocupados com sua sobrevivência política.

Referências bibliográficas

Depoimentos ao Programa de História Oral do Cpdoc

Célio Borja. Coordenação de Marly Silva da Motta. Rio de Janeiro: FGV, 1999. (Conversando sobre Política).

Erasmo Martins Pedro. Coordenação de Marly Silva da Motta. Rio de Janeiro: FGV, 1998. (Conversando sobre Política).

José Talarico. Coordenação de Américo Freire. Rio de Janeiro: FGV, 1998. (Conversando sobre Política).

Paulo Duque. Coordenação de Carlos Eduardo Sarmento. Rio de Janeiro: FGV, 1998. (Conversando sobre Política).

Lisâneas Maciel. *Vozes da oposição*. Coordenação de Marieta de Moraes Ferreira, Dora Rocha e Américo Freire. Rio de Janeiro: Grafline Artes Gráficas e Editora, 2001.

Pedro Teixeira. *Capítulos da memória do urbanismo carioca*. Organização de Américo Freire e Lucia Lippi de Oliveira. Rio de Janeiro: FGV, 2002.

Obras gerais

ABRANCHES, Dunshee. *Governos e congressos nos Estados Unidos do Brasil*. São Paulo: M. Abranches, 1918.

_____. *Como se faziam presidentes*. Rio de Janeiro: José Olympio, 1973.

ABREU, Alzira Alves de; LATTMAN-WELTMAN, Fernando. Momento de decisão: os anos 70 e a mídia no Rio de Janeiro. In: FREIRE, Américo; SARMENTO, Carlos Eduardo; MOTTA, Marly. *Um estado em questão*: os 25 anos do Rio de Janeiro. Rio de Janeiro: Alerj/FGV, 2001.

ABREU, Maurício A. *Evolução urbana do Rio de Janeiro*. Rio de Janeiro: Jorge Zahar, 1988.

ABRUCIO, Fernando Luis; COSTA, Valeriano Mendes. *Reforma do Estado e o contexto federativo brasileiro*. São Paulo: Konrad Adenauer Stiftung, 1998.

ALIANÇA LIBERAL. *Documentos de campanha*. Rio de Janeiro: Alba, 1930.

ALVES, Maria Helena Moreira. *Estado e oposição no Brasil (1964-1984)*. Petrópolis: Vozes, 1984.

ARGAN, Giulio. *L'Europe des capitales*. Genebra: Albert Skira, 1964.

ATHAYDE, Raymundo de. *Paulo de Frontin*. Rio de Janeiro: Secretaria Estadual de Cultura da Guanabara, 1961.

BAPTISTA, Pedro Ernesto. Discurso de posse. Rio de Janeiro: Arquivo Pedro Ernesto — Cpdoc/FGV. p. 3-4.

BALANDIER, Georges. *O poder em cena*. Brasília: Editora UnB, 1982.

BARBOSA, Marivalva. *Imprensa, poder e público*: os diários do Rio de Janeiro (1880-1920). Tese (Doutorado) — UFF, Nitérói, 1996.

BASTOS, Ana Marta Rodrigues. *O Conselho de Intendência Municipal*: autonomia e instabilidade (1889-1892). Rio de Janeiro: CEH/FCRB, 1984. ms.

BASTOS, Tavares. *A província*: estudo sobre a descentralização no Brasil. São Paulo: Cia. Editora Nacional, 1937.

BELLO, José Maria. *História da República*. São Paulo: Cia. Editora Nacional. 1969.

BELOCH, Israel; ABREU, Alzira Alves de (Coord.). *Dicionário histórico-biográfico brasileiro, 1930-1983*. Rio de Janeiro: Forense Universitária/FGV-Cpdoc/Finep, 1984.

_____. *Capa preta e Lurdinha*: Tenório Cavalcanti e o povo da Baixada. Rio de Janeiro: Record, 1986.

BENCHIMOL, Jaime L. *Pereira Passos, um Haussmann tropical*. Rio de Janeiro: Secretaria Municipal de Cultura, 1992.

Referências bibliográficas

BENEVIDES, Maria Vitória. *A UDN e o udenismo*: ambigüidades do liberalismo brasileiro (1945-65). Rio de Janeiro: Paz e Terra, 1981.

BERMAN, Marshall. *Tudo que é sólido desmancha no ar*: a aventura da modernidade. São Paulo: Cia. das Letras, 1986.

BERSTEIN, Serge. L'historien et la culture politique. *Vingtième Siècle: Revue d'Histoire*, juil-sept. 1992.

_____. La culture politique. In: RIOUX, Jean-Pierre; SIRINELLI, Jean-François (Dirs.). *Pour une histoire culturelle*. Paris: Seuil, 1997.

_____. Nature et fonction das cultures politiques. In: *Les cultures politiques en France*. Paris: Seuil, 1999.

BEZERRA, Marcos Otávio. *Em nome das bases*: política, favor e dependência pessoal. Rio de Janeiro: Relume-Dumará, 1999.

BOISSEVAIN, Jeremy. *Saints and fireworks*: religion and politics in rural Malta. London: Athlone Press, 1969.

BOURDIEU, Pierre. A representação política: elementos para uma teoria do campo político. In: *O poder simbólico*. Lisboa: Difel, 1989.

_____. Da regra às estratégias. In: *Coisas ditas*. São Paulo: Brasiliense, 1990.

_____. *Economia das trocas simbólicas*. São Paulo: Perspectiva, 1992.

BRASILEIRO, Ana Maria. *A fusão*: análise de uma política pública. Brasília: Ipea/Iplan, 1979.

BRENNA, Giovanna Rosso Del (Org.). *O Rio de Janeiro de Pereira Passos*: uma cidade em questão II. Rio de Janeiro: Index, 1985.

BURKE, Peter. *A fabricação do rei*: a construção da imagem pública de Luís XIV. Rio de Janeiro: Jorge Zahar, 1994.

CAMARGO, Aspásia et al. *As artes da política*: diálogo com Amaral Peixoto. Rio de Janeiro: Nova Fronteira, 1986.

_____. *O golpe silencioso*: as origens da República corporativa. Rio de Janeiro: Rio Fundo, 1989. p. 68-71.

CARNEIRO, Dionísio Dias. Crise e esperança. In: ABREU, Marcelo Paiva (Org.). *A ordem do progresso*: cem anos de política econômica republicana — 1889-1989. Rio de Janeiro: Campus, 1989.

CARNEIRO, Levi. *Organização dos municípios e do Distrito Federal*. Rio de Janeiro: Forense, 1953.

CARVALHO, José Murilo de. *Os bestializados*: o Rio de Janeiro e a República que não foi. São Paulo: Cia. das Letras, 1987.

CARVALHO, Maria Alice Rezende de. "Governar por retas": engenheiros na *belle époque* carioca. In: *Quatro vezes cidade*. Rio de Janeiro: Sette Letras, 1994. p. 65-94.

_____. *O quinto século*: André Rebouças e a construção do Brasil. Rio de Janeiro: Revan/Iuperj-Ucam, 1998.

CHALOUB, Sidney. *Visões da liberdade*: uma história das últimas décadas da escravidão na corte. São Paulo: Cia. das Letras, 1990.

CHARTIER, Roger. *História cultural*: entre práticas e representações. Rio de Janeiro: Bertrand Brasil, 1990.

CONNIFF, Michael L. *Urban politics in Brazil*: the rise of populism (1925-1945). Pittsburgh: University of Pittsburgh Press, 1981.

CORBIN, Alain. Paris-province. In: NORA, Pierre (Dir.). *Les lieux de mémoire*. Paris: Gallimard, 1992. (Le France, v. 1).

COUTO, Ronaldo Costa. *História indiscreta da ditadura e da abertura (1964-1985)*. Rio de Janeiro: Record, 1998.

COUTTO, Pedro do. *O voto e o povo*. Rio de Janeiro: Civilização Brasileira, 1966.

D'ARAUJO, Maria Celina. O PTB na cidade do Rio de Janeiro. *Revista Brasileira de Estudos Políticos*, Rio de Janeiro, n. 74-75, 1992. Separata.

_____; CASTRO, Celso (Org.). *Ernesto Geisel*. Rio de Janeiro: FGV, 1997.

DARNTON, Robert. *O grande massacre de gatos e outros episódios da história cultural francesa*. Rio de Janeiro: Graal, 1988.

DA ROSA, Ferreira. *Rio de Janeiro*. Rio de Janeiro: Imprensa Oficial, 1905.

DIGAETANO, Alan. The rise and development of urban political machines: an alternative to Merton's functional analysis. In: JUDD, James; KANTOR, Paul. *The politics of urban America*. Boston: Allyn & Bacon, 1988.

DINIZ, Eli. *Voto e máquina política*. Rio de Janeiro: Paz e Terra, 1982.

DULLES, John W. Foster. *Carlos Lacerda*: a vida de um lutador. Rio de Janeiro: Nova Fronteira, 1992. (1914-1960, v. 1).

ENDERS, Armelle. *Pouvoirs et federalisme au Brésil*. Tese (Doutorado) — Université de Paris IV-Sorbonne, Paris, 1993.

EVANGELISTA, Hélio de Araújo. *A fusão dos estados da Guanabara e do Rio de Janeiro*. Rio de Janeiro: Arquivo Público do estado do Rio de Janeiro, 1998.

FEDERAÇÃO DAS INDÚSTRIAS DO ESTADO DA GUANABARA. *A fusão dos estados da Guanabara e do Rio de Janeiro*. Rio de Janeiro: Cirj/Fiega, 1969.

FERREIRA, Marieta de Moraes. *Conflito regional e crise política*: a reação republicana no Rio de Janeiro. Rio de Janeiro: Cpdoc/FGV, 1988.

_____. (Coord.). *Crônica política do Rio de Janeiro*. Rio de Janeiro: FGV, 1998. (Conversando sobre política).

_____. A fusão: chaguismo x amaralismo. In: SARMENTO, Carlos Eduardo (Org.). *Chagas Freitas*. Rio de Janeiro: FGV, 1999.

_____. Memória política e história do Rio de Janeiro. In: *Rio de Janeiro*: uma cidade na história. Rio de Janeiro: FGV, 2000.

_____; DANTAS, Camila Guimarães. Os apaziguados anseios da Terra Carioca — lutas autonomistas no processo de redemocratização pós-1945. In: *Rio de Janeiro*: uma cidade na história. Rio de Janeiro: FGV, 2000.

_____; GRYNSZPAN, Mário. A volta do filho pródigo ao lar paterno? A fusão do Rio de Janeiro. In: *Rio de Janeiro*: uma cidade na história. Rio de Janeiro: FGV, 2000.

_____; ROCHA, Dora; FREIRE, Américo (Coords.). *Vozes da oposição*. Rio de Janeiro: Alerj, 2001.

FRANCO, Afonso Arinos de Mello. *Rodrigues Alves*: apogeu e declínio do presidencialismo. Rio de Janeiro: José Olympio; São Paulo: Edusp, 1973.

FRANCO, Francisco Mello. *O governo Chagas Freitas*: uma perspectiva nacional através de uma experiência local. Rio de Janeiro: José Olympio, 1977.

FRANK, Robert. La mémoire et l'histoire. *Cahiers de l'Institut d'Histoire du Temps Présent*, Paris, n. 21, nov. 1992.

FREIRE, Américo Oscar Guichard. *Subsídios para o estudo da atuação da bancada do Distrito Federal na Câmara dos Deputados*. Dissertação (Mestrado em História) — UFRJ, Rio de Janeiro, 1987.

_____. Entre o federal e o local: partidos políticos cariocas na Primeira República. In: SIMPÓSIO NACIONAL DE HISTÓRIA DA ANPUH, 17, Anais, Rio de Janeiro, 1993. ms.

_____. Campos Sales e a República Carioca. *Locus: Revista de História*. Juiz de Fora: Núcleo de História Regional/EDUFJF, 1996.

_____. Um estudo sobre liderança e negociação política na capital federal: Augusto de Vasconcelos: o doutor Rapadura. In: FREIRE, Américo; MOTTA, Marly; SARMENTO, Carlos Eduardo. *O Rio de Janeiro em três perfis*: trajetórias individuais e o campo político carioca. Rio de Janeiro, 1999. p. 5-22. Textos Cpdoc n. 35.

_____. *Uma capital para a República*: poder federal e forças locais no campo político carioca (1889-1906). Rio de Janeiro: Revan, 2000.

FREIRE, Américo; SARMENTO, Carlos Eduardo; MOTTA, Marly Silva da (Orgs.). *Um estado em questão:* os 25 anos do Rio de Janeiro. Rio de Janeiro: FGV, 2001.

FRITSCH, Lilian de Amorim de. Palavras ao vento: a urbanização do Rio imperial. *Revista do Rio de Janeiro*, Niterói: UFF, n. 3, p. 75-86, 1986.

GIRARDET, Raoul. *Mitos e mitologias políticas*. São Paulo: Cia. das Letras, 1987.

GOSNELL, Harold. *Machine politics*: Chicago model. Chicago: The University of Chicago Press, 1968.

GREEN, Constance M. *Washington*: a history of the capital. Princeton: Princeton Press, 1962.

HABERMAS, Jürgen. Do jornalismo literário aos meios de comunicação de massa. In: MARCONDES FILHO, Ciro (Org.). *Imprensa e capitalismo*. São Paulo: Kairós, 1984.

HIPPOLITO, Lucia. *De raposas e reformistas*: o PSD e a experiência democrática brasileira (1945-64). Rio de Janeiro: Paz e Terra, 1985.

HOLLOWAY, Thomas H. *Polícia no Rio de Janeiro*: repressão e resistência numa cidade do século XIX. Rio de Janeiro: FGV, 1997.

HOLSTON, James. *A cidade modernista*: uma crítica de Brasília e sua utopia. São Paulo: Cia. das Letras, 1993.

KANTOROWICZ, Ernst. *Os dois corpos do rei*: um estudo sobre a teologia política medieval. São Paulo: Cia. das Letras, 1998.

KINZO, Maria D'Alva Gil. *Oposição e autoritarismo*: gênese e trajetória do MDB (1966/1979). São Paulo: Vértice, 1988.

KROPF, Simone. Sonho da razão, alegoria da ordem: o discurso dos engenheiros sobre a cidade do Rio de Janeiro no final do século XIX e início do século XX. In: KROPF, Simone; HERSCHMANN, Micael; NUNES, Clarice. *Missionários do progresso*: médicos, engenheiros e educadores no Rio de Janeiro (1870-1937). Rio de Janeiro: Diadorim, 1996.

LACERDA, Carlos. *Depoimento*. Rio de Janeiro: Nova Fronteira, 1978.

_____. *Discursos parlamentares / Carlos Lacerda*. Rio de Janeiro: Nova Fronteira, 1982.

_____. *A missão da imprensa / Carlos Lacerda*. Rio de Janeiro: Nova Fronteira, 1990.

LADURIE, Emanuel Le Roy. *Le territoire de l'historien*. Paris: Gallimard, 1973.

LANDERS, Clifford. *The União Democrática Nacional in the state of Guanabara*: an attitudinal study of party membership. Thesis (PhD). University of Florida, Florida, 1971.

LESSA, Renato. *A invenção republicana*: Campos Sales, as bases e a decadência da Primeira República. Rio de Janeiro: Iuperj/Vértice, 1988.

LEVILLAIN, Philippe. *Les protagonistes de la biographie*. In: RÉMOND, René (Dir.). Pour une histoire politique. Paris: Seuil, 1988.

LOPES, Luiz Carlos. *Projeto Brasília*: modernidade e história. Tese (Doutorado) — USP, São Paulo, 1992.

MADISON, James; HAMILTON, Alexander; JAY, John. *Os artigos federalistas*. Rio de Janeiro: Nova Fronteira, 1993.

MAGALHÃES, Mauro. *Carlos Lacerda*: o sonhador pragmático. Rio de Janeiro: Civilização Brasileira, 1993.

MAINWARING, Scott P. *Sistemas partidários em novas democracias*: o caso do Brasil. Rio de Janeiro: FGV, 2001.

MARTINS, Luis Dodsworth. *Presença de Paulo de Frontin*. Rio de Janeiro: Freitas Bastos, 1966.

MARTINS, Mario. *Valeu a pena*. Rio de Janeiro: Nova Fronteira, 1996.

MEDEIROS, Rosemeire. *Alcindo Guanabara*: política e imprensa no Rio de Janeiro da belle époque. Rio de Janeiro: UFRJ, 1997.

MERTON, Robert K. *Social theory and social structure*. New York: Simon & Schuster, 1985.

MOTTA, Marly Silva da. *A nação faz cem anos*: a questão nacional no centenário da independência. Rio de Janeiro: FGV, 1992.

_____. Economistas: intelectuais, burocratas e "mágicos". In: GOMES, Angela de Castro (Coord.); DIAS, José Luciano de Mattos; MOTTA, Marly Silva da. *Engenheiros e economistas*: novas elites burocráticas. Rio de Janeiro, FGV, 1994.

_____. Que será do Rio? - refletindo sobre a identidade política da cidade do Rio de Janeiro. *Tempo*, Rio de Janeiro, v. 2, n. 4, 1997.

_____. Rumo ao Palácio da Guanabara. In: SARMENTO, Carlos Eduardo (Org.). *Chagas Freitas*. Rio de Janeiro: FGV, 1999a.

_____. O governador da Guanabara. In: SARMENTO, Carlos Eduardo (Org.). *Chagas Freitas*. Rio de Janeiro: FGV, 1999b.

_____. *Saudades da Guanabara*: o campo político da cidade do Rio de Janeiro (1960-75). Rio de Janeiro: FGV, 2000a.

_____. Mania de estado: o chaguismo e a estadualização da Guanabara. *História Oral*, São Paulo, n. 3, 2000b.

_____. Guanabara, o *estado-capital*. In: FERREIRA, Marieta de Moraes (Org.). *Rio de Janeiro*: uma cidade na história. Rio de Janeiro: FGV, 2000.

_____. A fusão da Guanabara com o estado do Rio: desafios e desencantos. In: FREIRE, Américo; SARMENTO, Carlos Eduardo; MOTTA, Marly Silva da (Orgs.). *Um estado em questão*: os 25 anos do Rio de Janeiro. Rio de Janeiro: FGV, 2001a.

_____. *Rio de Janeiro*: de cidade-capital a estado da Guanabara. Rio de Janeiro: FGV, 2001b. (Estudos do Rio de Janeiro).

_____. *Rio, cidade-capital*. Rio de Janeiro: Jorge Zahar, 2004.

_____; SARMENTO, Carlos Eduardo (Orgs.). *A construção de um estado*: a fusão em debate. Rio de Janeiro: FGV, 2001.

NEEDELL, Jeffrey. *Belle époque tropical*: sociedade e cultura de elite no Rio de Janeiro na virada do século. São Paulo: Cia. das Letras, 1993.

NEVES, Margarida de Sousa. *Brasil, acertai vossos ponteiros*. Rio de Janeiro: Museu de Astronomia, 1991.

OLIVEIRA, Lucia Lippi de. *A questão nacional na Primeira República*. São Paulo: Brasiliense, 1990.

PICALUGA, Izabel Fontenelle. *Partidos e classes sociais*: a UDN na Guanabara. Petrópolis: Vozes, 1980.

PIZZORNO, Alessandro. State, society and representation: the changing relationship. In: BERGER, Suzanne (Ed.). *Organizing interests in Western Europe*: pluralism, corporatism and the transformation of politics. Cambridge: Cambridge University Press, 1981.

PORTO, Walter Costa. *O voto no Brasil*: da colônia à 5ª República. Brasília: Gráfica do Senado Federal, 1989.

REIS, José de Oliveira. *O Rio de Janeiro e seus prefeitos*: evolução urbanística da cidade. Rio de Janeiro: Prefeitura da Cidade do Rio de Janeiro, 1977.

REZENDE, Beatriz. *Cronistas do Rio*. Rio de Janeiro: José Olympio, 1995.

RIOS, José Arthur. Guanabara. In: CAVALCANTI, Themístocles; DUBNIC, Reisky. *Comportamento eleitoral da Guanabara*. Rio de Janeiro: FGV, 1964.

ROCHA, Oswaldo Porto. *A era das demolições*. Cidade do Rio de Janeiro: 1870-1920. Rio de Janeiro: Secretaria Municipal de Cultura, 1986.

RODRIGUES, José Honório. Características históricas do povo carioca. In: *Vida e história*. Rio de Janeiro: Civilização Brasileira, 1966.

_____. *Chagas Freitas e o Rio de Janeiro*. Rio de Janeiro: Civilização Brasileira, 1982.

ROURE, Agenor de. *A Constituinte republicana*. Rio de Janeiro: Imprensa Nacional, 1920.

ROUSSO, Henri. Les usages politiques du passé: histoire et mémoire. In: *Cahiers de l'Institut d'Histoire du Temps Présent*, Paris, n. 18, juin, 1991.

SALES, Manuel Ferraz de Campos. *Da propaganda à presidência*. Brasília: Editora UnB, 1983.

SANTOS, Angela Penalva. *Economia e sociedade no Rio de Janeiro*. Rio de Janeiro: FGV, 2003.

SANTOS, Francisco Agenor Noronha. Acerca da organização municipal e dos prefeitos do Distrito Federal. *O Globo*, Rio de Janeiro, 1945.

SARMENTO, Carlos Eduardo. *Autonomia e participação*: o Partido Autonomista do Distrito Federal e o campo político carioca (1933-1937). Dissertação (Mestrado) — PPGHIS/IFCS/UFRJ, Rio de Janeiro, 1996.

_____. *Vozes da cidade*: Pedro Ernesto e a Câmara Municipal do Distrito Federal (1935-1937). Rio de Janeiro: Cpdoc/FGV, 1997. (Textos Cpdoc n. 24).

_____. *Chagas Freitas*: perfil político. Rio de Janeiro: Alerj/FGV, 1999.

_____. A arquitetura do impossível: a estruturação do Partido Autonomista do Distrito Federal e o debate autonomista nos anos 1930. In: FERREIRA, Marieta de Moraes (Coord.) *Rio de Janeiro*: uma cidade na história. Rio de Janeiro: FGV, 2000.

_____. Entre a fragmentação e a estabilidade: eleições e padrões de representação política no Legislativo estadual fluminense (1978-2001). In: SARMENTO, Carlos Eduardo; MOTTA, Marly; FREIRE, Américo (Orgs.). *Um estado em questão*: os 25 anos do Rio de Janeiro. Rio de Janeiro: Alerj/FGV, 2001a.

_____. *O Rio de Janeiro na era Pedro Ernesto*. Rio de Janeiro: Alerj/FGV, 2001b.

_____. *O espelho partido da metrópole*: Chagas Freitas e o campo político carioca (1950-1983). Tese (Doutorado) — PPGHIS/IFCS/UFRJ, Rio de Janeiro, 2002.

_____; FREIRE, Américo. Três faces da cidade: um estudo histórico sobre a institucionalização e a dinâmica do campo político carioca (1889-1969). In: *Estudos Históricos*, Rio de Janeiro, v. 13, n. 24, 1999.

_____; _____. Um painel do campo político carioca. *Rio Estudos*, Rio de Janeiro, n. 80, 2002.

SENTO-SÉ, João Trajano. *Brizolismo*: estetização da política e carisma. Rio de Janeiro: FGV, 1999.

_____. A política retorna à praça: notas sobre a Brizolândia. In: FERREIRA, Marieta de Moraes (Org.). *Rio de Janeiro*: uma cidade na história. Rio de Janeiro: FGV, 2000.

SILVEIRA, Peixoto da. *A nova capital*. Rio de Janeiro: Pongetti, 1959.

SOUZA, Amaury de; LIMA JUNIOR, Olavo Brasil; FIGUEIREDO, Marcus. Brizola e as eleições de 1982 no Rio de Janeiro. *Série Estudos*, Rio de Janeiro: Iuperj, n. 40, 1985.

SOARES, Glaucio Ary Dillon. As bases ideológicas do lacerdismo. *Revista Civilização Brasileira*, Rio de Janeiro, v. 1, n. 4, 1965.

VELOSO, Mônica Pimenta. *Modernismo no Rio de Janeiro*. Rio de Janeiro: FGV, 1996.

VESENTINI, José William. *A capital da geopolítica*. São Paulo: Ática, 1986.

WAINER, Samuel. Pedro Ernesto — sua vida de cirurgião e revolucionário. *Revista Diretrizes*, p. 3-22, 15 nov. 1942.

WEBER, Max. *Économie et societé*. Paris: Plon, 1971. 2 v.

WEID, Elizabeth van der. O prefeito como intermediário entre o poder federal e o poder municipal na capital da República. Rio de Janeiro: Casa de Rui Barbosa, 1984. ms.

Esta obra foi impressa pela
Markgraph Gráfica e Editora Ltda. em papel off set
Bahia Sul para a Editora FGV
em setembro de 2004.